KB120712

승부사 문재인

승부사 문재인
국난 극복을 위한 대통령의 집념과 결단

강민석 지음

초판 1쇄 2021년 09월 15일 발행

ISBN 979-11-5706-236-2 (03300)

만든 사람들
책임편집    배소라 신주식
디자인      조주희
마케팅      김성현 최재희 김규리 맹준혁
인쇄        아트인

펴낸이      김현종
펴낸곳      (주)메디치미디어
경영지원    전선정 김유라
등록일      2008년 8월 20일
           제300-2008-76호
주소        서울시 종로구 사직로 9길 22 2층
전화        02-735-3308
팩스        02-735-3309
이메일      medici@medicimedia.co.kr
페이스북    facebook.com/medicimedia
인스타그램  @medicimedia
홈페이지    www.medicimedia.co.kr

# 승부사 문재인

국난 극복을 위한
대통령의 집념과 결단

강민석 지음

메디치

# 청와대 대변인 14개월,
# 문재인 대통령은 전략가였다

문재인 정부에서는 이례적인 일이 아닐까 생각합니다.

2020년 2월 7일, 제가 청와대 대변인에 내정됐다는 발표 후 많은 분이 건투를 비는 문자와 전화를 주셨습니다. 그중에는 이명박(MB) 정부에서 청와대 수석을 지낸 분, MB 청와대 대변인 출신, 미래통합당(현 국민의힘) 전 여의도연구원장, 전직 야당 대표, 《조선일보》 부국장을 지낸 원로 언론인까지…… 솔직히 보수 인사들이 더 많았습니다.

대통령 지지자들에게는 충격 또는 경악이었겠지요. 이른바 '친문' 커뮤니티에 '왜 하필 《중앙》이냐', '제2의 ○○○ 되는 거 아니냐', '누군지 모르나 마음에 안 든다'는 글이 꽤 올라왔습니다.

사실 저도 놀랐습니다. 20일 전쯤인 2020년 1월 16일 오전 9시경, 핸드폰에 낯선 번호가 떴습니다. 청와대 A 비서관이었습니다. '생면부지의 A 비서관이 도대체 왜…… 설마…… 혹시?'

"안녕하십니까, 강민석 에디터님. 지금 우리 정부 청와대 대변인 자리가 공석입니다." 당시 《중앙일보》 정치부장과 논설위원을 거쳐 편집국 에디터(부국장)를 맡고 있었습니다.

A 비서관에게 "문재인 대통령을 존경하지만 현직 언론인 직행 논란이 있을 것"이라고 고사했습니다만 A 비서관은 "개의치 않는다"고 했습니다.

이런 경우 '조금 시간을 달라'거나 '고민해보겠다' 정도로 답하는 게 일반적일 텐데 "좋습니다. 마음껏 검증하시지요!" 하고 그 자리에서 답을 해버렸습니다. 결정하는 데 3분도 걸리지 않았습니다.

옥처럼 아름답게 부서진다는 뜻의 '옥쇄玉碎'라는 말은 '영위옥쇄 불위와전寧爲玉碎不爲瓦全'에서 유래했습니다. 옥이 되어 부서질지언정 널려 있는 기와로 보전되길 바라지 않는다는 뜻입니다. 옥쇄할 각오로 푸른 기와집으로 들어갔습니다.

이런저런 논란과 걱정을 불식시키고 기대에 부응하는 길은 결국 '일밖에 없다'고 생각했습니다. '풍운아 문재인' 대통령을 돕는 일은 도전과 극복의 연속이었습니다. 한 고개를 넘으면 더 높은 고개가 나타났고, 파도 하나가 지나가면 더 큰 파도가 밀려왔습니다.

문재인 대통령이 위기를 헤쳐 나가는 것을 곁에서 지켜보면서 코로나 팬데믹에서 국가 리더의 역할이 무엇인지, 지도자는 어떻게 국민을 메시지로 설득하고 가용한 자원을 총동원해서 재난을 극복해나가야 하는지, 대통령의 애민愛民 철학은 왜 중요한지를 생각하게 됐습니다.

그때부터 문재인 시대에 관한 책 한 권 남기는 것이 청와대 대변인을 지낸 저의 책무라고 믿어왔습니다.

공교롭게도 백 년에 한 번 있을 법한 코로나 국면이 막 시작됐을 때 청와대에 들어갔다가 코로나와의 전투가 정점일 때인 2021년 4월 16일 소임을 마쳤습니다. 청와대를 나올 때, 출간에 관한 저의 생각을 문 대통령께 보고드렸습니다. 제가 알아서 판단할 일이라는 취지의 답을 주셨습니다.

청와대를 나온 뒤 명분이 추가됐습니다. 대통령 선거가 다가오자 전직 검찰총장이 출마를 선언하고, 감사원장이란 사람까지 까치발을 하고 무대 주변을 기웃거립니다. 윤석열 씨는 출마 선언을 하면서 우리 정부가 '국민을 약탈'했다고도 하더군요. 약탈이라, '왜'와 '무엇'조차 담지 않은 거친 주장을 하는 만용이 용기로 받아들여지고 있었습니다. 가슴이 답답했습니다.

공직에서 물러나 다시 원래의 자리로 돌아오자 여러 지인이 "소주 한잔 사마(또는 사라)"라는 연락을 주셨습니다. 코로나로 국경이 차단되는 바람에 대통령을 모시고 해외 순방을 한 번도 떠나보지 못한 '비운의(?) 대변인'이라면서.

《중앙일보》선배였던 메디치미디어 김현종 대표도 그중 한 분이었습니다. 서촌 인근에서 만난 김 대표가 "14개월 동안 곁에서 본 문재인 대통령은 어떤 분이었느냐"는, 언뜻 쉬워 보이면서도 정작 답하기 까다로운 질문을 던졌습니다.

"음…… '문재인 대통령' 하면 대체로 '선한 리더십', '강직함', '정직한 사람' 등을 떠올리는 것 같은데, 크게 다르지는 않습니다. 거기에 하나 더한다면 제가 곁에서 본 문재인 대통령은 '전략가'였습니다."

며칠 뒤 김 대표에게 다시 연락이 왔습니다. 제게 출판을 권유했습니다. 책 제목까지 던졌습니다. 바로 며칠 전 저녁 자리에서의 즉석 문답 도중 제 입으로 말했던 '전략가 문재인'이었습니다. 쓸 수 있을 것 같았습니다.

책이 나오게 된 과정을 이처럼 상세히 설명하는 이유는 이 책이 청와대와는 아무런 관련이 없는, 제 선택에 의한 것임을 분명히 하려는 데 있습니다. 제목이 바뀐 이유는 나중에 설명하겠습니다.

지난 6월부터 14개월의 복기에 들어갔습니다. 사실 제가 3분 만에 청와대 대변인직 제안을 받아들인 데는 이유가 있었습니다. 저는 노무현 대통령 시절인 2005년, 홍보 라인이 아니라 청와대 민정수석실에서 '행정관'(비서관인 대변인보다는 한 단계 아래 직급)으로 일해달라는 요청을 받은 적이 있었습니다. 당시 민정수석이 바로 문재인 대통령이었습니다. 사흘간의 고민 끝에 '한번 해보자'고 결론을 내렸습니다. 노무현 정부에서 문재인 민정수석을 모시고 일을 해보고 싶어서였습니다―민정수석실 행정관 얘기가 오간 사실을 문 대통령님은 모르십니다.

하지만 이런저런 일이 꼬여 무산됐습니다. 15년이 지났습니다. 잊기에 충분한 시간입니다. 그런 일이 있었는지조차 가물

가물해질 무렵에 A 비서관의 전화를 받은 겁니다. 세상에는 너무 가늘어서 눈에 잘 보이지는 않지만, 어떤 질긴 '연緣'이란 게 있는 건지도 모르겠다는 생각을 하면서 청와대에 들어갔고, 그래서 더욱 우직하게, 곁눈질하지 않고 하루하루를 헛되이 보내지 않으려 했습니다.

이 책은 내용적으로는 기자 출신의 전직 청와대 대변인이 쓰는 일종의 '코로나 난중일기'입니다. 보고 들은 것을 서술했다는 점에서는 마르코 폴로의 《동방견문록》 같은 '코로나 견문록'입니다. 14개월 동안 문재인 대통령이 어떻게 국가적 위기를 전략적으로 넘어왔는지, 위기를 돌파하는 과정과 그 과정에서의 고뇌, 희로애락喜怒哀樂을 '복기'해 담은 '코로나 서사敍事'이기도 합니다.

도널드 트럼프 전 미국 대통령의 참모였던 존 볼턴의 회고록 《그 일이 일어난 방(The Room Where It Happened)》과는 성격 자체가 다릅니다. 국익이나 안보와 관련해 준수해야 할 의무가 있는 '시크릿 파일' 같은 것은 없습니다.

저는 "'사상의 시장(open marketplace of ideas)'에서 '진실과 허위가 서로 싸우도록 하라. 자유롭고 공개된 대결에서 어느 누가 진실이 패배한다고 하겠는가'"(《아레오파지티카Areopagitica》)라고 한 존 밀턴의 말을 신봉합니다.

'사상의 시장'에 지난 14개월을 복기한 메모를 개봉합니다. 무슨 일이 있었는지 정확하게 알려서 문재인 대통령과 정부를 직시할 수 있도록, 바로 볼 수 있도록.

청와대 대변인 브리핑은 끝마쳤지만, '백 브리핑'을 시작하는 이유입니다.

2021년 9월
강민석

## 차례

PART 2 팬데믹 전시경제, 국민 삶을 지켜라

PART 3 외교로 팬데믹의 돌파구를 열다

# PART 1

# 세계를 마비시킨 코로나에 맞서다

# 1장　　회의 바로 들어오시랍니다

누구에게나 첫날은 '설렘'이다. 입학 첫날, 신혼 첫날, 입사 첫
날……. 청와대 출근 첫날도 설렘이었다. 2020년 2월 7일 금요
일, 청와대로 첫 출근을 했다. 설레는 마음으로 새로 생긴 내 방
에 앉아 차근히 업무 매뉴얼을 익히는 중이었다.

"바로 회의에 들어오시랍니다."

오전 9시 반쯤 경호 요원이 찾아와 내게 문재인 대통령의 '호
출' 지시를 전했다. 새벽같이(오전 6시 15분경) 출근해 첫날부터
시간대마다(7시대에 한 번, 8시대에 한 번) 회의에 들어갔다. 9시
20분에는 대통령 주재의 '티타임Tea Time'이 열린다고 했다. 말
이 티타임이지 대통령이 직접 주재하는, 국정 현안을 점검하는
회의였다—티타임인 만큼 차茶를 주기는 한다.

앞선 두 회의가 부서 자체 회의와 중역회의(비서실장 주재)
라면, 대통령 티타임은 소수 인원만 참석하는 '회장님 주재 회
의'였다. 가장 중요한 회의였다. 대변인은 그 티타임의 고정 참

석 멤버라고 했다.

당초 이날 '티타임'에는 들어가지 않고, 다음 주부터 준비가 되면 들어가기로 했었다. 그런데 마치 '빨리 얼굴 좀 보자'고 재촉하시듯이 대통령께서 부른 것이었다. 언론인 청와대 직행 논란으로, 강호江湖에 제법 흙먼지를 일으키며 입성한 새 대변인이 어떻게 생겼는지 궁금하셨을 것 같기도 하다.

**첫날부터 대통령께 큰소리치다**

'아, 이렇게 첫날부터 대통령님을 뵙는구나!'
더욱 설렐 수밖에 없었다. 아니, 설렘보다는 떨림이었다. 언론인 시절 '당 대표'와 '19대 대통령 선거 후보'로 문 대통령을 인터뷰한 적은 있었다. 하지만 '대통령 문재인'을 직접 만나는 것은 처음이었다.

경호 요원을 따라가 그가 문을 열어주는 곳으로 들어갔다. 대통령 집무실이었다. 그동안 TV에서만 보던 사람들, 기자 시절 취재 목적으로 접근하려 해도 거의 불가능했던 사람들, 김조원 민정수석과 김현종 국가안보실 2차장 같은 이들이 원탁에 빙 둘러 앉아 있었다. 무엇보다 문재인 대통령의 모습이 보였다. 연한 하늘색으로 기억하는데 대통령은 카디건cardigan 차림이었다.

카디건은 원래는 영국의 백작 이름이다. 흔히 쓰는 '가디건'은 일본식 발음. 1853년 제정 러시아 대 터키·영국·프랑스·사르디니아 연합군의 '크림전쟁' 당시 카디건 백작이 병사들이 쉽게 입었다 벗을 수 있도록 고안한 옷이 카디건이다.

청와대에 들어오기 전 패션·주얼리 회사에서 오래 일한 아내가 문 대통령의 카디건 차림을 사진으로 본 뒤 "영화 〈킹스맨〉 속 영국 신사를 연상했다"고 한 적이 있었다. 지난 2015년 개봉한 〈킹스맨〉에서 베테랑 요원 '해리 하트' 역의 영국 배우 콜린 퍼스—극 중 "매너가 사람을 만든다(Manners Makes Man)"는 대사를 남겼다—는 업무 중일 때는 슈트를, 일상에서는 카디건을 입었다.

'진짜 카디건이 잘 어울리시는구나……'

모든 면에서 어리바리했던 첫날, 엉뚱한 생각을 하고 있는데, 문 대통령이 빙그레 웃으시면서 말을 건넸다.

"소감 한마디 해보세요."

'소감이라……. 만감이 교차하지요, 대통령님.'

마음은 이렇게 말하고 있었다. 문재인 대통령을 처음 만났을 때 할 얘기는 미리 생각해두었지만 잠깐 호흡을 다듬으면서 생각을 고쳤다. 앞서 들어갔던 회의에서 당시 황덕순 일자리수석이 해준 얘기가 떠올라서였다. 8시 10분 노영민 비서실장이 주재하는 회의에서 나는 신입 인사를 아주 장황하게 했다. 회의를 마치고 나갈 때 황덕순 일자리수석이 웃으며 "역대 가장 긴 인사말"이라고 알려주었다—황덕순 수석은 서울 경성고등학교 1년 선배였다. 황 수석은 티타임 멤버는 아니었다. 어쨌든 티타임에서는 미리 준비한 긴 인사말은 하지 않고, 즉석에서 떠오른 말로 짧게 한마디만 했다.

"한 달 정도 시간이 흘렀을 때, 대통령님께서 '복덩이가 굴러왔네'라는 생각이 드시도록 하겠습니다!"

'복덩이'란 말에 문재인 대통령이 미소를 지으셨던 기억이 난다. 첫날부터 대통령 앞에서 큰소리를 뻥뻥 쳤다.

### 첫날 대통령에게 가장 많이 들었던 말
### '빨리빨리'

첫날이라 꿔다 놓은 보릿자루였지만 회의 장면은 더 생생하다. 문재인 대통령의 스타일은 내가 지금껏 들었던 것과는 딴판이었다. 티타임 말미 정부 차원의 중요한 행사 하나를 코로나 상황에서 강행하느냐, 연기하느냐를 놓고 토론이 벌어졌다.

"한시라도 빨리빨리 결정해야지 혼란을 방지할 것 아니에요? 이 시기에 가능하겠어요……."

"빨리 결정합시다. 통으로 연기하는 게 상수上手지. 연기라면 결정이 빨라야……."

'빨리빨리'라는 말이 수차례 나왔다. '빨리빨리'는 청와대를 나갈 때까지 가장 많이 들었던 '대통령의 언어' 중 하나였다.

정치는 늘 선택을 강요받는다. 특히 대통령은 좁은 칼날 위에 서서 매순간 결단을 해야 한다. 결단을 미루다 보면 점점 판단을 하지 않게 되고, 판단을 않다 보면 현실에 안주하게 된다.

결단하는 것이 무서워서라기보다 권력을 가진 자의 안일함 때문에 안주하는 경우라면 상황은 심각하다. 대통령이 지지율이나 선거 승리에 취해 권력의 안일함을 보이는 순간 국민은 오만이라고 본다. 권력의 오만과 착각에 대해 민심은 늘 더 싸늘하고 냉담했었음을 나는 질리도록 봐왔다. 그래서…… '빨리빨리' 결정을 내리려는 대통령의 언어가 더 반가웠다. 이날이 금요일이었는데, 회의 마지막에는 토요일과 일요일 일정에 대한 대통령의 언급도 있었다. 문재인 정부는 코로나가 처음 발생한 중국 우한武漢에서 재외국민(한국 국적을 가진 영주권자와 유학생 등)을 '모시고' 왔다. 이들은 충남 아산과 충북 진천의 임시 생활시설에 머물고 있었다.

"일요일(7일)에 진천과 아산을 방문합시다. (재외국민이 머물고 있는) 시설을 살펴보고, 지역 경제가 어렵다고 하니 시장을 둘러보고, 수요일(10일)엔 남대문시장도 돌아보고. 지금부터는 코로나 방역뿐 아니라 민생도 같이합니다."

그때 누군가 "일기예보를 보니 남대문시장을 방문하는 수요일에 비가 온다는데, 어떻게 할까요?"라고 물었다. 대통령은 1초도 망설이지 않고 바로 결정을 내렸다.

"폭우만 아니면 갑시다."

이렇게 쾌도난마快刀亂麻 스타일인데 여의도 정치권에서는 대통령이 마치 '만만디'인 것처럼 말하는 사람들이 있었다. 심지어 '결정장애' 같은 모욕적인 얘기까지 들은 적이 있다. 앞으로 내가 해야 할 일 중 하나는 대통령에 대한 잘못된 시선(착시, 선입견 등)을 바로잡는 것임을 어렴풋이 느꼈다.

## 대변인께 질문권을 드립니다

티타임을 마치고 오전 11시가 다 되어 대변인실로 돌아왔다. 이 날 처음 만난 대변인실의 새 식구들 중 막내이자 살림꾼인 최수지 과장이 "오늘 오찬은 상춘재常春齋(청와대 내의 외빈 접대 장소)에서 대통령님과 하실 겁니다"라고 알려줬다. 문재인 대통령은 그날 예정에 없던 국민소통수석실 오찬을 마련했다. 일종의 환영 오찬까지 마련해주시는 바람에 첫날부터 연타로 문재인 대통령을 만나게 됐다.

당시 국민소통수석실은 윤도한 국민소통수석을 비롯해 언론인, 정당인, 법조인 출신의 비서관들로 구성된 '혼성군'이었다. 수석 한 명에 여섯 명의 비서관이라면 청와대 비서실 안에서 가장 큰 조직이다.

출근 첫날부터 대통령과 점심을 같이 먹으려니 긴장이 되어 밥이 입으로 들어가는지 어디로 들어가는지 모를 지경이었다. 그때 문재인 대통령이 내게 '힘'을 주는 명쾌한 말씀을 해주셨다.

"대변인께 '질문권'을 드리겠습니다."

힘이 되는 말이었다. 여기서 힘은 '파워'가 아니라 '동력'을 뜻한다. 일을 잘할 수 있는 동력은 확보됐는데, 문재인 대통령은 오찬에서 부담도 꽉꽉 안겨주셨다. 국민이 '신뢰'할 수 있는 브리핑을 당부하면서.

신뢰란 묘하다. 믿으라고 강요하면 더 믿음이 안 간다. 내일 급하다고 오늘 당장 구해지는 것도 아니다. 마음을 움직여야 얻을 수 있다. 그런데 시대가 변해서 요즘엔 신파조新派調로는 마음의 울림을 얻기 어렵다. 분명한 것 하나는 '신뢰가 없으면 설 수 없다'는 것. 무신불립無信不立이었다.

# 2장 불통과 소통 사이에서
## 첫 브리핑

토요일 하루를 쉬고 2월 9일 일요일 아침 일찍 대통령 지방 방문을 수행하기 위해 사무실에 출근했다. 때마침 대변인실 안 모니터링용 TV에 '강민석 대변인 내일부터 업무 시작'이라는 자막이 나오고 있었다. 세상에, 저런 출퇴근 소식이 다 뉴스라니.

처음 대변인직 제안을 받은 날(2020년 1월 16일) 이후 《중앙일보》에는 송구했으나 함구할 수밖에 없었다. 인사 검증에는 비밀 준수 의무가 있다. 그런데 비밀이 어디서 샜는지 내가 청와대 대변인에 '내정'됐다는 단독 기사가 《아시아경제》(1월 30일 자)에 나왔다.

A 비서관의 전화 이후 청와대로부터 아무런 연락이 없었지만 기사가 나온 이상 아무 일도 없었던 것처럼 출근할 수는 없었다. 언론 보도 바로 다음 날(1월 31일) 《중앙일보》에 사표를 냈다. 이 와중에 기사 경쟁이 붙어 내가 사표를 냈다는 보도까지 나왔고 점점 논란이 커져 현직 언론인의 청와대 직행 문제로 며

칠간 언론계가 시끄러웠다.

## 청와대 첫 브리핑
## 불통과 소통 사고 사이에서

마침내 월요일(2020년 2월 10일). 청와대 춘추관(기자실)에 나가 출입기자들과 상견례를 겸한 첫 브리핑을 했다. 난생처음으로 TV 카메라와 춘추관의 조명을 받으며 마이크를 잡았다. 어색하고, 쑥스러웠다. 하지만 좁은 연단 위에는 도망칠 데도 없고, 마이크 뒤에도 숨을 곳은 없다. '그럴 바에는……' 그동안 생각해둔 각오와 목표를 또렷이 밝혔다.

"대통령의 말뿐 아니라 대통령의 마음까지 전달하고 싶습니다."

첫날부터 대통령 앞에서, 춘추관에서도 큰소리를 쳤다. 그리고 비판을 받았던 현직 언론인의 청와대 직행에 대한 입장도 내놓았다. "거의 모든 언론이 지적한 부분은 달게 그리고 아프게 받아들이고 감내하겠다"라고 하며 몸을 낮추는 것 외에는 달리 할 말이 없었다. 다만 내가 왜 이 자리에 섰는지 이유를 설명했다.

"저는 이 시대의 가장 중요한 가치 중의 하나가 성공한 정부를 갖는 것이라고 생각합니다. 성공한 정부를 갖는 것이야말로 국민의 성공이라는 것이 제 생각입니다. 성공한 정부로 가는 여정에 저도 동참하고 싶었습니다. 제 능력의 크기는 보잘것없으나 '백지장도 맞들면 낫다'라는 생각에 한번 헌신해보고 싶었

청와대 대변인으로 첫 브리핑 장면(출처: 《연합뉴스》).

습니다."

청와대 첫 브리핑에서 밝힌 '성공한 정부야말로 국민의 성공'이라는 생각은 지금도 변함이 없다. 또한 이 책을 쓰는 궁극의 이유이기도 하다.

이날 처음으로 기자들과 일문일답을 나눴다. 기자들과의 브리핑 문답이야말로 절제의 미학이 필요한 난코스임을 모르지 않았다. 너무 닫으면 불통이고, 너무 열면 설화舌禍라는 '소통 사고'가 일어난다.

기자 1: 후반기에 접어든 문재인 정부의 대변인이라는 중책을 맡으셨는데, 향후 정치까지 염두에 둔 것이 아닌가 하는 해석이 있습니다. 이에 대한 입장은 무엇입니까?

답변: 저는 임기 후반부라서 오히려 더 선택을 했습니다. 축구에서도 전반전보다 후반전이 더 중요한 것 아니겠습니까. 후반전이야말로 경기의 승패가 좌우되는 시점이고, 더 헌신할 것이 많다고 생각해서 들어오게 됐습니다.

이날 어떤 스포츠 신문은 다른 이야기는 제쳐놓고 '강민석 대변인, 축구에서도 후반전이 중요'라는 제목을 뽑아서 기사를 썼다.

정치할 거냐는 질문에는 "네 글자로 말씀드리겠습니다"라고 답하면서 손가락을 하나씩 꺾어가며 "없! 습! 니! 다!"라고 못을 박았다. 손가락까지 동원해가며 액션을 취한 이유는 마음이 콩밭에 가 있지 않다는 점을 강조하기 위해서였다.

기자 2: 부임하신 뒤 대통령과 오찬 등이 있었을 것으로 예상되는데, 어떤 점에 대한 기대감을 가지고 임명하셨다는 설명이 있으셨는지요?

답변: 대통령께서 제게 주신 키워드는 '신뢰'입니다. 오찬에서 있었던 이야기를 전하는 것은 적절하지 않은 것 같고, 아무튼 대통령께서 제게 당부하신 키워드는 신뢰라고 이해했습니다.

사실 첫날 상춘재 오찬에서 문재인 대통령께 받은 부담은 '신뢰'라는 단어 자체 때문만이 아니었다.

"정은경 질병본부장처럼 '신뢰'를 얻는 게 중요할 것 같습니다."

첫날 대통령의 당부 말씀이었다. 말씀 안에 들어 있던 '정은경'이란 이름에 부담을 느꼈다. 지금은 질병관리청장으로 신분이 격상된 당시 정은경 질병관리본부장은 이미 전국적인 '라이징 스타'였다. '아, 내가 어떻게 정은경 본부장처럼 신뢰를 얻는단 말인가.'

## 어떻게 신뢰를 얻을 것인가

대변인으로서 처음 기자들과 문답을 나눠보니 춘추관 브리핑은 대변인과 기자들이 벌이는 일종의 '게임'이라는 생각이 들었다. 게임이란 규칙을 정해놓고 벌이는 승부다. 실언(대변인)으로 비판받는다거나 잘못 이해해 오보(기자)를 내면 패하는 게임이다. 하지만 '윈윈게임'이란 것도 있다. 기자들은 기사를 찾고, 대변인은 메시지를 국민에 제대로 전달하는 것.

대변인 업무의 3분의 1은 각종 회의 참석, 3분의 1은 대통령의 모든 외부 행사 수행, 나머지는 춘추관 브리핑 및 출입기자들과의 소통이었다. 소통을 위해선 취재 전화에 응대해야 했다. 보통 하루 30통, 많을 땐 100통도 걸려온 것 같다. 새벽 2시에 확인 전화를 받은 적도 있다―하도 비슷한 말을 여러 번 하다 보니 휴대폰에 ARS를 달아놓고 싶은 충동이 들 정도였다. 정치 관련은 1번 '사실이 아닙니다', 인사와 외교 관련은 2번 '확인해줄 수 없습니다', 정책 관련은 3번 '처음 듣는 얘기입니다' 하고 말이다.

여기에 수시로 언론 보도를 모니터링하고, 다시 새벽에 출근하는 것. 내부적으론 '극한 직업'으로 꼽히는 청와대 대변인 24시였다.

나중에 기자들과 자주 만나 대화하다 보니 신뢰를 확보하는 방법 중의 하나는 '일관성'이라는 생각을 했다. 가령 첫날도 '앞으로 정치할 것이냐'는 질문에 '모르겠다'거나 '고민해보겠다'고 했다면, 헌신하러 들어왔다는 사람이 할 소리는 아니지 않은가. 앞말과 뒷말이 모순이면 누가 신뢰를 할까.

첫 춘추관 브리핑을 마치고 대변인실로 돌아오니 최수지 과장이 누군가가 보내준 난을 책상 위에 놓아주었다. 지난 2012년 4월 국회의원 총선 때 문재인 후보 사무실을 스스로 찾아온 후로 지금까지 그림자처럼 문재인 대통령을 보좌하고 있는 한 비서관이었다. 이름은 익히 알고 있었지만, 인사를 나눈 적은 없었다.

그 비서관이 보내준 난의 이름은 칼랑코에kalanchoe였다.

'꽃말은 설렘입니다. 첫날의 설렘을 늘 간직하시길.'

지금까지 감사한 마음 잊지 않고 있다. 마치 내 마음속을 들여다보는 것 같았다. 앞서 얘기한 것처럼 첫날은 누구에게나 설렘이다. 하지만 첫날의 설렘을 간직하더라도 촉각은 전시 모드로 급전환해야 했다. 넘어야 할 첫 번째 고개가 다가오고 있었다. 설레고만 있을 한가한 상황이 아니었다.

## 3장 　　 마스크 품귀라는
　　　　　 '회색 코뿔소'를 잠재우다

코로나 국면에서 첫 번째로 넘어야 할 고개는 '마스크 대란'이었다. '마스크, 마스크, 마스크…….' 청와대에 들어온 뒤 2월 한 달 동안 대통령과의 회의에서 가장 많이 들었던 단어 중 하나가 마스크였다.

마스크와 관련한 문재인 대통령의 발언 속에서 늘 '답답함'을 느낄 수 있었다.

"마스크 부족, 정말 속이 터지고 열불이 나는 거지요."
"마스크, 너무 안이합니다. 속수무책이니……."

심지어 문재인 대통령이 회의 도중 참모들을 향해 이런 말을 한 날도 있었다. "뉴스를 안 보시던데, 현장을 못 보면 뉴스라도 보세요."

어느 날 김현종 국가안보실 2차장이 회의장을 나가면서 내게 "대통령께서 저렇게 말씀하시는 것은 재벌 기업 회장이 회사 임원들에게 재떨이를 집어 던지는 것과 똑같은 것"이라는 말을 해준 적이 있다. '그렇다면 그동안 매일 재떨이가 날아온 것이나 마찬가지였네……'

답답함은 어느덧 대통령의 고민으로 변했다. "마스크, 확실한 대책 없을까. 마스크 한 장 때문에……" 답답함과 고민의 다음 수순은 '질책'이었다.

## 마스크 한 장 때문에 깊어갔던
## 대통령의 고민

"마스크는 100퍼센트 우리 문제 아녜요! 왜 아무도 안 합니까."
"언제까지 이런 식으로 마스크 하나 해결 못 하고, 근거가 어떠니 계속 그러고 있습니까!"
"내가 여러 번 얘기를 했는데…… 꼭 질책해야 합니까?"

문 대통령의 목소리 끝이 떨리거나 하이 톤으로 살짝 올라가는 것을 느낄 수 있었다.

이제야 고백하지만 처음에는 그런 문제인 대통령을 이해하지 못했다. '마스크가 대통령께서 주재하시는 회의 테이블에 이렇게 자주 올라올 문제인가. 대통령께서 너무 작은 문제에 대해 너무 자주 말씀하시는 건 아니신가.' 이런 생각을 속으로 혼자하면서 고개를 갸웃거린 적도 있었다. 그야말로 짧은 생각, 정확히는 멍청한 생각이었다. 나중에야 깨닫고 통렬히 반성했다.

우리 언론은 '대란大亂'이란 말을 너무 쉽게 쓰는 경향이 있다. 반도체 대란, 철근 대란, 출근길 대란, 심지어 주차 대란, 소란小亂도 대란, 대란……. 다음 날 포말로 사라진 대란이 대체 얼마인가.

하지만 마스크는 정말로 대란의 조짐을 보이고 있었다. 보건용 마스크, 덴탈 마스크, 면 마스크, 일회용 마스크 가릴 것 없이 품절에 가까운 상태여서 '금金스크'라는 조어까지 생겨났다. 나는 마스크부터 챙기는 게 얼마나 중요한 일이었는지를 2020년 2월 24일, 한 장의 사진을 통해 확실히 이해하게 됐다. 대구 이마트 경산점 앞에 마스크를 구하기 위해 늘어선 긴 줄을 찍은 보도사진이었다.

줄서서 짜증, 마스크 못 구하고 돌아가면서 짜증. 만약 '긴 줄'이 대구뿐 아니라 전국으로 확산됐다면, 조기에 마스크 품귀 현상이 정리되지 않고 장기화됐다면 도대체 무슨 일이 벌어졌을까. 대통령 말씀대로 '다들 화가 날 준비가 돼 있는' 상황이었다.

미국 트럼프 전 대통령은 마스크를 하찮게 여기다가 본인이 코로나에 확진됐다. 마스크 경시는 방역 실패로 귀결됐고, 결국 정권까지 내줬다. 마스크 긴 줄을 없애지 못했다면 단언하건데, 두어 달 뒤에 실시된 2020년 4월 총선 결과는 지금과 정반대였을 수 있었다. 마스크 한 장 때문에.

'회색 코뿔소'는 세계정책연구소(World Policy Institute) 대표이사인 미셸 부커가 2013년 1월 다보스포럼에서 처음 발표한

2020년 2월 24일 오전 대구 이마트 만촌점 앞에 마스크를 사려고 긴 줄을 이룬 시민들(출처: 《연합뉴스》).

개념이다. 회색 코뿔소는 몸집이 커서 멀리 있어도 눈에 잘 띄고, 진동만으로도 움직임을 느낄 수 있다. 하지만 회색 코뿔소가 달려오면 두려움 때문에 아무것도 하지 못한다. 회색 코뿔소는 일어날 개연성이 높음을 알고 있었고, 그것이 다가왔을 때의 파급력이 매우 크지만, 사람들이 간과해온 위험을 뜻하는 용어다. '위험'은 어느 날 갑자기 하늘에서 떨어지는 것이 아니라는 뜻이다.

마스크 품귀 현상 또한 계속적인 경고로 이미 알려져 있었던 리스크다. 위험 요인을 알고 있으면서도 간과했다가 잡지 못하면 '어, 어' 하다가 걷잡을 수 없는 일이 벌어질 수 있었다.

마스크 없는 방역 성공은 없다. 그건 세계 어느 나라나 마찬가지다. 누구나 위기라고 말은 할 수 있다. 위기에서 무엇을 하고, 무엇을 먼저 챙겨야 하는지를 정확히 제시하는 게 리더다. 문재인 대통령은 사소해 보이지만 중대한 마스크의 방역적 가치와 정치적 의미를 청와대에서 어느 누구보다도 먼저 간파하고 있었다. 대통령의 질책은 그래서 '이유 있는 질책'이었다. 불면 날아갈 자그마한 마스크 한 장이 점점 육중한 회색 코뿔소로 보이기 시작했다.

## 마스크 대란에 이어
## 신천지 위기까지 조여오다

복福은 쌍으로 안 오고, 화禍는 홀로 안 온다. 마스크 대란을 극복하지 못한 답답한 상황에서 설상가상으로 또 하나의 높은 파도가 밀려오고 있었다. 대구의 '31번 확진자', 신천지 신도가 불러온 파도였다.

대통령 보고 앞에 '긴급'이란 단어가 들어가면 상황이 심각하다는 뜻이다. 2월 21일 오전 9시 40분. 문재인 대통령은 정세균 국무총리와 관계 부처 장관들로부터 '긴급 현안 보고'를 받았다.

코로나 31번 확진자가 나온 2020년 2월 18일은 '코로나 흑역사'로 기록될 날이다. 2월 18일 이후 바로 다음 날부터 하루 20명으로, 그다음 날은 53명으로, 자고 나면 두 배 이상씩 확진자가 불어났다. 대통령이 총리에게 긴급 보고를 받는 날에는 확진자가 100명이 나왔다. 보고를 받는 문재인 대통령의 얼굴이 편안할 리가 없었다. 100명이 나온 다음 날은 200명, 그다음 날은 500명.

2020년 1월 20일 최초의 코로나 확진자가 나온 이후 약 한 달 동안 총 30명이었는데 모든 것이 헝클어졌다. 비공개 회의에서 문재인 대통령은 이례적으로 강도 높은 지시를 했다.

"신천지 대구교회 예배와 청도대남병원 장례식 참석자에 대해 철저한 조사가 필요합니다. 장례식 방명록 등은 중요한 '추적 대상'이니, 후속 조치가 지지부진하지 않도록 단순히 신천지 교회 측이 제공하는 정보에만 의존하지 말고 좀 더 빠르고 신속한 조치를 강구하십시오. 여러모로 상황이 엄중하므로 발 빠르고 강력한 지원 대책을 시행해야 합니다."

청도대남병원 장례식은 신천지 교주 이만희 형의 장례식이 열렸던 곳이다. 대통령이 신천지 대구교회와 경북 청도대남병원 장례식장을 콕 짚어 언급했다. '엄중', '신속', '강력' 같은 단어가 등장했다. 레토릭이 아니었다.

**'신천지 장례식 방명록도 추적 조사'**
**문 대통령의 단호한 주문**

긴급 보고에 배석했다가 잠시 고민에 빠졌다. 대통령의 메시지를 공개할 것인가, 말 것인가. 출근 11일째였다. 중요한 문제이지만, 일단 기자의 감각으로 대통령 코멘트를 대변인 서면 브리핑에 담아 오전에 서둘러 언론에 공개해버렸다. 이미 정세균 총리의 긴급 현안 보고 이전에 대통령은 내부 회의에서 비슷한 언급을 한 적이 있다.

"신천지의 종교 활동은 보장하되 (청도대남병원 장례식에서) 삼일장 동안 문상을 받았을 테니 장례식에 다녀간 사람들이나 자원봉사한 사람들에 대해선 철저한 확인 추적 조사가 필요합니다."

문재인 대통령이 두 차례나 '확인 추적'을 강조한 마당이었다. '삼수갑산三水甲山에 가는 한이 있더라도' 그냥 내질러버렸다. '청명에 죽으나 한식에 죽으나……'

문 대통령이 긴급 현안 보고를 받았다는 내용을 전하면서 "예배와 장례식 참석자에 대해 철저한 조사가 필요하다. 장례식 방명록은 중요한 추적 대상이며, 신천지 교회가 제공하는 정보에 의존하지 말고 빠르고 신속한 조치를 강구하라"고 강조했다고 알렸다. 특히 '추적 조사'에 악센트를 뒀다.

다음은 브리핑 이후 〈KBS〉 뉴스 보도 내용이다.

앵커: 코로나 전파의 진원으로 신천지가 지목되자 문재인 대통령은 이례적으로 신천지 대구교회와 청도대남병원을 직접 언급하며 대책 마련을 주문했습니다. ○○○ 기자의 보도입니다(이하 브리핑 내용과 동일).

〈KBS〉 뉴스뿐 아니라 거의 모든 매체가 같은 보도를 온라인에 쏟아냈다.

이날 정세균 총리의 긴급 보고 후 한 회의에서 의학박사 출신인 이진석 국정상황실장과 대화를 나눴다.

"대통령님의 신천지 추적 조사 지시를 브리핑했는데 괜찮 겠죠?"

당연히 동의할 줄 알고 말을 꺼냈는데, 이 실장의 안색이 변 했다.

"예? 아, 상의를 좀 하시지⋯⋯."

대통령의 메시지는 분명히 뉴스 가치는 있다. '신천지 사태' 의 전면에 대통령이 등장하면 언론은 주목하고 사태는 커진다. 반면 신천지 교도들이 꽁꽁 숨어버릴 수 있다. 그러면 방역에 차 질이 생긴다. 이 실장은 그 점을 우려했다.

'음, 그럴 수도 있겠네.' 하지만 물은 이미 엎질러졌다. 정확 히 말하면 내가 물을 일부러 엎질렀다.

오찬 자리에서 대통령께 "오늘 제가 임의로 브리핑을 해버 렸습니다. 앞으론 더 신중하게 더 잘 하겠습니다"라고 '사과성 보고'를 했다. 내심 '괜찮다' 내지 '잘했다'는 반응을 기대했는데, 문재인 대통령은 담담하게 "예"라고만 했다. 뜨끔했다.

'앞으로 다양한 측면을 봐야겠구나.'

다행히 언론 반응은 나쁘지 않았다. 방송과 온라인 보도에 이어 다음 날 조간신문까지 문 대통령의 메시지를 전한 브리핑 을 아래의 제목으로 비중 있게 다뤘다.

"文 대통령 '신천지 참석자 철저 조사'⋯⋯ 정부, 검사·입원 거부 땐 경찰력 동원"(《한국일보》,《한겨레》1면).

"文 대통령 '신천지 정보 의존 말고 철저 조사'"(《조선일보》4면).
"文 대통령 '신천지 예배·장례식 참석자 철저 조사'"(《동아일보》
A4면).

그때까지만 해도 뉴스 보도의 메인은 '폭증하는 확진자 수'
또는 '정부의 방역 대응 미스'에 있었고 '신천지'는 부수적이었
다. 하지만 주요 방송과 신문이 대통령의 메시지를 대대적으로
보도하면서 '신천지 사태'로 초점이 이동했다.
물론 미디어의 조명발이 어디를 비추느냐가 '본질'이라 할
수는 없다. 뉴스 보도의 초점이 '신천지 사태'로 넘어가는 것은
어찌 보면 필연적이었다. 하지만 언론이 문재인 대통령의 메시
지 이후 사태의 핵심을 짚기 시작한 덕분에, 배가 산으로 가는
소모전을 줄이고 신천지 불길이 전국으로 번지는 것을 막는 데
집중할 수는 있었다.

# 4장　　대통령님, 저의 눈물은
　　　　　대구의 눈물입니다

문재인 대통령은 2020년 2월 21일 정세균 총리에게 긴급 현안 보고를 받은 지 나흘 뒤인 2월 25일 대구를 방문하기로 결정했다. 대통령이 직접 신천지 사태의 해결에 나서겠다는 메시지였다.

대구로 출발하기 전부터 분위기가 뒤숭숭했다. 이날 오전 더불어민주당과 정부, 청와대는 여의도 민주당사에서 고위 당·정·청 회의를 열어 대구 문제를 논의했다. 회의 후 당 대변인이 "대구·경북에 최대한의 '봉쇄' 조치를 시행하겠다"고 발표한 것이 일파만파였다.

바이러스를 봉쇄한다는 의미가 '대구를 고립시킨다'는 말로 엉뚱하게 해석됐다. 물리적으로 봉쇄하려면 그냥 봉쇄라고 하면 되지 '최대한의 봉쇄'라고 표현했겠는가.

그런데도 온라인에 '대구 사람도 사람이다'라는 '대구 홀대론'에서부터 '봉쇄되면 생필품이나 택배가 대구에 못 들어오느냐'고 불안해하는 글까지 올라왔다.

나는 대구로 가는 열차 안에서 신지연 제1부속비서관을 통해 대통령께 상황을 보고하고, 급히 한 문장을 받아 기자들에게 문자메시지로 배포했다.

문재인 대통령은 당·정·청의 '최대한의 봉쇄 조치'라는 표현이 지역적 봉쇄를 말하는 것이 아니라, 코로나19 전파와 확산을 최대한 차단한다는 뜻이라는 점을 분명히 밝히라고 지시하셨습니다.

문자메시지를 받은 청와대 출입기자들이 대통령의 지시 사항을 수십 건의 온라인 속보 기사로 보도했다. 다행히 '대통령의 지시'가 '대구 봉쇄'라는 표현을 덮었다. 가슴 철렁했던 순간이었다.

### 대구만이 아니라
### 대한민국의 문제

대구에 도착해 시청까지 가는 거리의 풍경은 상황의 심각함을 말해주고 있었다. 도심이 텅 비었다. 심야도 아닌데 거리에 인적이 뚝 끊겼다. 봉쇄를 안 했는데도 도처에 굳게 닫힌 상점들이 보였다. 스산하고 쓸쓸한 풍경이었다. 스산함과 쓸쓸함이 공포에 의한 것이었으니 문제가 심각했다.

당연히 '코로나 대응 특별대책회의'가 열린 대구광역시청 2층 상황실 분위기도 무거웠다. 상황을 말하는 권영진 시장의

2020년 2월 26일, 평소엔 인파로 가득하던 대구 동성로가 텅 비어 있다(출처: 《연합뉴스》).

목소리는 가늘게 떨렸고 애원조였다. 비공개 회의 도중 여성 한 명이 발언을 하다 말고 자리에서 벌떡 일어나 문재인 대통령 앞으로 걸어왔다. 좌중이 다들 긴장한 순간, 대통령 지척까지 온 그녀는 갑자기 무릎을 꿇고 울먹였다.

"존경하는 문 대통령님, 장관님, 청와대 수석님. 대구 방문을 감사드립니다. (눈물을 글썽이며) 저의 눈물은 250만 대구 시민의 눈물입니다."

엎드렸던 그녀는 아예 큰절을 하더니 말을 이어갔다.

"대구 동성로와 서문시장, 칠성시장의 모든 가게가 문을 닫아 식사하러 갈 식당이 없습니다. 이 상황에서 벗어나려면 마스크 절대 부족 상황에서 벗어나야 합니다. 소상공인 자영업자들에 대한 금융 지원이 있어야 합니다. 대통령님, 우리 대구 시민들 버리지 마세요. 살려주세요."

회의 분위기는 무겁다 못해 숙연해졌다. 문재인 대통령은 이날 대구 민심에 이렇게 응답했다.

"대구·경북 시민 여러분, 힘내십시오. 저는 대구·경북의 상황을 비상 상황으로 보고 있습니다. 대구만의 문제가 아니라 대한민국의 문제라고 생각합니다."

실제 그랬다. 대구가 뚫려 전국으로 코로나가 확산되면 걷잡을 수 없게 된다. 대구를 살리는 것은 곧 대한민국을 살리는 일이었다.

## 대구를 살리기 위한
## 전례 없는 정부 지원

대구를 살리기 위해 문재인 대통령은 즉석에서 '특단의 대책'을 제시했다. 먼저 정세균 국무총리가 대구 현지에 상주할 것이라고 밝혔다. 총리가 상주하면 지역의 애로사항들을 보다 빠르게 파악할 수 있고, 마스크 지원부터 중앙정부 차원의 필요한 조치를 더 빨리 취할 수 있다─정세균 총리는 그날부터 2주간 대구에 상주하며 현장을 진두지휘했다.

다음으로 대구·경북 경제를 지키기 위한 '실탄 지급'을 약속했다. 돈이 있어야 버틸 수 있는 싸움이었다. 행정안전부의 '특별교부세'를 대폭 지원하고, 예비비를 포함한 긴급예산을 집행해나가는 한편 추가경정예산(제1차)도 편성해 지원하겠다고 했다. 나아가 문 대통령은 '최대한의 봉쇄 조치'라는 표현이 지역적 봉쇄를 말하는 것이 아니라, 코로나19 전파와 확산을 최대한 차단한다는 뜻임을 직접 설명했다. 대통령까지 한 번 더 나서서 오해를 푼 것이다. 대구 봉쇄 발언을 방치하면 고개를 들고 있던 '대구 홀대론'에 힘이 실리고, 지역주의까지 자극할 수 있는 상황이었기 때문이다.

이 자리에는 검찰 인사도 배석했다. 여환섭 대구지검장이었다. 문 대통령은 "외국의 경우 집단감염이 이루어지는 취약한 곳이 교도소"라며 "신천지 교회 등에 이어 교도소도 추적관리가 안 될 수 있으니 교도소 입감자에 최대한의 조치를 해달라"고 당부했다.

문재인 대통령은 대구시청을 나와 KTX 동대구역 회의실에서 '코로나19 대응 대구 지역 시장·소상공인 간담회'도 주재했다. 이 자리에선 "대구·경북이 전례 없는 어려움을 겪고 있는데, 정부의 지원 의지도 전례가 없다. 믿고 함께 가보자"며 다독였다.

'대구만의 문제가 아니라 대한민국의 문제'라는 말에 이어 '전례 없는 정부의 지원 의지'를 밝힌 대통령의 메시지는 대구 지역의 민심을 일단 진정시켰다.


사실 K-방역을 하면서 대구를 봉쇄한다는 건 '눈을 감고 본다'는 말과 같은 '형용모순'이다.

봉쇄는 고전적인 전염병 통제법이다. '국경(지역) 폐쇄와 자택 대피령' 등을 통해 일상생활에 전면적인 제한을 가한다. 하지만 K-방역은 다르다. 국경(지역)을 봉쇄(폐쇄)하지 않고, 최소한의 일상생활은 보장하면서 '진단 검사(test), 동선 추적(trace), 격리 치료(treat)'의 '3T'로 코로나를 퇴치하는 전략이다.

그런데도 대구 봉쇄라는 표현을 일각에서 맥락과 다르게 거두절미하면서 대구 홀대론에 불을 붙이려 했다. 하지만 문 대통령은 방역의 부담에도 불구, 대구에 직접 가서 소통하고, 지원을 약속하고, 실천했다. '대구 홀대론'을 '대구 살리기'로 가라앉힌 것이다.

## '정치인 윤석열'이 송구해야 할 대상은
## '검사 윤석열'

'대구 봉쇄'라는 말을 1년 5개월 만에 다시 들었다. 윤석열 씨가 2021년 7월 20일 대구에 가서 "우한 봉쇄처럼 대구를 봉쇄해야 한다는 '미친 소리'가 나와 시민들의 상실감이 컸을 것"이라고 말했다는 기사를 봤다. '입은 있으되 할 말이 없는 것'이 유구무언有口無言이다. 유구불언有口不言은 '입은 있으되 말을 하지 않는 것'이다. 윤 씨에 대해선 유구불언하려 했었다. 하지만 약간의 잘못은 눈감아줄 수 있다 해도 그는 선을 너무 자주 넘고 있다. 누군가 사슴을 말이라고 한다면(指鹿爲馬) 사슴은 말이 아니라고 말해줘야 한다.

지역을 물리적으로 봉쇄하는 것이 K-방역과는 양립할 수 없음은 앞에서 설명했다. 무엇보다 신천지 사태 발생 이후 대통령과 총리가 대구 문제를 '대한민국의 문제'로 규정하고 전력투구한 것은 당시 검찰총장이었던 그도 모르지 않을 것이다. 알면서 '미친 소리' 운운하는 이유가 뭔가. 대통령 대구 방문 시 대구지검장이 배석했다. 백번 양보해 몰랐다 해도, 본인이 모르면 미친 소리인가? 내가 보기에는 "대구가 아닌 다른 지역이었다면 민란부터 일어났을 것"이라는 말이 오히려 '미친 소리'다. 대구 방문 하루 전 광주의 국립5·18민주묘지에서 비석을 어루만지면서 통합을 얘기하던 사람에게서 나온 말이라는 점이 더욱 놀랍다. 대구 아닌 어느 지역에서 민란이 일어났을 것인지 윤 씨는 밝혀야 할 것이다.

윤 씨는 "이 나라를 지탱해온 헌법 정신과 법치 시스템이 파괴되고 있다. 사회가 어렵게 쌓아올린 정의와 상식이 무너지는 것을 더는 두고 볼 수 없다"면서 검찰총장직을 내던진 사람이다.

그는 문재인 정부에서 2년간 서울중앙지검장을 지냈다. 검찰총장도 1년 반을 했다. 문재인 대통령이 임기 후반을 맞았다는 것, 코로나 국난 극복에 불철주야하고 있다는 것 말고는 상황이 달라진 게 없는데, 임명장 받을 때는 멀쩡하다가 임명장 받고 나면 파괴되는 게 그의 헌법 정신과 법치다. 수사 권력을 휘두를 때는 멀쩡하다 갑자기 무너지는 것이 그의 정의와 상식이다. 공직자로서 최소한의 직업윤리조차 없는 사람의 변명으로 들릴

뿐이다.

그런 윤 씨의 변신이 소스라치게 놀랄 일 따위는 아닐 수 있다. 대한민국 대선을 감상하려면 반드시 한 가지 비밀 코드를 기억해야 한다. 바로 '배신'의 코드다. 경선 불복 후의 신당 창당, 헤아리기 어려울 정도로 정당—그것도 여야까지 바꿔서—을 옮겨 다니는 보따리 정치 혹은 떴다방 정치, 총애를 받았던 사람이 물러나자마자 대통령에게 돌 던지기, 자기 정당의 후보가 망하길 기다리며 흔들다가 지쳐서 뛰쳐나가기…… 변이를 계속해왔지만, 결국 맥락은 질리도록 봐왔던 배신의 정치다.

마시던 우물에 침 뱉고 나간 윤 씨가 꺼내든 게 '대구 봉쇄'와 '대구 민란'이다.

검찰총장을 지낸 사람한테 계속 '씨'가 뭐냐고 할지 모르지만, 정치권력으로부터 독립성을 보장하기 위해 만든 것이 검찰총장 임기제인데, 그는 정치권력이 되겠다고 떠났다. 법치, 법치하더니 느닷없이 헌법 정신이 파괴됐다며 스스로 검찰총장 임기제를 망가뜨린 것이다. 멀쩡한 회사 무너뜨린 사장님들의 '고의 부도'와 뭐가 다르냐고 묻고 싶다. '윤석열 전 검찰총장'이라 도저히 부를 수 없는 이유다. 이건 윤 씨와 난형난제難兄難弟인 또 다른 전직 헌법기관장에게도 해당되는 말이다.

하늘에는 솔개가 날고, 물속에는 고기가 뛰노는 자연스러움을 연비어약鳶飛魚躍이라 한다. 대선 때면 지지율이 조금 올라간다고 물고기가 날개도 없이 하늘로 날아오르려 하고, 솔개가 수영 연습도 하지 않고 연못으로 자맥질을 한다. 그동안 그림자의 길이를 실제 키로 알았던 수많은 이들이 대선만 되면 무대로 직행했다가 똑같이 실패의 길을 걸었다. 아마도 '가假수요'를 실수요로 믿어서일 것이다. 가수요에 '공급 확대'로 대응하면 망하는 건 희한할 정도로 경제나 정치나 똑같은 것 같다.

최근에는 그가 자신이 직접 손을 댔던 박근혜 전 대통령 수사·소추에 대해 "마음속으로 송구하다"고 했다는 얘기까지 들었다. 그가 어떤 정치인이 되고 싶은지는 모르겠으나, 반드시 한 가지는 알아야 할 것이다. '정치인 윤석열'이 정말 송구해야 할 대상은 박근혜 전 대통령이 아니라 '검사 윤석열'이다.

# 5장     '중국 눈치 보기'라는 신종 색깔론

아직 마스크 대란, 신천지 사태라는 고개를 넘지 못한 상황에서 세 번째 고비가 나타났다. '중국 봉쇄론'이었다. 그야말로 '삼중고三重苦'였다.

야당과 몇몇 언론은 후베이성의 우한만 봉쇄하지(2월 4일 조치) 말고 중국 전역에서 아무도 들어오지 못하게 하라고 정부를 압박해왔다. 고약했던 것은 '중국 눈치 보기'라는 주장이었다. 주권국가의 방역적 판단을 중국 눈치 보기로 몰아갔다. 중국 봉쇄론은 정쟁화 단계를 지나 색깔론이라는 이념화 국면에 진입할 조짐을 보이고 있었다.

대구에서 돌아온 다음 날(2020년 2월 26일) 문재인 대통령의 얼굴이 굳었다.

"중국인 전면 입국 금지를 주장하는 것까지는 좋은데, 정부가 '중국 눈치 보기'를 한다니, '친중'이라서 봉쇄를 안 한다니⋯⋯."

2월 28일은 문재인 대통령이 국회에서 '코로나 극복을 위한 여야 정당 대표 대화'를 하는 날이었다. 청와대 내부 기류는 회동을 만류하는 쪽이었다. 총선을 한 달 보름 앞둔 시점이라 야권의 파상 공세가 예상됐기 때문이다. 하지만 대통령은 "내가 찾아가겠다"며, 국회 사랑재(국회 안의 한옥 건물)행을 결정했다. 코로나 상황에서 급했던 감염병 예방 법안 등 코로나 3법과 대구를 살리기 위한 제1차 추경예산 처리를 '빨리 해달라'는 메시지를 내기 위해서였다.

## 봉쇄하면 안 되는
## 다섯 가지 이유

당시 제1 야당인 미래통합당의 패는 뻔했다. 대통령 면전에서 '중국 봉쇄론'을 제기하는 장면이 눈에 아른거렸다. 사전에 논쟁의 중심을 바로잡을 필요가 있었다. 2월 27일 청와대 내부 회의를 거쳐 '대변인 서면 브리핑'을 내기로 했다.

여러 비서관실에서 달라붙어 내게 자료와 논리를 제공해줬고 나는 문장을 만들었다. 중국인 입국을 전면 제한하지 않는 다섯 가지 이유를 다음과 같이 서면 브리핑으로 제시했다.

첫째, 당국의 '특별 입국 절차'가 실효적으로 작동하고 있습니다. 정부는 지난 2월 4일부터 중국인 전용 입국장을 별도로 만들고, 소독과 발열 체크를 하고 있습니다. '이상이 없을 때만' 입국을 허용하고 있습니다. 특별 입국 과정에서 스스로 건강 상태를 진단할 수 있는 '자가 진단 앱'을 설치하고, 입국 시 국내 거주지와 연락처를 제시합니다.

둘째, 그 결과 중국인 입국자는 안정적으로 관리되고 있습니다. (특별 입국 절차를 만든) 2월 4일 이후 확진 판정을 받은 사람(중국인)은 현재까지 없습니다. 그런데도 중국에서의 입국을 전면 봉쇄하는 것은 실익實益이 없다는 판단입니다.

셋째, 최근에는 입국하는 중국인이 많지 않습니다. 1천 명대로 줄어든 중국인 입국을 막기 위해 전면 입국 금지를 하는 것은 자칫 (중국으로 가는) 우리 국민의 피해를 유발할 수 있어 바람직하지 못하다는 것이 정부의 입장입니다.

넷째, 현재 중국에서 (후베이성 이외의) 확진자 수가 큰 폭으로 떨어지고 있다는 발표가 나오는 것도 주목해봐야 합니다.

다섯째, 국제 전문가들도 중국인 전면 입국 제한이란 '봉쇄' 효과는 제한적이라고 진단하고 있습니다. 감염병은 봉쇄가 아니라 '국제 연대'와 협력을 통해 극복할 수 있다는 것이 국제적 공론입니다. 정부는 방역의 '실효적 측면'과 '국민의 이익'을 냉정하게 고려했다는 점을 다시 한번 말씀드립니다. 중국인 입국을 전면 금지하지 않는 것이 '중국 눈치 보기'라는 일각의 주장은 유감입니다.

내부 논의를 거쳐 다섯 가지 논리로 조목조목 대응했다. 한 달 이상 논란이 이어져 온 사안에 대한 청와대의 첫 공식 입장이라 서면 브리핑은 언론의 주목을 받았다.

그런데 아뿔싸, 사고가 났다. 우리나라에 들어오는 중국인

은 줄어들고, 중국으로 가는 한국인은 늘었다고 주장하는 과정
에서 숫자가 다르게 나갔다. 내 명의로 나갔으니 내 책임이었다.
숫자는 기자들에게 수정 공지(2월 27일 우리나라에 온 중국인
1,093명, 중국으로 입국한 우리 국민 1,406명)해서 바로잡았지만
얼굴이 화끈거렸다. 청와대에 들어온 뒤 20일 정도 무사고 운전
을 하다가 중요한 고비에 사고를 냈다. 작은 실수 하나가 본질보
다 더 크게 부각될 수 있어 걱정스러웠다. 다행히 〈KBS〉에 아프
게 꼬집힌 것 말고는 중국을 봉쇄할 수 없는 다섯 가지 이유를
중심으로 언론 보도가 나갔다.


### 스스로 징계를 요청하기로
### 마음먹었으나


하지만 대통령께서 첫날부터 당부한 신뢰는 어떻게 되나. 중요
한 문제의 전체 그림에 얼룩을 남긴 셈인데……. 고심하다가 스
스로 징계를 요청하기로 마음먹었다. 깎아먹은 신뢰 지수를 만
회하기 위한 고육지책苦肉之策이었다.

법률을 살펴봤더니 징계의 종류에는 파면, 해임(이상 중징
계), 강등, 정직, 감봉, 견책(이상 경징계) 등이 있었다. 공무원 징
계 사유에는 ① 국가공무원법 위반, ② 직무상 의무 위반, ③ 직
무 태만, ④ 체면 또는 위신 손상 등이 있었다. ④번에 해당할 수
있을 것 같았다. 청와대에 들어와서 알게 된 A에게 문자메시지
를 보내 상의했다.

책임을 지기 위해 제가 자발적으로 징계를 요청해서 받겠습니다. 그리고 춘추관에 나가서 잘못된 통계가 나간 부분에 대해 깨끗이 사과하고, 징계 요청 사실도 필요하면 밝히겠습니다. 대신 '그래도 중국인 입국의 전면 제한은 안 된다'고 다시 한번 강조하는 게 어떨까요. 차제에 대통령님께서 단호하게 책임을 묻는 모습을 보여주시면 청와대 내부의 긴장감을 높여주는 효과도 있을지 모릅니다.

'스스로 징계를 요청하겠다'는 방안에 긍정적인 답장이 왔다.

그동안 '책임지는 사람이 없다'는 비판이 있음을 잘 알고 있습니다. 이렇게 자발적으로 대변인께서 나서는 게 신선하게까지 느껴집니다. 내일 회의에서 상세하게 논의하시지요.

나는 각오를 단단히 했다. 그러나 결과적으로는 대통령 앞에서 말도 꺼내지 못했다. 그날따라 회의 분위기가 무거웠다. A도 내게 눈짓을 하면서 넌지시 양손으로 'X' 자를 만들어 보였다. 얘기를 꺼내지 말라는 뜻이었다. 다음 날 국회 사랑재에서의 여야 대표 회담 이후에는 국면이 바뀌어서 말을 꺼내기가 더 어려워졌다. 혼자서 반성문을 세게 쓰는 선에서 흐지부지 마무리했다. 어깨에 힘이 너무 들어가면 헛스윙이 나오는 것이 야구나 골프만은 아니었다.

# 6장   황당한 '모기장 방역론'과
## 한판 승부

'밀당' 없는 밀담은 없다. 더군다나 여야 회담인데 밀고 당기기가 없을 수 없다. 그저 진상만 심하게 부리지 않기를 바랐다. 2020년 2월 28일 국회 사랑재. 문재인 대통령과 당시 문희상 국회의장, 이해찬 더불어민주당 대표, 황교안 미래통합당(현 국민의힘) 대표 등 각 정당 대표가 한자리에 모였다. 나도 사랑재 회담 테이블의 뒷줄에 배석했다.

이런 대형 정치 이벤트는 기자들에게 참석자들의 '모두 발언冒頭發言'까지는 공개한다. 모두 발언이 끝나면 기자들이 철수한다. 회의가 비공개로 들어가면 '밀실회담'이 된다.

아직은 TV 카메라가 돌아갈 때였다. 예상대로 황 대표는 중국인 전면 입국 금지 카드를 꺼냈다.

"……우한 코로나 사태는 최초 중국으로부터 시작된 감염병 확산 사태였습니다. 그러나 점차 우리나라의 우한 코로나 사태는 인재人災의 성격을 띠게 됐습니다. 무엇보다 초동 대처에 실

2020년 2월 28일 신천지 사태 중에 국회 사랑재에 모인 문재인 대통령과 여야 대표.

패했습니다. 중국발 (전면) 입국 금지 조치가 위기 초반에 반드시 실시되어야 했습니다. 우리 당은 물론이고 국민과 전문가들이 얼마나 줄기차게 요구하고 호소했습니까. 그러나 대통령께서는 듣지 않았습니다. ……우리 국민이 먼저인지, 아니면 중국이 먼저인지 국민들은 진지하게 묻고 있습니다. 저는 시중의 말처럼 중국 시진핑 주석의 방한 때문에 중국발 입국 금지를 못 하고 있다고 믿고 싶지 않습니다……."

황교안 대표는 시종일관 코로나 사태가 아니라 '우한 코로나 사태'라고 표현했다. 시진핑 주석 때문에 봉쇄 안 한다는 시중의 가짜뉴스까지 끌어다 대통령을 공격했다. 코로나와의 전쟁 상황에서 주무인 보건복지부 장관을 비롯해 외교부 장관까지 경질을 요구했다. 언제 그랬는지 기억에 거의 없지만, 이론적으로 정치가 박수를 받으려면 국민에게 '이익'이나 '감동'을 안 겨줘야 한다. 위기 때라도 손을 잡고, '이것이 큰 정치'라고 말했 다면, 그런 시늉이라도 해줬다면 국민에게는 이익이자 정말 목 말랐던 감동을 주는 일이었을 것이다. 그러나 국난기에도 그런 일은 없었다.

황 대표의 발언에 '사자후'라는 별명의 심상정 정의당 대표 가 즉각 반격에 나섰다.

"……황교안 대표께서는 계속 중국 봉쇄 이야기를 하고 계 십니다. 그런데 저는 지금 단계에서 중국 봉쇄를 말씀하시는 것 은 다른 나라들이 한국을 봉쇄하는 것을 정당화하는 명분을 줄 수 있다고 생각합니다. 코로나19와 관련해서는 그 어떠한 정쟁 도 중단 선언을 해야 합니다. 지금은 중국 봉쇄 이야기를 할 때 가 아니라……."

그는 황 대표의 주장을 정쟁으로 규정해버렸다. 심 대표의 발언이 끝나고 카메라 기자들이 회의장을 나갔다.


## 중국 봉쇄론은 국익, 실익, 무익 중 어디일까?


대통령과 여야 대표들의 비공개 회담에 처음으로 배석하다 보 니 자못 긴장이 됐다. 정치부 기자를 제법 오래하면서 회담장 문 이 닫히면 무슨 얘기들이 오갈까 늘 궁금해했다. 과연 카메라가 없을 때 정치인들은 무슨 영화를 찍을까. 휴먼 드라마는 아닐 테고 느와르, 아니면 스릴러? 정답은 코미디였다.

비공개 회의에서 문 대통령은 중국인 전면 입국 금지 요구를 확실하게 일축했다.

"황교안 대표님이 중국인 전면 입국 금지를 계속 요구하시니 특별히 답을 드리겠습니다. 우선 중국 후베이성에 대해서는 전면 입국 금지를 진행하고 있습니다. 후베이성 이외의 지역에 대해서는 지난 2월 4일 이후 특별 입국 절차를 만들어 특별 검역을 실시하고 있습니다. 조금이라도 이상이 있으면 입국을 금지합니다. 2월 4일 이후 중국인 입국자 가운데 확진자는 한 명도 없습니다. 중국인 입국자 자체가 크게 줄어 하루 2만여 명씩 들어오다 지금은 1천 명대입니다. 급락한 상황이기 때문에 얻어지는 실익보다 우리 쪽의 불익不益이 클 수 있습니다. 지금 시점에서 중국인 전면 입국 금지가 실효성 있거나 시급하다고 생각하지 않습니다."

그러나 황교안 대표는 쉽게 물러서지 않았다.

"제한적으로 2월 4일부터 중국인 입국 통제를 강화해서 확진자가 늘어나지도 추가로 생기지도 않았다고 하지만, 언제 생길지 알 수 없지 않습니까?"

문 대통령이 '순전히 방역 차원에서 접근하자. 정치 쟁점화는 바람직하지 않다'는 취지의 답을 주자 심상정 대표가 다시 돌직구를 날렸다.

"대구의 확산은 신천지 때문인데 왜 자꾸 철 지난 얘기를 합니까? 지금 단계의 초점은 중국인 입국 금지가 아니라 신천지를 파악하는 겁니다."

그럼에도 황 대표는 집요하게 "중국인의 유입을 막아야 한다"고 주장했다. "모기장 문을 열어놓고 모기를 막을 순 없다. 모기장을 둘러 막아놓아야 치료도 잘할 수 있다"고도 했다.

'모기장이라고?' 중국 봉쇄가 모기장이면 모기는 대체 누구인가. 황 대표의 '우기기'와 '웃기기' 사이에서 멀미를 할 뻔했다. "2·4 특별 입국 대책 이후 중국에서 확진자 유입이 없습니다. 입국자도 1천 명대로 떨어졌는데, 중국을 차단하는 것은 우선순위가 아닙니다. 신천지 집단감염 문제를 푸는 일이 제일 절박합니다."

문 대통령은 황 대표의 봉쇄론에 쐐기를 박았다. 장관 경질 요구 등에 대해서는 "상황을 종식하고 난 뒤 복기해보자"며 받아넘겼다.

### 삼성전자, 현대자동차, SK도
### 중국 눈치 봤나

앞서 2월 13일, 문재인 대통령은 대한상공회의소를 방문해 6대 그룹 총수(급), 경제단체장 등과 '코로나19 대응 경제계 간담회'를 했다. 당시 재계 인사들은 문재인 대통령에게 다음과 같이 건의하고 요구했다.

**이재용 삼성전자 부회장:** 중국은 글로벌 제조업의 핵심이며, 미국과 함께 가장 큰 시장입니다.

**최태원 SK그룹 회장:** 아직까지는 우한의 석유화학 공장 등이 제대로 가동되고 있습니다. 충청의 반도체 사업도 아직은 괜찮습니다. 한중 항공 화물 운송이 폐쇄되면 중국에서 생산하는 반도체 웨이퍼(반도체의 재료가 되는 얇은 원판)의 조달에 차질이 발생하는 만큼 화물 운송 항공편을 축소하지 말 것을 (중국 정부에) 요청해주셨으면 합니다.

**윤여철 현대자동차 부회장:** 현대자동차는 우리 정부의 신속한 지원으로 40개 중국 와이어링 하네스(차량의 여러 전기장치에 연결되는 배선을 하나로 묶은 것) 공장 중 38개 공장의 재가동을 개시했습니다. 중국 공장에서 근무 중인 근로자가 12만 명입니다. 와이어링 하네스는 (중국에서) 항공 운송으로 조달하고 있습니다.

**박용만 전 대한상공회의소 회장(현 두산인프라코어 회장):** 중국은 우리와 가장 인접한 국가이고, 경제 공동체입니다. 중국 내에서 정상 조업이 서둘러 이루어질 수 있게 2월 한 달 동안 정부의 집중적인 지원을 부탁을 드리겠습니다.

굴지의 기업 총수들이 이런 고민을 하는 마당에 중국을 봉쇄하면 과연 무슨 일이 벌어졌을까? 방역에 도움이 됐을까? 1월 말부터 중국인 입국을 금지했던 이탈리아는 왜 3월부터 확진자가 폭증했을까?

그래도 다행이었던 것은 '사랑재 설전' 이후 중국인 전면 입국 금지론이 수그러들었다는 점이다. '옥의 티'(통계 인용 오류)를 남기긴 했으나 중국인 입국 금지론에 대해 다섯 가지 이유를 들어 반박한 브리핑도 효과가 있었다는 내부 평가를 받았다. 국가안보실 소속 박철민 외교정책비서관(현 헝가리 대사)은 일본이 한국인에 대한 비자 면제 조치를 취소해버렸을 때 내게 서면 브리핑을 제안하기도 했다. "중국 건 때도 서면 브리핑 이후 논란이 잠잠해졌다"면서 말이다. 신속히 진화가 되었으니 그래도 보람을 느꼈다.

코로나 위기 상황에서 중국 봉쇄론으로 티격태격하는 건 '달팽이 뿔 위에서의 싸움(蝸牛角上之爭)'처럼 아무런 이득이 없는 일로 다투는 것이었다. 그런데도 윤석열 씨가 1년 반 만에 자다가 봉창을 두드리듯이 다시 '우한 바이러스' 운운하며 중국발 입국을 통제했어야 했다고 주장했다가 역풍을 맞았다. "무슨 정신으로 그런 얘기를 하는지 모르겠다"는 감염병 전문가의 비판이 나오는 것이 무리가 아니다. 당시 정부의 선택은 '친미 아닌 친중'이어서도 아니고, '중국 눈치 보기'를 한 것도 아니었다. 이미 입국이 줄어들고 있는데 굳이 전면 제한을 선언할 이유가 없었다. 방역의 실효적 측면과 국익을 냉정하게 고려한 것이었다.

거세게 밀려오던 파상적인 공세와 압박을 문재인 대통령은 뚝심 있게 견뎌냈다. 사실 선거를 앞둔 상황이었으니 중국 봉쇄론은 '실탄'이 아닌 '공포탄'이었을 수 있다. 대통령은 실탄과 공포탄을 구분했다. 대통령직을 수행하는 데는 뚝심 또는 선구안, 때론 둘 다 필요함을 느꼈다. 대통령은 거센 압박에도 눈 한번 깜빡하지 않았다.

# 7장 홍해 프로젝트와 '소부장'으로 마스크 대란 진화

문재인 대통령이 연밀 마스크 문제 해결을 강조하던 2020년 2월 말에서 3월 초의 일이다.

노영민 비서실장이 김상조 정책실장과 몇몇 수석, 비서관이 모인 자리에서 말했다.

"마스크는 공급 확대 이외에는 비책이 없어요. 3월 25일까지 하루 2천만 장을 공급하는 비상 프로젝트를 가동합니다. 비상 프로젝트 이름은 '홍해 프로젝트'라 명명합니다."

모세가 홍해를 반으로 갈라 이스라엘인들이 출애굽出埃及 하는 기적을 창출했듯이 '마스크 공급에 기적을 만들라'는 뜻이었다. 그런데 기적이라는 게 있으라면 있고 만들라고 하면 만들어지는 것인가. 그러나 그냥 던져본 말이 아니었다. 노 실장은 진지했다.

"홍해 프로젝트 팀장은 이호승 경제수석이 맡으세요. 이제부터 '마스크 수석'입니다. 핵심 포인트는 MB(멜트블로운) 필터

공급량을 확대하고, 마스크 공장의 생산력과 가동률을 높여 국
내공장에서 증산이 가능하게 해서 3말 4초까지 하루 2천만 장,
한 주로는 1억 장 이상 공급하는 겁니다. 모든 것에 우선해서 인
력, 사무실, 예산을 지원할 테니 특단의 조치로 기적을 만들어야
합니다!"

우리나라 15~64세 인구는 3,700만 명이 넘는다. 매일 2천
만 장을 생산하면 한 주 1억4천만 장. 전 국민이 일주일에 서너
장씩은 마스크를 구입할 수 있어 보릿고개를 면할 수 있다.

그동안에도 주무 부서인 사회수석실이 식품의약품안전처
와 조율해가며 마스크 문제를 챙겨왔지만 문재인 대통령이 직
접 마스크 드라이브를 거는 상황. 노영민 비서실장이 궁리 끝에
홍해 프로젝트 가동을 지시하자 이호승 경제수석뿐 아니라 김
상조 정책실장까지 달라붙어 농구처럼 '올코트프레스'(전면 강
압 수비)에 나섰다. 사실 노영민 실장이 이호승 수석에게 '마스크
수석'이라 칭한 것은 김 실장에게 우회적으로 보내는 메시지나
마찬가지였던 것 같다.

## 정책실장의 총동원령

김상조 실장은 즉각 정책실의 수석과 비서관 전원을 소집했다.
이호승 수석이 직접 칠판에 써가며 상황을 설명했고 김 실장은
'총동원령'을 내렸다.

"자, 디지털혁신비서관은 우체국 택배를 통해 어떻게 마스

크를 보급할지 검토하고, 농림해양수산비서관은 농협 유통망, 하나로마트를 통해 어떻게 마스크를 팔지 들여다보고, 우체국 택배 차량을 포함해 온갖 택배 차량을 마스크 수송에 동원합시다."

당시 정책실 소속 한 행정관이 내게 "마스크 문제가 이렇게 일국의 정책실장과 경제수석이 몽땅 나서서 뛸 일인가라는 생각했다"고 토로한 적이 있다. 내가 했던 '철부지' 같은 생각을 그도 똑같이 한 것이었다. 그러나 마스크 문제는 일국의 정책실장과 경제수석이 몽땅 나서서 뛰어야 할 절박한 사안이었다. 김상조 실장은 한 걸음 더 나아갔다.

"소·부·장(소재-부품-장비) 때처럼 모든 비서관실이 모든 부처(정부)와 협업합시다."

결론은 다시 '소·부·장'이었다. 소·부·장은 문재인 정부에서

코로나 위기 국면에서 손발을 잘 맞춰 마스크 대란을 극복한 당시 노영민 비서실장(좌)와 김상조 정책실장(우)(출처: 《연합뉴스》).

상징적인 의미를 지니는 단어다. 정부 부처 간 협업과 기업 현장 중심 대응을 통해 일본의 수출규제 국면을 돌파해낸 '위기 극복 방정식'이었다. 김 실장 스스로 매일 이의경 식품의약품안전처장, 김용범 기획재정부 1차관 등과 통화하며 상황을 챙기면서 마스크 대란의 불길을 진화해나갔다.

다음은 정부의 소·부·장식 마스크 대란 진화 방식이다.

① 규제 완화와 설비 지원으로 마스크 생산 확대.

• 첫째, 식약처가 마스크 공장에 '대용량 포장'을 허용, 생산시간 단축. 식약처 검사 시 '선先 검사 후後 출고' 방식을 바꿔 먼저 출고하고 나중에 검사하면서 생산량 증가. 불량품의 경우 폐기해 오던 것을 사후 보완하면 출하를 허용해 생산량을 늘림.

• 둘째, 고성능 '마스크 포장기' 등 생산 설비를 정부가 지원. 주말 추가 생산 시 정부 매입 가격을 인상해 주말 생산량을 늘림.

• 셋째, 식약처 소속 공무원(약사)을 모든 마스크 공장에 한 명씩 배치. 공장에서 마스크 생산이 얼마나 되는지 체크하고, 애로사항을 듣고 바로 조치하며 밀착 지원. 증산 효과 거둠.

② 자동차용 필터를 마스크용으로 변환하여 MB 필터 증산.

• 정부가 예산(예비비)으로 MB 필터 생산 업체에 설비를 지원. 노후화한 설비는 교체해서 국내 생산량을 높여나감. MB 필터는 마스크 외에 자동차용 에어필터, 공기청정기 에어필터, 여성용 클렌징 티슈 등에 쓰였는데, 마스크용으로 전환하도록 산업통상자원부 등이 업체 설득. 수입선도 중국에서 미국 등으로 다변화.

③ 공적 마스크 확보.

• 늘어난 마스크의 80퍼센트(종전 50퍼센트)를 조달청이 사들임. 해외 수출은 전면 금지.

④ 마스크 5부제로 공적 마스크를 약국을 통해 공평히 보급.

• 조달청이 확보한 마스크는 국민에게 똑같은 매수로 보급. 1인당 일주일에 2매씩 살 수 있도록 날짜를 지정함. 공적 마스크 판매처로 이마트 등이 아닌 약국을 지정. 대구 이마트 경산점 같은 '긴 줄'이 더는 생기지 않도록 하고 사재기와 매점매석을 막음.

## 오케스트라처럼 화음 낸 마스크 종합행정
## 대통령은 '지휘자'

문재인 대통령은 그래도 만족하거나 마음을 놓지 않았다. 대신 대통령의 마스크 메시지는 이제 '질책'에서 '독려'로 바뀌었다.

"이제야 실효가 있을 것 같은 대책이 나온 것 같은데, 행정 조치로 끝내지 말고 (발표한 대로 잘 보급이 되는지) 일제히 나가서 확인합시다."

"정부가 팔 걷어 부치고 현장에 나가 챙기고, 마스크가 수송되는 모습을 찍어서 보여주고, 사재기 단속하는 것도 보여주고……. 할리우드 액션이라도 좋으니 보이게 하십시오. 결과도 중요하나, 결과가 만들어지는 과정을 국민에게 하나하나 보여줘야 합니다."

아마도 매점매석은 있을 수 없다는 것을 국민이 믿어야 사재기할 필요를 못 느끼고, 그래야 불편을 감내하면서 마스크 5부제에 승복할 수 있을 것이라고 대통령은 판단한 듯하다.

문재인 대통령은 '현장에 나가서 챙기라'는 지시에 그치지 않고 직접 현장으로 나갔다. 2020년 3월 6일 문재인 대통령은 경기도 평택에 있는 마스크 생산 업체를 찾았다.

"의료 현장이 방역의 최일선이라면, 마스크 생산 업체들은 후방 기지입니다. 후방 기지가 튼튼해야 우리가 이길 수 있습니다. ……제가 분명히 약속을 드리겠는데, 상황이 안정되고 나서 마스크 수요가 줄어들어도 남는 물량은 전량 정부가 구매해서 전략물자로 비축할 것이니 충분히 생산량을 늘려주시고…….""

대통령까지 직접 현장을 찾아 증산을 독려하는 총력전에 나서면서 마스크 대란은 노영민 실장이 요구한 3월 말에서 4월 초 사이에 진압이 됐다.

마스크 대란을 성공적으로 해결한 경험은 이후에 곳곳에서 시너지 효과를 냈다. 마스크 5부제 시행 당시 한국정보화진흥원은 '마스크 재고 알림' 어플리케이션을 개발했다. 약국에서 약사들이 마스크 재고량을 입력하면 전산망을 통해 '잔여 마스크'가 있는 곳이 지도로 나타나는 앱이었다. 이 앱 덕분에 동네 마스크가 동이 나도 옆 동네에 가서 잔여 마스크를 사올 수 있었고, 마스크 5부제가 안착할 수 있었다.

2021년에 정부는 '노쇼No-Show'(예약 취소)로 발생한 잔여 백신을 네이버와 카카오톡을 활용해 예약하게 함으로써 백신 접종률을 끌어올렸다. '노쇼 백신'과 '잔여 마스크', 어딘가 닮아 보인다. 실제 노쇼 백신은 '잔여 마스크 앱'이 진화한 것이다. 총 력전 과정에서 쌓은 값진 행정 경험이 백신 접종에 유용하게 재 활용되면서 시너지 효과를 냈다.

2020년 6월 들어 마스크 5부제는 완전히 해제됐다. 공적 출 고 의무도 폐지시켰다. 수출 금지 조치까지 풀었으나 한번 안정 을 찾으니 마스크 대란은 다시는 없었다. 그해 8월 하순께 마스크 한 주 생산량이 2억 장을 넘겼다. 하루 3천만 장 정도. 노영민 실 장이 홍해 프로젝트를 가동하면서 주문한 하루 2천만 장을 훌쩍 넘어섰다. 1월 30일 하루 평균 660만 장이었는데 격세지감이다.

마스크 대란이라는 첫 번째 고비를 넘을 수 있었던 것은 '생 산-유통-판매' 전 과정에 이르는 '종합 행정'이 오케스트라의 화 음을 냈기 때문이다. 문재인 대통령은 오케스트라의 지휘자였다.

마스크 문제 해결은 코로나와의 전쟁에서 반격의 시작이었 다. 이제는 널린 게 마스크이다 보니 가끔 노영민 실장이 "4월부 터는 강아지도 마스크를 쓰고 다닐 수 있도록 하겠다"고 벼르던 때가 생각난다. 왕도王道는 있었다. 홍해 프로젝트는 '미션 파서 블'이었다.

# 8장    신천지의 대반전,
       K-방역과 외신의 찬사


신천지 사태가 한창이던 무렵, 보수 언론의 중견 언론인 한 명이 내게 "카카오톡 등에서 많은 호응을 얻고 있는 유머"라며 글 하나를 보내왔다. 〈코로나 사태에 따른 각국의 대응 방식〉이라는 제목의 글이었다.

'람보처럼 바이러스와 교전하게 한다', '발코니에 모여 사死를 찬미하며 죽음도 예술처럼 맞이하게 한다', '죽음조차 개인의 자유, 국가가 관여할 일은 별로 없다', '남몰래 조용히 죽길 바란다'.
한국은 조용히 죽고 싶어도 체계적인 국가 시스템 때문에 도저히 불가능하다. 첨단 진단키트와 방호복으로 무장한 유능한 어벤저스들이 나타나 순식간에 상황을 반전시킨다. 그들은 CSI처럼 현장과 동선을 탐문하고, CIA처럼 GPS 위치를 추적하고, 38기동대처럼 구매 내역까지 조회해서 조용히 숨어서 죽겠다는 신천지 환자들까지 기어이 찾아내고야 만다. 많이 아픈 자는 음압병실로 데려가서 정성껏 무료로 치료하고, 조금 아픈 자는 레저시설 같은 곳으로 보내 돈까지 주면서 쉬게 한다. 그리고 이들의 헌신으로 여전히 국민들은 대부분의 나라에서 박탈된 일상의 자유를 누리고 있다. 한국에서 코로나로 죽는 것은 낙타가 바늘구멍을 통과하는 것만큼 어렵다.

유머만은 아니었다. 공격이 최선의 수비라지만, 바이러스와의 전투에선 수비가 최선의 공격이다. 마스크, 진단키트(RT-PCR), 드라이브스루 및 워킹스루 선별진료소, 생활치료센터, 음압병실……. 코로나와의 전투에 쓰인 'K-방역 종합 세트'다. 이제는 국민에게 친숙한 이름이다.

마스크처럼 평범한 무기가 바이러스와의 전투에서는 강력

대구의 한 선별진료소에서 진단 검사를 하는 모습(출처: 《연합뉴스》).

한 방어 무기다. 'K-방역 종합 세트' 중 유일하게 대란 파동까지 겪었던 마스크가 홍해 프로젝트와 정부의 종합 행정으로 대량 확보되면서 동시다발 발사가 가능한 '신기전神機箭'같은 바이러스전의 비기가 됐다. K-방역 종합 세트로 한국은 '3T'에 나서 신천지 사태를 극복해나갔다. 3T 방식은 다음과 같다.

① 공격적 진단 검사: RT(real-time)-PCR 검사법으로 확진자를 찾아냄. 공격적인 검사를 위해 곳곳에 선별진료소를 마련. 드라이브스루, 워킹스루 같은 독창적인 방식의 선별진료소까지 추가로 발명. 진단 검사 역량에서 비교할 수 없는 능력을 초기부터 갖춤.

② 전방위 동선 추적: 진단 검사를 통해 확진자를 찾아내 동선 추적. 확진자가 누굴 접촉했는지, 어딜 다녀갔는지 등을 찾아 국민에게 문자메시지로 공개. 동선 추적(역학조사)에 전방위로 동원되는 QR코드 기반 전자출입명부, 전국 도처의 CCTV 기록, 핸드폰 GPS 기록, 기지국 접속 기록 등은 우리나라의 IT 및 통신 인프라의 결정판. 역학조사를 통해 이태원 클럽 등 대유행의 전파 고리를 선제적으로 발견.

③ 신속한 격리 치료: 동선 추적을 통해 찾아낸 대유행의 전파 고리를 신속하게 격리 치료, 감염 확산을 차단. 증상이 가벼운 환자는 생활치료센터, 무거운 환자는 음압병상으로 보내는 이원화된 시스템을 구축. 생활치료센터를 활용해 경증 환자가 음압병상을 차지하는 일 없이 중증 환자를 집중 관리.

이 공식이 신천지 사태에 그대로 적용됐다. 방역 당국은 신천지 사태가 발생하자 신도 31만 명의 명단을 입수해 전수조사에 돌입했다(공격적 진단 검사). 유감스럽게도 신천지 측은 신도 명단이나 신천지 비밀 집회 참석자들을 축소해 신고하거나 동선을 거짓으로 진술하면서 방역을 방해했다.

하지만 방역 당국은 끈질기게 코로나 증세가 있는 신도를 찾아낸 뒤 QR코드에 기반한 전자출입명부, CCTV 기록, 핸드폰 GPS 기록 등을 통해 이들의 동선을 뒤쫓아 추가 확진자를 찾아냈다(전방위 동선 추적).

사태가 완전히 종식된 8월까지 그렇게 찾아낸 신천지 관련 감염자 수는 무려 '5,214명'이었다. 이들을 생활치료센터와 음압병상으로 나눠서 치료해 확산을 막았다(신속한 격리 치료).

대구 지역의 병상과 의료진만으로는 5천 명이 넘는 확진자를 치료할 수 없었다. 이때 전국의 지방자치단체가 문을 열어주었다. 광주가 대구 환자를 받았고, 부산 의사가 대구로 갔다. 촘촘한 3T, IT 기반의 첨단 기술력에 국민의 연대와 협력이 K-방역을 성공으로 이끈 발판이었다.

그 결과 741명(2020년 2월 29일)까지 치솟던 확진자가 520명(3월 3일)으로 떨어졌다. 일주일 뒤 190명(3월 9일), 다시 61명(3월 13일)으로 꺾이더니 3월 중순을 지나 4월 1일에 20명을 기록했다. 4월 10일엔 드디어 '0'을 찍었다. 신천지 사태 52일만이었다.

미국, 영국, 독일, 프랑스, 일본의 권위 있는 방송과 신문이

2020년 3월을 전후해 K-방역을 대대적으로 보도했다. 식품의약품안전처가 코로나 사태 초기 3주 만에 진단키트 허가를 내준 일에서부터 K-방역의 3T, 한국의 낮은 사망률, 독특한 생활치료센터와 드라이브스루 등 하나하나를 짚으며 칭찬했다. 하나같이 한국에서 배울 점, 자국이 한국처럼 하지 못하는 점을 짚었다.

신천지 사태를 극복해나가는 과정에서 K-방역이 '세계의 모범'으로 부상하게 된 것이다. 악재도 잘만 핸들링하면 호재가 될 수 있다. 궁지에 빠졌을 때 위안을 얻으려고 하는 말이 아니다.

신천지 사태는 K-방역을 세계에 알리는 계기가 될 만큼의 대반전극이었다. 악재를 호재로 바꾸는 것이 바로 '위기관리능력'이다.


**2020년 3월 전후 나온 K-방역을 조명하는 주요 외신 보도**
미국 〈CNN〉, "한국은 어떻게 3주 안에 코로나바이러스 진단키트를 만들었나?"
미국 〈복스Vox〉, "한국의 코로나바이러스 대응에서 크게 배울 점".
영국 〈BBC〉, "한국의 코로나바이러스: 추적, 테스트 및 치료가 생명을 구하는 방법'".
영국 〈BBC〉, "WHO 치사율 3.4%, 한국은 0.7%에 불과, 검사 정확도 98%".
영국 〈로이터〉, "코로나19로 드러난 이탈리아와 대한민국의 사망률과 대응 전략의 격차".
일본 〈교도통신〉, "검사 31만 건…… 한국, 생활치료센터 활용 의료 체계 붕괴 피했다".
일본 《니혼게이자이신문》, "일본의 검사 수가 세계에서 가장 뒤떨어졌다, 한국

드라이브스루 감염 확산 방지에 효과적".

일본 《아사히신문》, "일본이 세계 표준인 한국식 코로나19 검사 방식을 채택하지 않는 이유".

일본 〈TBS〉, "한국의 선별진료소 도입 시기, 드라이브스루 등 자세히 소개".

독일 《슈피겔》, "세계는 한국으로부터 무엇을 배울 수 있을까?"

프랑스 《르 피가로》, "신종 코로나바이러스: 한국, 엄청난 결집력이 열매를 맺다".

프랑스 《르 피가로》, "경제 기적 가능케 한 '빨리빨리' 문화로 대응".

프랑스 〈프랑스 24〉, "대한민국이 코로나19를 제어한 방법".

이탈리아 《코리에라 델라 세라》, "한국의 사례는 민주적이고 효율적인 대응".

이탈리아 《일 솔레 24 오레》, "동선 추적과 시민의식이 바이러스를 이기는 비장의 카드".

이탈리아 《스탐파》, "정부가 서울 모델 도입을 고려한다".

스페인 《엘 파이스》, "역병에 대처할 방법을 제시한 한국, 이를 따르지 않은 스페인".

# 9장　질병관리청 승격,
　　　　 문 대통령의 승부수

"질본(질병관리본부)이 허탈할 것 같아. 김밥 옆구리 터지듯 돼 버렸으니."

2020년 2월 18일 대구에서 '31번 확진자'가 발생한 뒤 문재인 대통령이 한 말이다. 걷잡을 수 없이 확진자가 나오는 심각한 상황을 비유한 것이었는데 웃음이 나왔다. '김밥 옆구리 터진다'는 말을 아시다니. 물론 대통령은 안쓰러워 한 말이었다.

"맥 빠지잖아. 이러다간 지쳐서 쓰러지겠더라고."

K-방역과 '정은경'을 분리해서 생각할 수 있을까. 코로나 위기 속에 문재인 대통령은 질병관리본부(현 질병관리청)를 각별하게 챙겼다.

문 대통령은 코로나 사태 초기부터 정 청장을 찾아 격려를 하고 싶었으나 '누가 되지나 않을까' 해서 전화 한 통 거는 것조차 조심스러워했다.

그러던 문 대통령은 2020년 3월 10일, 벼르고 벼르다 충북

문재인 대통령이 정은경 초대 질병관리청장에게 임명장을 수여하며 허리 굽혀 인사하고
있다(출처: 《연합뉴스》).

청주에 있는 질병관리본부를 깜짝 방문했다. 직원들의 '밥차'에
담을 갈비찜 등의 특식을 선물로 준비해서 예고 없이 질본을 찾
았다. 코로나 국면에서 문 대통령의 첫 방문이었다. 문 대통령은
이날 즉석 인사말을 이렇게 했다.

"오늘 브리핑이나 보고 안 받겠습니다. 지시할 일, 없을 겁
니다. (다들 웃음) 고맙고, 또 고맙다는 말씀드립니다."

질본 업무에 지장을 주지 않도록 보고와 브리핑도 생략하
고, 격려의 말만 전하고 서둘러 떠나는 문 대통령에게 질본 직원
들은 일제히 "대통령님 건강하세요!"를 외쳤다. 가슴이 뜨거워
지는 광경이었다.

문재인 대통령은 그로부터 6개월 뒤 두 번째로 질본을 방문

했다. 이번에도 선물 꾸러미를 준비했다. 선물은 질병관리본부의 '질병관리청' 승격과 초대 정은경 청장의 '임명장'이었다. 임명장 수여식을 청와대 본관에서 하지 않고, 대통령이 직접 임명장을 들고 지방으로 내려가는 것은 처음이었다. 한시라도 자리를 비우는 것이 부담인 질병관리본부의 상황을 감안한 것이었지만, 장기간 코로나에 맞서 함께 싸워온 질병관리본부 직원들이 정 청장과 한자리에서 승격의 기쁨을 누릴 수 있도록 하려는 대통령의 특별한 배려였다.

임명장 수여식에서 대통령의 첫마디는 "질병관리본부를 줄인 '질본'이라는 말은 우리 국민이 가장 신뢰하는 애칭이 되었습니다"였다. '질본'이란 애칭은 그날(9월 10일) 질병관리청 승격으로 잊히게 됐지만, 정 청장은 더 강력한 방역 체계를 구축할 수 있게 됐다.

정 청장에 대해 대통령이 어떤 평가를 하고 있었는지는 다음의 글을 보면 잘 알 수 있다.

"알베르 카뮈의 소설《페스트》에서 의사 리외는 '페스트와 싸우는 유일한 방법은 성실성'이라 말했습니다. 저는 정은경 질병관리청장의 성실성이야말로 우리에게 남겨질 가치가 있는 이야기, 지금도 세계 곳곳에서 코로나와 맞서고 있는 수많은 '정은경'에게, 그리고 '포스트 코로나 시대'를 연 모든 인류에게 영감을 주는 이야기가 될 것이라고 생각합니다."

"코로나 발생 6개월 전부터 '원인 불명의 집단감염 대응 절차'라는 매뉴얼을 마련했고, 정교한 '재난 대응 알고리즘'을 훈련했습니다. 한국에 첫 코로나19 확진자가 발생했을 때, 그는 정부를 대표해 국민 앞에 섰습니다. 매일 빠짐없이 직접 투명하게 확진자 현황과 발생 경로, 진단·격리·치료 상황을 발표했고, 국민들은 스스로 방역의 주체가 되어 자발적인 마스크 착용과 손 씻기, 사회적 거리두기로 자신과 이웃의 안전을 함께 지키며 연대와 협력의 힘을 발휘했습니다."

"정은경 질병관리청장은 '개방성', '투명성', '민주성'의 원칙을 가지고 방역의 최전방에서 국민과 진솔하게 소통하여 K-방역을 성공으로 이끌었습니다."

이 글을 직접 쓴 사람이 다름 아닌 문재인 대통령이다. 작년 9월 미국의 《타임》은 '2020 세계에서 가장 영향력 있는 100인'에 정은경 질병관리청장과 봉준호 감독을 선정했다. 《타임》은 이때 정은경 청장에 대한 소개글을 문재인 대통령에게 요청했고, 대통령은 흔쾌히 펜을 들었다. 《타임》뿐 아니라 영국의 〈BBC〉 방송도 '올해의 여성 100인'으로 정은경 청장을 선정했다. 한국인으로는 정 청장이 유일하게 뽑혔다.

**방역의 최전선에서**
**신뢰 자산을 확보**

《오마이뉴스》도 정 청장을 '2020 올해의 인물'로 선정했다. 무려

내외신 세 군데서 올해의 인물로 정 청장을 뽑았다. 어떤 거물 정치인보다 그는 각광을 받았다.

미국《월스트리트저널》은 정 청장이 신뢰를 받는 이유를 이렇게 정리했다. '그의 일관된 솔직함, 정보에 입각한 분석, 침착함은 강력하다.'

'일관성-솔직함-정보력-분석력-침착함.' 외신의 평가대로 코로나와 싸우는 방역사령관 정은경은 다섯 가지의 '강력함'을 지니고 신뢰를 확보했다.

정 청장의 2020년 7월 20일 〈KBS〉 뉴스 인터뷰에서 나는 특히 깊은 인상을 받았다. 인터뷰에서 정 청장은 '코로나 비책'을 묻는 질문이 나오자 "비책 같은 건 없다"고 잘라 말했다. 그러면서 "마스크 착용을 제대로 하고, 손 씻기를 제대로 하고, 3밀(밀폐·밀접·밀집) 환경을 피하는 기본 원칙을 잘 지키는 게 가장 중요하다"고 했다. 기본을 강조하는 그의 말이 묵직하게 와닿았다.

## 국민에게는 '발견'
## 문 대통령에게는 '발굴'

난세에는 영웅이 등장한다. 코로나 팬데믹이란 위기 상황 속에서도 그랬다. 국민은 우리에겐 믿음직한 방역사령관이 있다는 것을 알게 됐다. 국민 입장에선 코로나 방역사령관 정은경을 '발견'한 것이지만, 문재인 대통령에게는 '발굴'이라 해야 정확하다. 이야기는 6년 전 2015년 메르스MERS(중동호흡기증후군) 사태로 거슬러 올라간다.

당시 새정치민주연합(현 더불어민주당) 대표였던 문 대통령은 박근혜 정부의 메르스 대응을 보다 못해 직접 팔을 걷고 나섰다. 문재인 대표는 2015년 5월 31일 질병관리본부를 찾아 "야당의 협조가 필요하다면 할 수 있는 모든 지원을 아끼지 않겠다"면서 브리핑을 받았다. 그때 문재인 대표에게 브리핑을 한 사람이 정은경 질병예방센터장(국장급)이었다.

문 대표에게 브리핑을 할 당시 정 청장은 감사원에 의해 정직 처분을 권고받은 상태였다. 방역 실패에 대한 책임을 뒤집어쓰고서 질병관리본부를 떠날 위기에 처했다. 국난기에 임금은 머리에 티끌을 뒤집어쓰고 도망(몽진蒙塵)가면서 정작 외적과 싸우던 장수는 귀양 보내던 시절이 떠오르는 일이다. 최종 감봉 1개월을 받아 쫓겨나는 일은 겨우 면했다.

2년 뒤인 2017년, 정권을 잡은 문재인 대통령은 정은경 센터장을 전격적으로 질병관리본부장에 임명했다. 그것도 국장급에서 다음 계단인 실장을 건너뛰고 본부장으로 올렸다. 공직 인사에서는 보기 드문 파격 인사였다. 그런 대통령의 파격적인 용인술이 위기 국면에서 진가를 드러내는 중이다.

가정이 무의미하다곤 하지만 문재인 대통령이 정은경을 월반시키지 않았더라면, 이전 정부에서 내쫓겼더라면? 등골이 서늘해진다.

또 하나 공교롭다고 해야 할지. 이진석 청와대 국정상황실장은 4·15 총선에 출마한 윤건영 더불어민주당 의원의 후임이다. 문재인 대통령은 2020년 1월 6일 그를 국정상황실장에 임명했다. 임명된 뒤 보름 만에 코로나 사태를 맞았다. 이 실장은 의사이자 의대 교수, 의학박사(의료관리학), 공공병원 전문가다. 해박한 전문 지식으로 청와대와 방역 당국의 가교 역할을 지금까지 수행하고 있다. "이 실장 없었으면 어떡할 뻔했어요." 코로나와 사투를 벌이던 어느 날, 문재인 대통령이 한 말을 기억한다.

나는 정은경 청장을 여러 현장에서 만났지만 인사를 나눈 적은 한 번뿐이다. 2021년 2월 26일 문재인 대통령이 서울시 마포구의 백신 접종 현장을 찾았을 때였다.

대통령 도착 전까지 잠시 시간이 나서 내가 먼저 아는 체하며 꾸벅 인사를 했다. 정은경 청장도 웃으며 이렇게 말했다.

"네, 대변인님. TV에서 많이 보고 있습니다."

아니, TV에서 매일매일 전 국민 앞에 서는 사람이 누군데……. 평범한 한마디에서 상대는 추켜세우고 자신은 낮추는 '정은경스러움'을 느낄 수 있었다. 첫날 문재인 대통령이 자신의 새 대변인에게 신뢰의 표본으로 정 청장을 일러주셨음을 이제는 알리고 싶다.


PS. 2021년 8월 15일 현재 방역 상황이 어렵다. 하루 확진자가 2천 명을 오르내린다. 가장 전파력이 강하다는 델타 변이 바이러스라는 강력한 도전자를 만났다. 전 세계적인 현상이다. 다행히 하루 사망자는 일 년 내내 1~5명 안쪽에 있다. 우리는 사정이 나은 편이지만, 새로운 방역 전략에 대한 얘기까지 나오는 심각한 상황이다.

작금의 어려운 상황에서 작년 겨울과 비슷함을 느낀다. 신천지발, 광화문 집회발 팬데믹을 극복하고 세 번째 도전이 밀려올 때 말이다. 정 청장은 그 무렵 어깨에 부상을 입고 이틀간 병원에 입원한 적이 있다. 당시《오마이뉴스》기사의 한 대목이다.

겨울 초입, 상황이 심상치 않다. 그래도 국민들은 별로 의심하지 않는다. 정 청장이 자리를 털고 일어나 다시 방역 전선에 서리라는 것을. 그는, 과거에도 그랬던 것처럼, 여전히 가장 늦게 퇴근할 것이고, 가장 일찍 출근하리라는 것을.
그리고 궁극적으로 우리는 이 상황을 극복할 것이고, 그가 가장 마지막에 코로나19 이전의 일상을 되찾을 사람이라는 것을. 방역은 백신이나 치료제만으로 하는 것이 아니다. 방역은 신뢰로 하는 것이다.

상황이 어렵지만 작년이나 지금이나 달라지지 않은 것이 있다. 그에게는 신뢰라는 자산이 남아 있다는 것.
가장 마지막에 일상을 되찾을 사람이라는 말은 정 청장에게는 몹시 미안한 말이다. 아니, 잔인한 말이다. 하지만 기사의 제목처럼 그러리라고 믿는다. 기사의 제목은 "정은경은 도망가지 않는다"였다.

# 10장  5명도 우리 국민,
전용기를 띄우다

"대통령 전용기로 들여온다는 것, 포인트는 전용기입니다."
문재인 대통령이 전용기를 선뜻 내놓으며 한 말이다. 국민 4명
의 귀국을 위해서 말이다.

2020년 2월 3일 대형 크루즈선 '다이아몬드 프린세스호'가
일본 요코하마항에 정박하려는 순간 코로나 감염자가 속출했
다. 일본 정부는 승객과 선원을 내리지 못하게 했다. 확진자가
급증하는 '공포의 크루즈선'에서 승객과 선원 3,711명은 발이
묶였다. 하루 이틀도 아니고 2주 넘게 고립무원의 처지였다. 크
루즈선에는 한국인도 14명이나 있었다.

일본 정부는 보름이 더 지난 2월 19일에야 코로나에 걸리
지 않은 사람부터 배에서 내리도록 했다. 문재인 정부는 코로나
팬데믹 상황에서 세계 어느 곳이라도 한국인이 있다면, 우리 국
민이 귀국을 원한다면 비행기를 보냈다. 그러자 한국인 14명 가
운데 귀국을 희망한 사람이 나왔다. 5명(1명은 한국인 여성의 일

본인 남편)이었다.

대통령이 직접 타는 전용기는 두 대다. 해외 순방 때는 별칭 '코드원'이라는 '공군 1호기'를 탄다. '공군 2호기'는 대통령이 국내 이동 시 타거나 국무총리 등이 쓴다. '공군 3호기'는 대통령이 이용하지 않지만 이동 시 고장이 생길 때를 대비한 예비기로 같이 뜨기 때문에 대통령 전용기로 분류한다. 이 '공군 3호기'를 일본으로 띄우기로 했다.

## 5명 위해 일본으로
## 대통령 전용기 띄우다

전용기가 출발하기 전 문재인 대통령은 "귀국자가 5명뿐이니까, 혹자는 과하다거나 쇼처럼 볼 여지가 있다"면서 왜 공군 3호기를 보내는지 설명했다.

"군 수송기는 큽니다. 보잉 727기와 747기 규모라 맞지 않고요. 공군 3호기는 15인승입니다. 그런 비행기가 별로 없습니다. 국민 5명을 모셔오기 적합하다는 점이 포인트죠. 일본인 남편과 한국인 아내가 일본보다는 한국이 안전하다고 여겨서 오겠다고 희망한 것도 중요합니다."

공군 3호기는 당초 5명보다 늘어난 7명(일본인 배우자 1명 포함)을 싣고 착륙했다.

공포의 배에서 모국행을 택한 7명은 인천공항에 마련한 임시 생활시설로 옮겨져 14일 동안 머문 뒤 국내 연고지로 향했

대통령 전용기(공군 3호기)가 2020년 2월 19일 새벽 도쿄 하네다공항에서 일본 크루즈선 다이아몬드 프린세스호의 한국인 승객을 태우고 있다(출처:《연합뉴스》).

다. 코로나 위기 상황 속 벌어진 상징적인 장면, '국민귀국작전' 이었다. 국민을 위해 정부는 대통령 전용기를 띄웠다.

첫 귀국 작전은 '우한 철수 작전'이었다. 정부는 세 차례에 걸쳐 우한에 임시 항공편(전세기)을 보냈다. 우리 전세기로 우한 등에서 귀국한 재외국민(한국 국적을 가진 영주권자, 유학생 및 일시 체류자 등)과 가족은 총 848명. 이들은 충남 아산의 경찰인재 개발원과 충북 진천의 국가공무원인재개발원(임시생활시설이 마련된 곳)에서 2주간 머물다 연고지로 떠났다. 정부는 행정안전부를 중심으로 7개 기관이 '현장소통반', '의료지원반', '시설운영반', '구조구급반', '질서유지반'을 꾸려 불편하지 않도록 도왔다.

문재인 대통령도 지난해 2월 9일(일요일) 두 곳을 전격 방문했다. 방역 문제 등을 고려해 건물 안으로는 들어갈 수 없었다. 문재인 대통령은 두 곳 모두 운동장에 선 채로 브리핑을 받은 뒤 메시지를 발신했다.

"우한 교민들이 여기 와서 임시 생활을 한다고 했을 때 (아산, 진천 주민들이) 아주 따뜻하게 품어주셨습니다. 우한 교민들도 (아산, 진천 주민들에) 감사를 표현했습니다. 이 모습들을 보면서 국민들은 '그래, 저러기 위해서 국가가 존재하는 것이다'라고 생각했습니다."

문 대통령은 정부 합동지원단 소속 공무원들에게는 "여러분들이 바로 현장에 나와 있는 국가, 현장에 나와 있는 정부"라고 자부심을 불어넣었다.

## 6만 명 귀국
### 대한민국 국민으로 태어나 다행

이날 문재인 대통령은 이시종 충청북도지사 등의 권유에 따라 수십 미터 떨어진 거리에서 교민들의 숙소를 향해 손을 흔들어 주었다.

이 장면을 두고 야당은 "사전 설명도 없이 충청남북도에 교민 수용을 결정해놓고, 내 식대로 '쇼 정치'를 하고 있다"고 비난했다. 한 경제신문은 '베트남, 자국민 입국마저 막아, 신속 봉쇄로 추가 확진 제로', '자국민 입국마저 막은 베트남, 비정하지만 신속한 봉쇄'라고 보도를 했다. 마치 자국민 입국을 막은 나라는 잘하고, 우리 정부는 못 할 일을 한 듯이. 베트남처럼 우리 국민의 입국을 막아야 했을까.

2월 15일부터 아산과 진천의 임시생활시설에서 퇴소자가 나오기 시작했다. 《동아일보》 2월 16일 자에는 우한 유학생 최 모 씨의 코멘트가 실렸다.

"입·퇴소 때 추운 날씨에도 손 흔들어주신 국민께 감사드립니다. 그저 감사할 따름입니다. 대한민국 국민으로 태어나 다행이라 생각했습니다."

재외국민에게 '국가의 존재 이유'를 느끼게 해준 귀국 작전은 아프리카, 중남미, 유럽, 중동 등 전 세계 대륙에서 진행됐다. 이 글을 쓰는 2021년 6월 13일 기준 122국에서 5만9,524명이 입국했다. 조만간 6만 명을 돌파할 것이다.

야당의 주장처럼 '쇼'일 수도 있다. 우한 교민은 물론 우한 교민을 받아들이지 못하고 마음을 닫았던 아산과 진천에서 '이번에 국가가 있음을 느꼈다', '사랑해요'라는 말이 나오게 했으니. 쇼는 쇼인데 정체가 '매직쇼'였다.

### 야당 도지사의 반전 고백
### '정부가 있었다'

아무도 산에 걸려 넘어지진 않는다. 당신을 휘청거리게 하는 것은 작은 조약돌뿐이다. 당신이 가는 길에 놓여 있는 모든 조약돌을 지나가라. 그럼 산을 넘었다는 것을 깨닫게 될 것이다.

작자 미상의 이 명언이 딱 들어맞는 상황이었다. 매일 조약돌 하나하나를 밟고 건너가나 싶었는데, 어느덧 마스크 대란에 이어 신천지 사태라는 고봉준령高峰峻嶺(높은 산봉우리와 험한 고개)을 넘어서고 있었다.

2020년 4월 1일. 문재인 대통령은 코로나 국면에서 두 번째로 대구·경북을 방문했다. 경북 구미 국가산업단지(국가산단) 내의 코오롱인더스트리㈜ 공장이었다. 대구·경북을 향한 대통령의 두 번째 발걸음은 한 달 보름 전 대구 방문 때와는 달리 경쾌했다.

그도 그럴 것이 신천지 불길이 잡힌데다 코오롱인더스트리㈜는 일본이 수출을 통제한 품목인 '불화폴리아미드'의 국산화에 성공한 기업이었다.

거기에 마스크 대란이 발생하자 연구용 실험 설비를 제조용으로 바꿔 200만 개의 MB 필터를 생산했다. 그것을 마스크 업체에 무상으로 줬다. 이에 더해 노사는 2020년 임금 및 단체협약을 최초로 무교섭으로 타결했다.

문 대통령은 공장을 둘러보면서 시종 환한 표정으로 관계자들에게 "자랑스럽습니다", "정말 고맙습니다"라고 격려를 아끼지 않았다. 노동자들도 문 대통령이 제작 공정이 보이는 투명 유리창으로 오자, 손으로 하트 모양을 그리면서 환영 인사를 했다. 문 대통령도 거듭 환하게 웃으며 답례했다.

공장을 둘러본 뒤 문 대통령과 지역 기업인들이 간담회를

문재인 대통령이 코오롱인더스트리㈜ 구미 사업장을 방문, 국산화에 성공한 불화폴리이미드 필름을 보고 있다(출처: 《연합뉴스》).

함께했다. 이 자리에는 당시 미래통합당 소속 이철우 경상북도 지사도 있었다. 덕담이 오가는 간담회였다. 문재인 대통령이 간담회를 끝내는 마무리 발언을 하려는 순간, 이철우 지사가 발언을 신청했다. 나는 속으로 '이 좋은 날, 대체 야당 지사가 무슨 말을 하려는 걸까' 하고 살짝 긴장했다.

이철우 지사는 "경북형 마스크(면 마스크에 MB 필터를 붙인 형태라고 설명)를 만들어 마스크 대란을 잠재웠다"는 이야기로 말을 시작하더니 신천지 사태 극복 과정을 쭉 돌아봤다. 그러면서 "정부가 부족한 점 없이, 장비든 뭐든 다 지원해주셨다. 이번에 '국가가 있고 정부가 있다'는 것을 느꼈다"라고 말했다.

'국가가 있더라', '정부가 있더라'는 말이 나오고 있긴 했지

만 정부가 전세기로 귀국을 지원한 재외국민도 아니고, 야당 도
지사에게 이 말을 듣게 될 줄은 몰랐다.

　나의 편견이 부끄러웠다. 한편으로는 부끄러울 일이 자주
있었으면 좋겠다는 생각도 했다.

# 청와대 이야기 I

**반찬 가게 사장을 대변하다**

"남대문시장이던가, 아산시장이던가. 반찬 가게에 갔을 때 '거지 같다'는 말을 들었던 게……."

문재인 대통령이 2020년 2월 18일 회의 도중 얼마 전 재래시장에서 있었던 기억을 더듬었다. "아산이었다"고 알려드렸다.

2020년 2월 9일 우한에서 귀국한 재외국민이 불편 없이 지내는지 점검하기 위해 진천과 아산을 찾았을 때 문 대통령은 내친 김에 전통시장도 둘러봤다.

아산의 온양온천전통시장에서 한 상인이 "경기가 어떠냐?"고 묻는 문재인 대통령에게 "거지같아요"라고 답을 했다. 그렇게 말하는 장면이 방송 카메라에 찍혀서 동영상이 인터넷에 퍼졌다. 그러자 A 신문에 이런 기사가 실렸다.

"'대통령 앞에서 그게 할 소리냐' 親文, 반찬 가게 주인까지 신상

털기"(2월 18일 자 1면).

강성 친문 지지자들이 반찬 가게 주인을 상대로 SNS에서 사실상 '테러'를 가하고 있다는 내용이었다. 기사를 읽으면서 상당히 과장된 내용이라는 생각을 했다. 욕설로 도배한, 몇 배나 더 심한 악플이 포털에 가면 널려 있는데도, 해당 신문은 언제나 '문파'만을 표적으로 삼았다.

나는 대통령이 언론 보도의 문제점을 언급할 줄 알았다. 그런데 예상이 빗나갔다.

"대통령에게 불경 행위를 했다고, (지지자들이) '패앙'(행패와 앙탈)을 부린다는 식으로 기사가 났네요. 그럼 반찬 가게가 장사가 안 될 텐데…….'거지같아요'는 전혀 악의가 아니었어요. 경기가 안 좋다는 상황을 '거지같다'고 한 거지. 서민적이고 소탈한 표현이었습니다."

문재인 대통령은 반찬 가게가 장사가 안 될까봐 걱정하면서 "내가 SNS에 글을 올릴 수도 있지만 바람직하지 않은 것 같고……"라면서 잠시 고민에 빠졌다. 문재인 대통령은 SNS에 직접 글을 올린다. 언제부터인지 SNS 메시지 주제는 주로 묵직한 얘기들이어서 이번 일은 성격에 맞지 않았다.

"그러면 제가 춘추관에 가서 브리핑을 하겠습니다."

"그러시지요. 오늘은 반찬 가게 사장님을 대변하시지요."

춘추관으로 달려갔다.

"제가 브리핑을 하려고 선 이유는 대통령께서 '대변인이 그분을 좀 대변해달라'고 하셔서입니다. 그분이 누구냐면 온양온천전통시장 반찬 가게 사장님입니다."

나는 "반찬 가게 사장님을 대변하라"는 지시까지 춘추관에 가서 그대로 공개했다. 그 자체가 메시지가 될 것 같아서였다.

그런데 브리핑 도중 말이 삐끗했다. 첫 질문자가 "대통령께서 극렬 지지층의 공격에 자제를 요청하시는 것이냐"고 질문한 것이다. '극렬 지지층'이란 표현부터 선입견이 깔려 있어보였다. 도대체 극렬은 뭐고 극렬 아닌 것은 뭔가. 나에겐 마치 문재인 대통령과 지지자들을 이간질시키려는 의도로 들렸다. 그래서 답변이 좀 거칠게 나갔다. "드린 말씀을 잘 받아들이신 다음에 질문하셨으면 좋겠습니다"라고 기자에게 면박을 줘버렸다. 순간 '아차' 싶었다. 자칫 대변인과 기자가 설전을 벌였다는 식으로 보도가 되면 본질이 흐려진다. 방향을 확 틀었다. 솔직히 꼬리를 내렸다. "물론 당연히 (어떤 내용이든 기자는) 질문을 하실 수는 있죠"라고. 그러고는 좀 더 찬찬히 설명했다.

"대통령께서 하신 말씀은 반찬 가게 사장님이 곤경에 처한 것 같아서 안타깝다고 하신 것입니다. 누구한테라도 악의를 가지고 '거지같다'고 하는 건 바람직하다고 할 수 없죠. 그런데 이분(반찬 가게 사장)은 사람에게가 아니라 경기가 거지같다고 한 겁니다. 비난을 하시는 분들은 '오해'를 한 것이고요. 대통령께선 오해를 풀어드리려는 것이지, 지지하시는 분들에 대해서 (탓)하신 말씀이 아니에요. 이해가 되시는지요."

질문을 한 기자는 고개를 끄떡였다. 악의를 품고 질문한 건 아니었던 것 같다. 다행히 다수 언론이 "文 대통령, 靑 대변인에게 '이분 좀 대변해달라……'"는 제목 아래 대통령의 메시지를 관심 있게 보도했다. 반찬가게 상인 한 명의 장사 걱정을 하는 대통령의 모습이 이후에도, 아니 지금까지 마음속에서 떠나지 않는다.

### "'택배 기사님 운반 쉽게……' 박스에 구멍이 뚫렸다"
**(《국민일보》 2020년 11월 23일 자)**

과학기술정보통신부와 우정사업본부가 7킬로그램 이상 우체국 소포 상자에 구멍을 내 손잡이를 만들어 판매하기로 했다는 내용의 기사가 실렸다. 택배 기사들을 힘들게 했던 매끈한 소포 박스에 구멍이 뚫릴 경우 열악한 근무 환경이 개선될 수 있다. 이 문제를 먼저 들여다본 것이 문재인 대통령이었다.

택배 기사들을 위해 '박스 손잡이'를 만드는 방안은 사실 정

새롭게 제작된 손잡이 구멍 뚫은 택배 상자(출처: 《연합뉴스》).

부 발표 한 달 전쯤 문재인 대통령이 지시한 사항이었다. 택배 기사들의 과로사가 이슈화했을 때였다.

하지만 지시를 했는데도 속도가 나지 않았다. 그러자 문 대통령은 다시 대책을 챙겼다. "박스 손잡이는 쉽게 결정할 수 있지 않습니까. 그것만 해도 택배 노동자들이 힘을 덜게 될 텐데. 종합대책에 넣으려고 하지 말고 빨리빨리 좀……."

따로 발표해서라도 대책을 앞당기도록 지시했다. 택배 상자 구멍은 이런 대통령의 지시로 뚫게 된 것이니 '문재인 손잡이'라 불러도 좋을 것 같다. 문재인 대통령은 도대체 박스에 손잡이를 만들 아이디어를 어떻게 생각해낸 것일까.

한번은 문재인 대통령이 경희대학교 재학 시절 얘기를 들려준 적이 있다.

"70년대 민주화운동은 하숙집에서 다했다 해도 과언이 아닙니다. 하숙집에서 각종 유인물을 만들어 등사기로 밀어서 몇천 부씩 찍었지요. 1971년부터 경희대 부근에서 하숙을 했는데, 처음에는 하숙비가 6천 원이었다가 한 학기를 마치면 5천 원씩 올랐습니다. 하숙비를 감당 못 해 이사를 해야 했어요. 처음에는 학교 가까이서 살았는데 (이사를 할 때마다) 점점 멀리 떨어졌고, 마침내는 산 위로 올라가게 되더라고. (웃음) 이사 때마다 리어카를 빌리고 박스를 포장해서 '으쌰으쌰' 이사를 했는데, 먹물 든 사람의 가장 무거운 짐이 책 아녜요. 책 상자를 나르다 너무 무거워서 허리를 삐끗한 적도 있었지."

아마도 당시 '대학생 문재인'의 이삿짐 리어카에 실린 박스들에는 손잡이가 없었을 것이다. 그래서 박스 손잡이 지시가 나온 건지는 알 수 없지만…… 문 대통령은 택배 노동자, 반찬 가게 상인의 삶을 챙겼다. 서민을 알았다.

문재인 대통령의 저서 《운명》을 보면 어린 시절 검댕을 묻혀가며 연탄을 배달하다 내리막길에서 리어카를 놓친 얘기, 어느 일요일 새벽 어머니 고故 강한옥 여사가 '중학생 문재인'의 손을 잡아끌고 부산역 앞으로 암표를 사러 갔다가 차마 표를 사지 못하고, 그냥 발걸음을 돌렸다는 얘기가 나온다. 문 대통령은 경제적으로 넉넉하지 않게 성장했다. 그 정도면 극한의 가난이었는데 공부를 잘했다. 민주화운동을 하면서도 사법시험에 합격했다. 사시司試 1차 시험 합격 후에도 민주화운동을 해서 사시 2차 시험 합격증을 청량리경찰서 유치장에서 받았고, 경찰서장이 소주 파티를 열어줬다는 영화 같은 일화도 있다. 운동권 학생이었던 문 대통령에게 사시 3차 면접시험에서 안기부(현 국가정보원) 직원이 "데모할 때와 지금도 생각이 같으냐"고 물었다고 한다. 사시 합격이 물거품이 될 수 있는 질문이라 정말로 고민스러웠을 테지만 국화는 서리에 꺾이지 않는다. 문 대통령은 "내 행동이 잘못됐다고 생각하지 않는다"고 답했다. 유신 체제가 몰락한 직후라 '양심의 자유'를 이유로 낙방시킬 정도로 야만적이진 않았나보다.
문 대통령은 사법연수원을 차석으로 졸업했다. 수석이었으나 시위 경력에서 점수가 깎였다는 얘기를 어디선가 들었다. 당시 가난한 집안의 공부 잘하는 똑똑한 젊은이들에게는 전형적인 코스가 있었다. 고시에 합격하면 대형 로펌에 들어가고, 이른바 '열쇠 3개'(아파트, 자동차, 사무실)를 받고 부잣집에 장가간 뒤 가난했던 시절을 잊어버리는 것.

하지만 문 대통령은 달랐다. 사법연수원을 차석으로 졸업하고도 '김앤장' 법률사무소 같은 대형 로펌의 영입 제안을 뿌리치곤 부산으로 내려가 노동·인권 변호사로 살았다. 보다 달랐던 건 서민의 삶을 잊지 않았다는 것. 부산 시절 김정숙 여사가 아파트 청약저축에 가입했다가 "청약저축은 집 없는 사람들에게 우선 분양권을 주기 위한 제도이니 우리는 가입해선 안 된다"고 '문재인 변호사'에게 야단을 맞았다는 일화는 유명하다.

사실 여의도에 자수성가형 정치인은 널렸다. 그러나 내가 만나본 정치인들의 태반은 서민의 마음을 잃어버린 자수성가형이었다. 그들에게 가난은, 지금은 아프지 않지만 한때 그런 일이 있었음을 알려주는 흉터 정도였다.

문 대통령에게는 흉터 따위가 아니었다. 문 대통령은 엄밀히 말하면 서민이 아니다. 변호사, 청와대 민정수석, 대통령 비서실장, 국회의원, 제1 야당 대표, 대통령 후보를 거쳐 정치적으로 최고의 성공을 거두고 지금 위치에 있다. 하지만 문 대통령은 지금도 서민의 마음을 잊지 않고 있다.

## 2  이중구조 속 '상대적 약자'의
### 그늘을 보는 대통령

2020년 9월 2일 문재인 대통령이 의사와 간호사 '편 가르기' 논란에 휘말렸다. '편 가르기'라니 통탄할 일이었다.

문 대통령이 페이스북에 의사들이 파업을 하면서 의료 현장을 떠나는 바람에 겹으로 부담이 늘어난 간호사들에게 위로와 감사의 글을 올렸다. 바로 하루 뒤인 9월 3일, 정부와 의료계가 현안에 합의해 의사들이 의료 현장으로 되돌아오기로 했다. 곧 의료 파업이 진정될 것으로 보고받고 있었기에 간호사들에게 격려 메시지를 낸 것인데, 엉뚱한 방향으로 흘러갔다. 일부 언론에 다음과 같은 보도가 나갔다.

"파업하는 의사와 헌신하는 간호사를 대비시킨 문재인 대통령의 2일 페이스북 메시지가 큰 논란을 낳았다. 의사들은 '오전엔 정부가 대화하자고 해놓고, 오후엔 대통령이 대놓고 편 가르기를 한다'(수도권 대학병원 전임의)며 들끓었고, 국민의힘은 '간호사들에게 의사를 향한 대리전을 명한 것이냐'(김은혜 대변인)며 '국민 갈라치기'라고 비판했다"(2020년 9월 3일 자).

## 사회적 약자의 그늘을 알고 이해하는 대통령

의사들을 비판한 것도 아니고, 단지 간호사들을 격려했을 뿐인데 한 신문이 기사를 키우자 다수의 언론 매체가 '편 가르기' 논란에 가세했다. 파업 중인 의사에게 노고를 위로하고, 수고했다고 격려할 수는 없는 것이다. 하루 뒤 현장에 복귀해야 무슨 얘기든 할 수 있는 것인데…….

논란에 불이 붙어버려서 하루 뒤까지 기자들 관심은 대통령의 '편 가르기'였다. 9월 4일 춘추관에 브리핑을 하러 갔더니 아니나 다를까 '편 가르기'에 대한 질문이 또 나왔다.

기자: 어제 대통령 메시지에 대해 의사들과 간호사들을 편 가르기 하는 것 아니냐는 비판도 있었는데, 청와대 입장을 설명해주시죠.
답변: SNS 메시지는 그야말로 감사와 위로의 메시지였을 뿐입니다. 의료진을 나누려 했다는 일각의 주장은 대통령의 진정성을 너무도 이해하지 못한 것입니다.

사실 그동안 대통령은 의사들에게도 감사 메시지를 수차례 발신했다. 지금 시시비비를 가리자는 건 아니다.

당시 문재인 대통령이 SNS 논란과 관련한 언론의 비난 보도에 첫 번째로 보인 반응은 "할 수 없죠"였다. 가슴 답답함이 느껴졌다. 그러면서 이렇게 덧붙였다. "나는 이중구조 속에 헌신하는 분들께 안타까운 마음이 있습니다."

세상에는 이중적인 구조와 관계가 있다. 변호사와 사무장, 국회의원과 보좌관 같은. 한쪽이 다른 한쪽을 위해 존재하거나 구조적으로 보조적인 관계말이다.

의사와 간호사도 마찬가지다. 이런 모순을 인지하고 법원에서 오래 근무하면 '사법보좌관'(재판 업무 중 당사자 사이에 큰 다툼이 없는 업무를 법원 일반 공무원에게 위임 처리하게 하는 제도)으로 인정한다든지, 간호사도 오래할 경우 PA(전담간호사)로 공식화한 제도도 있다고 한다.

나는 이중구조론 속에 등장하는 한쪽을 '상대적 약자'로 이해하고, 대통령의 안타까움에 전적으로 공감한다. 대변인을 지내서가 아니라 정치는 약자를 위해 존재하는 것이라고 생각해와서다. '노무현과 문재인' 두 분을 청와대에 들어오기 전부터 존경했던 이유다. 당연한 사실은 대통령의 안타까운 마음이 편 가르기와는 거리가 멀다는 점이다. 이중구조를 이루는 다른 한쪽, 굳이 대칭적으로 표현하자면, '사회적 강자'를 배척하거나 배제하겠다는 것이 전혀 아니기 때문이다.

**30층 높이 고공 크레인 올라간 변호사 문재인**

이날 대통령의 설명은 즉흥적으로 나온 것이 아니다. 다음의 기사를 보면 고개가 끄떡여질 수도 있다.

97

해고 노동자와 만나기 위해 고공 크레인 위로 올라간 변호사 문재인(출처: 《연합뉴스》).

"불볕더위가 기승을 부린 1990년 8월. 사다리를 타고 30층, 92미터 높이의 현대중공업 크레인에 올라가는 이가 있었다. 아래에 서서 올려다보는 것만으로도 현기증이 날 정도였지만 전혀 개의치 않고 성큼성큼 올라가 고공농성 중인 해고 노동자들을 만난 그는 변호사였다"(《경상일보》 2017년 5월 10일 자).

1990년 현대중공업 골리앗 투쟁 당시의 기사처럼 문재인 대통령은 30층 높이(일부 보도는 82미터)의 크레인을 사다리를 타고 올라간 일이 있다. 당시 사측은 크레인 농성자들을 건조물 침입죄 등으로 고소했고, 1심 법원은 유죄판결을 내렸다. 문 대통령은 2심을 맡았는데, 항소심을 준비하기 위해 직접 노동자들의 목소리를 듣고자 30층 높이에 오른 것이다.

당시 크레인 위에서 노조원이라는 이유로 해고당한 노동자와 문재인 변호사 간에 이런 문답이 오갔다고 한다.

"(놀라 눈이 둥그레져서) 당신 누구야."

"변호사입니다."

"(더 놀라서) 변호사가 여길 왜 와."

그랬을 것이다. 해고 근로자들 얘기를 듣겠다고 30층을 사다리 타고 올라갈 변호인이 얼마나 있었고 지금은 얼마나 있을까.

해고 노동자들 또한 사용자 측과의 이중구조 속에 있다. 노동·인권변호사로 살아온 삶의 궤적 자체가 상대적으로 약자인 이들을 돕는 일이었다. 이중구조 속 상대적 약자를 격려한 것이 '편 가르기'라고 융단폭격을 당할 일인가.

일본《요미우리신문》이 지난해 2월 문재인 대통령을 공격하는
기사를 시리즈로 실었다.

첫 번째 시리즈로 문재인 대통령이 지난 2000년 당시 대표
변호사로 있던 법무법인이 강제징용 소송에 관여했고, 그래서
문 대통령이 '전 징용공(일제 강제징용 피해자의 일본식 표현)의
이익을 최우선한다'는 내용의 기사였다. 일제 강제징용 문제에
있어 '피해자 중심주의'를 고수하는 것도 과거 인권변호사 시절
경험 때문이라고 주장했다.

도대체 이걸 책이라고 잡아 공격하다니. 일본 보수 언론의
편향성과 완고함을 느낄 수 있었다. 해당 보도를 보고받은 문재
인 대통령의 반응은 '담담' 또는 '당당'이었다.

"나는 오히려 자랑스럽게 생각합니다. 신경 쓰지 마세요."

《요미우리신문》 보도야 무시하면 그만이었지만, 대통령의
반응을 알리고픈 욕심이 생겼다. 그래서 첫날 내게 보장해주신

'질문권'을 행사했다.

"대통령님, 《요미우리신문》 보도에 관해 '오히려 자랑스럽다'고 하신 것, 언론에 알려도 되겠습니까?"

사실 그때까지, 아니 이후에도 대통령은 내가 브리핑을 하겠다면 말리지 않았다.

"강제징용 피해자 문제와 관련해 나는 소송대리인으로만 활동한 게 아닙니다. 참여정부 시절 (이 문제를 풀기 위한) 민관공동위원회(당시 공동위원장 이해찬 총리, 양삼승 변호사) 위원으로도 활동했고……. 소송대리인이 경험의 전부는 아닌 거죠."

변호사 한 걸 트집 잡고 있지만, 그보다 더한 일도 했다는 취지의 발언이었다. 대통령의 설명이 이어졌다.

"나는 변호사를 할 때도 대형 법인에서 활동하지 않았고 (변호사를 휴업할 때) 사외이사 등의 (영리적) 활동도 하지 않았습니다."

'돈 잘 버는 변호사' 대신 택한 길이 노동·인권변호사의 길이었음은 알려진 얘기다. 그래서 강제징용 피해자의 마음은 누구보다 더 잘 알 것이다. 하지만 문 대통령은 강조했다.

"'피해자 중심주의'는 소송대리인(변호사)의 경험 때문이 아닙니다. 유엔 인권위원회 등 국제사회의 확립된 원칙입니다. (박근혜 정부 시절) 위안부 합의도 피해자 중심주의에 입각하지 않아서 국민 동의를 못 구한 것 아닙니까. (《요미우리신문》이 그렇게) 프레임을 걸 수는 있으나, 피해자 동의가 가장 큰 원칙인 겁니다."

이 정도면 충분했다. 나는 대통령의 설명을 정리해서 춘추관으로 갔다. 대통령의 설명을 자세히 알린 뒤 "소송대리인의 입장으로 강제징용 피해자 문제에 접근하는 것처럼 보도한 것은 사실을 오도하는 것"이라는 한마디를 추가했다.

춘추관 출입기자들은 이런 대통령의 입장을 상세히 국민에게 전달해줬다. 피해자의 변호인을 맡은 걸 트집 잡은《요미우리신문》이 무색해지도록.

서민, 약자, 역사의 피해자들을 아는 대통령 문재인. 청와대 대변인 시절 가장 자주 만날 수 있었던 대통령의 '생얼'이었다.

# 4    대통령의 언어

2021년 3월 12일 저녁 6시 30분 무렵이었다. 한 기자가 전화를 걸어와 숨넘어갈 듯이 말했다.

"대변인님, 대통령님 SNS가 해킹당한 것 같아요!"

'대통령 SNS 계정이 해킹당하다니……'

"대통령 SNS에 사저에 관한 글이 올라왔는데, '좀스럽다'란 표현이 있어요. 대통령께서 '좀스럽다'란 말을 쓰실 리 없잖아요."

"아, 그거요. 대통령님께서 직접 올리신 글 맞아요. (웃음) 안심하고 식사하세요."

당시 집요하게 양산 사저 문제를 물고 늘어지는 야당 의원에게 문 대통령은 '이제 그만 좀 합시다'라는 취지의 글을 올리면서 '좀스럽다'는 표현을 썼다. '좀스럽다'는 표준국어대사전에 나오는 말이다. '도량이 좁고 옹졸하다'는 뜻. 상스런 속어나 점잖지 못한 비어가 아니다.

'좀스럽다'는 말의 의미를 찾아보지 않았던 기자의 오해였지만, 그 단어가 해킹으로 의심받을 만큼 외부에 공개된 '대통령의 언어'는 늘 정제되고 절제돼 있었다.

하지만 나는 청와대에서 일하는 동안 '좀스럽다'처럼, 세상에는 일반적이지 않은 문 대통령의 언어를 자주 접할 수 있었다. 마치 문 대통령의 정치적 고향인 부산 자갈치시장 상인의 직설법을 연상하게 하는 것들이었다. 비유도 마찬가지였다. 직설은 비유 없이 있는 그대로를 바로 말하는 것이고, 비유는 다른 대상에 빗대는 화법이다.

### 교수의 레토릭과 대조법

"삼정검三精劍(장군을 상징하는 검)에 달아드린 수치綬幟(끈으로 된 깃발)는 중장 진급의 작은 상징이지만, 그 속에는 국가를 위해 오랜 세월 몸 바친 헌신과, 군인의 길을 걸어온 긍지와 자부심, 명예 모든 것이 담겨 있습니다. 그에 대한 국가의 인정과 국민의 기대도 담겨 있습니다."

2020년 9월 삼정검 수치 수여식 당시 원고 없이 즉석에서 한 문 대통령의 격려 발언이었다. 작은 깃발에 녹아 있는 의미에 국군통수권자로서의 수사修辭를 더해 중장 진급자에게 투혼을 불어넣었다. 대통령의 조리정연한 즉석 스피치는 알 만한 사람은 아는 얘기다.

2020년 2월 청와대 〈기생충〉 제작팀 초청 오찬 당시 봉준호 감독은 문재인 대통령의 즉석 '7분 스피치'를 듣고 이런 말을 했다. "글 쓰는 사람으로서 충격의 도가니에 빠졌습니다." 봉 감독은 덧붙였다. "저나 송강호 씨나 모두 한 스피치 한다고 자부하는 사람들인데, 조리 있게 정연한 논리 흐름과 완벽한 어휘 선택으로 기승전결로 마무리하시는 것을 보니 글 쓰는 사람으로서 놀랐습니다. 평소에 체화한 이슈에 대한 주제 의식이 있기에 풀어내신 것 같습니다." 문 대통령은 '세 번 생각하고 한 번 말(三思一言)'하는 스타일에 가까웠다. 정확히 본 것이라고 생각했다. 이날 삼정검 수치 수여식에서 문 대통령은 이런 당부의 말을 남겼다.

"평화를 지키기 위한 안보를 넘어서서, 평화를 만들어내기 위한 안보를 늘 생각해주십시오."

'평화를 지키기 위한 안보'와 '평화를 만들어내기 위한 안보'라는 레토릭이 적절히 대조를 이루면서 말의 설득력을 한 단계 높였다.

문 대통령의 말 중에는 '대조법'이 많다.

"방역은 어렵다. 조금만 덜 하면 안이하다 소리, 조금만 더 하면 긴장만 부추긴다 소리"('조금 덜 함 vs 조금 더 함'의 대조).

실제로 방역 수위는 언제나 고민거리였다. 사회적 거리두기 2단계를 유지하면 3단계로 격상하지 않아 방역의 골든타임을 놓친다는 기사가 나오고 3단계 격상을 검토한다고 하면 '자영업자들의 비명' 같은 기사가 나왔다.

"틀어막는 것만 잘하고, 돌아가는 것은 못 하고 있을 순 없다. 사회가 이제 슬근슬근 돌아가는데"('틀어막는 것 vs 돌아가는 것').

최근 언급이 아니라 2020년 초반 방역과 경제를 동시 강조하면서 한 말이다. 대통령은 늘 방역과 경제가 밸런스를 이루도록 조율해왔다.

"정부가 잘하면 당은 타고 가고, 못하면 당은 밟고 가면 되는 것이다"('타고 가고 vs 밟고 가고'. 당과 정부가 어떤 안건을 놓고 이견이 좁혀지지 않자 접근법을 설명하면서 한 말. 긴급재난지원금 건은 아니었다).

"평범한 의지, 평범한 계획이 아니라, 굉장히 강력한 의지, 강력한 계획이 있어야 한다"(수석보좌관 회의 중, 플라스틱 폐기물 대책이 안이하다는 취지로 지적하며 한 말).

"이해가 가는 실수와 현저한 잘못은 구분해야 한다"(내부 회의 중, 일부 부처의 납득 안 가는 잘못에 대해 일벌백계가 필요하다는 취지로 지적하며 한 말).

"현대자동차의 왼쪽 바퀴 조립은 정규직이 하고, 오른쪽 바퀴 조립은 비정규직이 하는데, 급여 차이는 무려……"(내부 회의, 왼쪽 바퀴 vs 오른쪽 바퀴).

"정책은 합리적으로 설명해야 한다. 합리적 설명은 정서에 안 먹힌다. 그러나 정서에 맞게 비난하긴 쉬운 상황이다"(합리적 설명 vs 정서적 비난).

여의도 정치권의 평가에 의하면 문 대통령의 말이나 글은 드라이하다. 하지만 꼭 그렇지 않았다. 문 대통령은 공식적인 자리에서든, 비공식적인 자리에서든 레토릭(수사)이 풍부했다. 물론 수사는 품격을 갖췄다.

"작은 구멍 하나가 둑을 무너뜨려서, 한 개인이 모두의 노력을 허사로 만드는 일이 없어야 합니다"(2020년 3월 31일 국무회의).

"'오월 정신'은 평범한 사람들의 평범한 희망이 타인의 고통에 응답하며 만들어진 것입니다. ……'나라면 그날 도청에 남을 수 있었을까?' 그 대답이 무엇이든 스스로에게 물어보는 시간을 가졌다면 우리는 그날의 희생자들에게 응답한 것입니다. ……정치·사회에서의 민주주의를 넘어 가정, 직장, 경제에서의 민주주의를 실현해야 하고, 나누고 협력하는 세계 질서를 위해 다시 오월의 전남도청 앞 광장을 기억해야 합니다. 그것이 그날, 도청을 사수하며 죽은 자들의 부름에 산 자들이 진정으로 응답하는 길입니다"(2020년 5·18 기념식).

"분명 두려운 변화입니다. 그러나 두려운 것은 두려움 자체가 아니라, 두려움과 맞서 용기와 희망을 잃는 것입니다. 역사에서 승자는 변화를 기회로 만들어온 자의 몫이었습니다"(2020년 4월 14일 국무회의 중, 코로나 방역과 경제의 동반 승리를 강조하며).

"고통의 무게는 평등하지 않습니다"(2021년 1월 5일 국무회의 중, 소상공인 자영업자 등을 위한 3차 재난지원금의 필요성을 언급하며).

"보훈은 애국심의 원천 같은 것이다. 국가의 근간을 이루는 매우 중요한 정책 분야다. 보훈 복지가 일반 복지보다 높아야 한다"(황기철 보훈처장 임명장 수여식에서).

"크게 보면 바닥에 도도하게 흐르는 민심이 있다. 그 어떤 사건들, 상황들이 물결이 되듯이 바닥에 있는 민심을 얻을 수 있다는 낙관을 가지고 자신 있게 해달라"거나 "폭풍우에 새는 덤비지 않는다. 하지만 바람에 둥지는 강해진다"면서 위기 극복을 독려한 발언도 기억에 남아 있는 말이다.

'레토릭'이란 말 자체를 요즘에는 '미사여구' 정도로 다소 부정적으로 쓰고 있다. 하지만 레토릭은 원래 '설득의 기술'을 의미한다. 그냥 레토릭이 아니라 '대학교수의 레토릭'이라고 하는 이유가 대통령의 언어 속에 있는 설득력을 강조하기 위한 것이다.

### 상인의 직설

"한 번도 야물딱지게 한 적이 없다"(정책 현안에 대해 좀 더 신경을 써줄 것을 주문하며. '야물딱지다'는 '야무지다'의 경상남도 사투리).
"말아먹을 일 있습니까"(대책이 너무 엉성해서 일이 잘 안 될 수 있다며 단호히 한 말).
"사람이 벽만 보고 사나. 병이랑 같이 살아갈 생각을 해야지"(2020년 초반, 방역과 경제의 조화를 고민하며).
"그사이에는 그럼 손가락 빨고 살아?"(대책이 너무 늦게 효과를 볼 것이라고 우려하며).
"당장은 알짱거리더라도 (현장에) 붙여놔야 경험도 쌓고 공부도 되는 것 아닌가?"(현장 공무원 지원 문제를 논의할 때 경험 없는 초보자라도 일단 투입해야 하는 게 맞는 것 아니냐며).

"재탕에, 삼탕에, 맹탕에"(일정을 잡을 때, 예전부터 수없이 해온 일이나 별로 효과가 없어 선뜻 와닿지 않는다며).

"몇 명이 깽판 쳐서 많은 사람의 노력을 물거품이 되게 하다니"(광화문 집회로 확진자가 다시 폭증하자).

"대한민국에 편한 군대 없어요"(공직자 가족이 카투사에서 군복무할 때 일로 논란이 일었을 때).

문 대통령의 언어 가운데 내가 들었던 직설적인 표현들이다. 귀에 익은 서민적인 단어도 많이 등장했다. '좀스럽다'도 이 범주에 들어가는 말이다. 서민적이라 할 수 있는 대통령의 언어가 SNS라는 수면 위에 한번 나왔다가 기자들을 깜짝 놀라게 한 것이다.

**서민적 비유**

"얼음 장수하고 우산 장수 같은 딜레마가 느껴진다." 2020년 3월 마스크 공장을 방문해서 한 비유다. 해가 뜨면 우산 장수가 울고, 반대로 비가 오면 얼음 장수가 우는 것처럼 마스크 생산은 최대한 늘려야 되지만 노동자들이 주말까지 장시간 근무를 하게 될까 봐 걱정이라면서 한 말이다.

"우리가 창문을 청소할 때도, 구석 먼지 먼저 닦고 가운데는 나중에 닦지 않나. 매번 비인가 시설이라서 사각지대라니……."

2021년 초 비인가 기도원 등을 중심으로 코로나 확진자가 다수 발생했을 때의 비유였다. 비인가 시설은 오히려 방역 우선순위에 두고 점검해야 한다고 강조하면서 한 '창틀의 비유'다.

"전쟁 일어나면 '빈총'이라도 들고 싶은 게 사람 마음이다"(여기서 '빈총'은 마스크를 뜻한다. 마스크 품귀 사태 당시 면 마스크라도 만들어 쓰는 운동이 필요하지 않느냐고 지적하며).
"수도꼭지 틀면 물 나오듯이 하면 안 된다"(정부의 서비스나 후견도 선을 지켜야지 과하면 안 된다면서).
"질본이 허탈하겠어. 김밥 옆구리 터지듯이 터져버렸으니"(신천지 사태로 확진자가 늘어나자 질본을 걱정하면서).
"모랫바닥에 물 스며들듯이"(자칫 대책이 흔적도 안 남고 효과 없이 사라질 수 있다며).
"모래사장에서 물 빠져나가듯이"(마스크 수요를 감당하기에 충분히 생산은 되고 있는데, 가수요로 증발되고 있다면서 한 비유. 부산 출신이어서인지 모래와 물이 자주 비유로 등장).

"나무가 생기면 그늘이 생기잖나." 세계무역기구(WTO) 사무총장 선거를 앞두고 문 대통령은 처음에는 김현종 당시 국가안보실 2차장에게 출마를 권했다. 한미 FTA를 성사시킨 김현종 차장은 WTO 법률자문관, WTO 상소기구 위원을 지낸 통상전문가다. 하지만 김 차장은 난색을 표했다. 그러자 대통령은 '나무와 그늘'의 비유를 꺼내면서 "국제기구에 한국도 활발히 진출

해야 한다. 국제기구 수장으로 진출하게 되면 고위직에 한국 자원도 늘어날 것"이라고 강조했다. 하지만 김 차장은 결국 고사했고, 유명희 본부장이 선거에 출마했다. 김 차장은 유 본부장을 열심히 도왔다.

서민적 비유와는 조금 결이 다르지만 문 대통령은 더불어민주당 대표 시절 당내 비주류의 흔들기가 극심해지자 조대엽 고려대 교수(대통령 정책기획위원장)에게 "고래인들 얕은 물에 갇힌 바에야 무얼 할 수 있겠느냐"고 탄식한 적도 있다. 스케일 큰 비유였다.

직설이든 비유든, 어느 경우든 대통령의 언어는 의미를 담고 있다. 대통령의 언어는 바람 소리처럼 대중 속에 쉽게 스며들 수 있어야 한다. 나는 대통령의 서민적인 언어가 더 마음에 와닿을 때가 많았다. 그래서 언젠가는 이런 면모를 알리고 싶다는 생각을 하면서 기억 속에 담아왔다.

### 쉬운 말로 더 설득력 있게

문 대통령의 언어 가운데 특징 중 하나가 '쉽다'는 것이다. 대통령 스스로 말을 쉽게 하려 노력했고, 쉬운 말을 쓰도록 권장했다.

"'소득 정보 현행화.' 이게 행정부에서는 확립돼 있는 말인가? '현행화'라는 용어를 쓰나? 용어를 '실시간 소득 파악'이라 하는 게 어떤가. 좀 더 대중적으로"(전 국민 고용보험 지급을 위한 논의 도중 한 말. 현재 '실시간 소득 파악'이란 말을 씀).

"'착한 임대인이 임대료 깎아주면 정부가 소득세 50퍼센트 감면한다'가 아니라 '착한 임대인이 임대료 깎아주면 정부가 반을 부담한다'는 식으로"(국무회의).

"'2019년도 국민연금 수익금 73조, 수익률 11.3퍼센트'란 보도를 봤는데, 내 생각에는 몇십조, 11.3퍼센트, 그런 것보다 '2019년 국민연금, 0000년보다 얼마 늘었다'는 식으로 비교해서 알리는 게 어떨지"(국무회의).

문 대통령이 이처럼 여러 차례 국무회의에서 정책 포인트를 짚자, 정세균 당시 국무총리가 "홍보전문가 다 되셨다"고 해서 웃음이 나온 적도 있다.

한편으로 문 대통령은 우회하지 않고 문제의 본질을 바로 짚어내곤 했다.

"신중? 신중이 뭡니까? 보고만 있는 거요?"

2021년 초, 미국 의사당 폭도 난입 사건이 발생했을 때였다. 일부에서 신중한 대응을 거론하자 보인 반응이었다. 사실 '신중론'이란—뒤에 결과를 지켜보면—아무것도 안 하는 것을 의미하는 경우가 적지 않다. 그런 점을 날카롭게 지적했다. 이 문제에 적극 대응해야 한다는 문 대통령의 판단에 따라 외교부 차원에서 공식 입장을 냈다.

"그건 '방향'이지 똑 부러진 '방안'은 아니다"(대책이 구체적이지 않았을 때 한 말).

"'환율 끝없는 추락'이라는 식으로 기사 제목을 단다. 의미가 정 반대인 이상한 표현이다. 원화가치 상승으로 설명해야 한다"(예 컨대 원 달러 환율이 1천 원에서 900원으로 내려간 것은 추락이 아 니라 가치 상승이라는 의미로 한 말).

"이런 게 '개혁의 역설'이라고." 정규직과 비정규직 사이의 '무기계약직'에 대해 지적한 말이다. 문 대통령은 일선 학교에서 무상급식을 안 하는 동안 조리사 급여 지급 문제가 어떻게 되는 지 걱정했다. 급식 조리사는 주로 정규직과 비정규직 사이의 어 정쩡한 무기계약직이 다수다. 급식 중단으로 급여를 제대로 못 받고 있지는 않은지 챙겨볼 것을 지시했다. 문 대통령이 '개혁의 역설'이란 말을 하는 걸 최소 두 번 이상 들은 기억이 있다. 문 대통령은 분명 개혁적인 대통령이지만, 개혁지상주의자나 개혁 만능주의자는 아님을 보여주는 표현이 아닌가 한다.

또한 국무회의 중 "'미래차 산업 뉴딜', '미래차 확산 뉴딜', '미래차 수출 뉴딜'. 뉴딜이란 이름을 이렇게 사용하는 게 적절 한가?"라고 문제를 제기한 일도 있다. 용어의 오남용을 정확하 게 지적한 말이었다. 문 대통령은 "미래자동차 산업은 원래 3대 신산업 중 하나로 추진해왔으니 더 업그레이드해서 강력하게 추진할 수는 있지만, 뉴딜이란 단어를 무한대로 사용하면 오히 려 한국판 뉴딜의 의미가 퇴색된다"고 지적했다.

문재인 대통령은 행정 용어일수록 더욱 쉬운 말을 강조했다. 국민이 모르는 정책이나 대책은 없는 것이나 마찬가지이기 때문이다. 국민이 잘 이해해야 설득도 가능하다. 쉽게 말할 수 있으려면 사안의 본질을 꿰고 있어야 한다. 모르면 말이 복잡해진다. 어찌 보면 쉽게 말하는 게 더 어렵다.

**대통령이 자주 쓰는 말 '으쌰으쌰'**

누구나 습관적으로 자주 쓰는 단어가 있다. 대통령도 마찬가지다. 그중 '빨리빨리'라는 말을 가장 많이 들었다는 얘기는 앞서 했다. 다음으로는 '으쌰으쌰'라는 말이 내 귀에 꽂힌 말이다. 대통령이 더 많이 쓰는 단어나 표현들도 있겠지만 유독 '으쌰으쌰'가 뇌리에 남는다.

"기업과 정부가 정말로 한배를 탄 심정으로 함께 '으쌰으쌰' 하는 노력들이 필요하다"(2020년 5월 산업계 간담회).
"지금은 주식시장이 '으쌰으쌰' 기조를 살려나갈 때"(2020년 9월, 공매도 금지 조치 6개월 연장을 결정하면서).
"리어카 빌리고 박스 포장해서 '으쌰으쌰' 이사를 했는데……"(대학 시절 하숙집을 자주 옮겨 다녔다는 설명을 하던 중).
"온 국민이 '으쌰으쌰' 힘을 내자"(2021년 2월 19일 더불어민주당 지도부 초청 간담회. 코로나 상황에서 벗어날 때 국민 사기진작용 재난금 지급을 검토할 수 있다며 한 말).

'온 국민 으쌰으쌰'는 '으쌰으쌰 지원금'으로 불리기도 했다.

일부 언론과 야당이 4·7 서울·부산 시장 보궐선거용이라 몰아붙이면서 비꼰 말이었다. 하지만 4·7 선거와는 전혀 무관했음이 결과로 드러났다.

'으쌰으쌰'는 어떤 일을 추진하고자 할 때, 기운을 돋우기 위하여 내지르는 소리다. 혼자가 아니라 힘을 합해보자는 대동大同의 바람이 담긴 대통령의 언어가 아닐까 한다.

**2021년 2월 10일 인천 소래포구 전통어시장**

문재인 대통령과 김정숙 여사 내외는 4년 전 화재의 아픔을 딛고 현대식으로 재개장한 소래포구 전통어시장을 찾았다. 김정숙 여사는 에코백을 들었고, 문 대통령은 붉은색 바퀴가 달린 장바구니 카트를 끌었다.

한 수산물 점포에서 김정숙 여사가 문어를 고르면서 말했다.

"저희가 마수걸이(장날 상인이 처음으로 물건을 파는 일)를 해보겠습니다. 이것(문어)보다 좀 큰 것은 없나요? 요새는 시세가 어떻게 되나요?"

"지금 킬로그램당 2만5천 원 정도예요. 이거 하시면 딱 2킬로그램이에요."

"요새 젊은 연예인(류준열 씨 등)들이 바다가 너무 해양오염이 심해서 '용기勇氣 내' 플라스틱을 들고 솔선수범하자고 나섰습니다. 감명 받았습니다. 그래서 내가 오늘 이렇게 담을 용기用器

116

를 가지고 왔습니다. 두 마리 들어가겠죠?"

'용기내 플라스틱'이란 직접 다회용기를 들고, 대형 마트에 가서 식품을 구매하는 용기를 내서 대형 마트의 일회용 플라스틱 포장재를 줄이자는 운동이다. 김 여사는 온누리상품권 5만 원어치와 플라스틱 통을 전달했다. 문 대통령은 카트의 뚜껑을 열고 기다리다가 김 여사에게 문어 두 마리를 담은 플라스틱 통을 건네받아서 장바구니에 넣었다. 재래시장에 가서 능숙하게 '용기내 플라스틱' 운동을 알리는 김정숙 여사. 재래시장에 갔을 때는 김 여사가 활기차게 분위기를 이끄는 주연, 문 대통령은 조연일 때가 종종 있었다.

재래시장에 가면 다양한 군상의 삶의 목소리를 들을 수 있다. 문 대통령은 상인들이 어떤 얘기를 하든 경청하고, 위로하고, 직접 시식도 하면서 물건이 잘 팔리기를 유도했다. 그러다

인천시 남동구 소래포구 전통어시장에서 생굴을 사는 김정숙 여사. 해양오염을 막기 위해 일회용 용기가 아닌 지참한 플라스틱 그릇으로 물건을 구입했다(출처: 《연합뉴스》).

"경기가 거지같아요" 같은 투박한 얘기도 때론 듣는다. 대변인 입장에선 그런 일이 일어나지 않을까 늘 조마조마했다. 이날도 어떤 가게에서 유사한 돌발 상황이 벌어질 뻔했다.

"인사하고 싶은데 대통령님이 보질 않네요."

"쳐다도 안 보시는데 뭘 인사를 해."

어느 여사장과 그의 딸이 이런 대화를 나누고 있었다. 여사장이 조금 뚱해 있었다. 문 대통령이 다가갔다.

"어머니, 여기서 얼마나 장사하셨어요?"

"20년도 넘었어요. 너무 고생을 많이 했어요."

"장사 될 만하니까 불이 나 가지고……. 그런데 이제 재개장 했다는 것이 알려지면 국민들이 좋아하니까 많이 올 겁니다."

"불났을 때 좀 도와주시지. 고생을 얼마나 많이 했는데."

분위기가 조금 심상치 않았다. 여사장의 딸이 "엄마, 그냥 앞으로 많이 도와달라고 하세요"라고 팔을 잡아끌었다.

2017년 3월 소래포구 어시장에서 화재가 발생했을 당시 문재인 대통령은 대선 후보로서 시장을 위로 방문했다. 이번 방문 목적도 시장 재개장을 널리 알리기 위해서인 건데……. 그래도 상인 입장에서는 원망을 말할 수는 있었다. 이때 김 여사가 구원투수로 등장했다.

"어머님, 오늘 대통령이 온 것도 구정 대목에 장사는 안 되고, 오이도는 개장을 했는데 마음이 아파서예요. 일부러 왔습니다. 어머님 건강하시고요."

"오이도가 아니고 소래포구예요."

"네, 소래포구요."

"오이도라고 그러면 오이도 선전해주는 거잖아요."

"제가 맨날 오이도역으로 와서요."

분위기가 바뀌었다. 김 여사가 '을'의 마음으로 대하면서였다. 상인이 볼멘소리를 해도 김 여사가 바로 시인하거나 바로 맞장구치자 주위에서 웃음이 나왔다. 대통령 내외가 이곳을 떠날 때 주변 상인들이 박수를 쳐줬다.

또 다른 수산물 점포에서였다.

"저희 아버지가 돌아가시기 전에 (문 대통령) 엄청 팬이셨어요."

"(웃음) 고마워요."

그러자 김정숙 여사가 "아드님은요?" 하고 대화에 참여했다.

"아, 저요? 저도 당연히 팬이죠." 또 한 번 웃음이 터졌다. '유쾌한 정숙 씨'라는 닉네임답게 김 여사가 지나가는 곳에는 웃음소리가 나왔다.

이날 김 여사는 상인들 장사가 잘되도록, '용기내 플라스틱' 운동이 확산되도록 한 군데라도 더 들르려고 했다. 문어, 완도산 매생이, 통영 굴, 곱창김(문 대통령이 특히 좋아하는 음식이라고 함), 농어, 젓갈, 개불과 멍게, 해삼, 암게 등등 해산물 구경을 아주 실컷 했다. 이 중 젓갈은 100여 세트를 구입해 만석동 쪽방촌 주민들—더 어려운 이웃에게 기부를 해온 기부천사들—에게 명절 선물로 보냈다. 김 여사는 이곳 말고도 시장에 갈 때면 넉넉히 찬거리를 구입해 청와대 구내식당으로 보내 직원들 밥상에 오르게 하곤 했다.

플라스틱 용기를 들고 다른 곳도 아닌 어시장으로 간 것은 김 여사의 사려 깊음을 보여주는 대목이다. 이 운동은 깨끗한 바다를 만드는 게 목적이기 때문이다.

**영부인의 편지 내조**

2020년 4월 23일 문재인 대통령과 김정숙 여사가 참석한 가운데 명명식을 한 세계 최대 컨테이너선 'HMM 알헤시라스호'(2만 4천 티이유TEU급)가 수에즈운하를 안전하게 통과했을 때였다. 상당한 의미를 지닌 항해였다.

2016년의 한진해운 파산은 박근혜 정부의 실정이었다. 정부가 5천억 원만 지원해도 회생할 수 있는 기업이 쓰러졌고, 이후 현대상선(HMM)까지 경영이 악화되어 국내발 유럽 수출 화물을 주로 외국 국적 선박에 의존할 수밖에 없었다. 그러다 보니 글로벌 핵심 항로의 주도권을 잃고 말았다. 이에 문재인 정부는 2018년 4월 해운 재건 5개년 계획을 발표하면서 관련 부처와 금융기관, 해운사, 조선사 등이 국적 선사船社의 경쟁력 강화를 위해 힘을 쏟았다. 그 결과 마침내 '알헤시라스호'를 띄울 수 있었다. 우리 국적을 가진 세계 최대 컨테이너선을 투입함으로써 잃어버린 항로를 되찾게 된 것이다.

2020년 5월 12일 김정숙 여사는 알헤시라스호 선장과 승무원들에게 편지를 띄웠다. 세계 선박 사상 가장 많은 컨테이너 화물을 싣고 아시아를 떠나 유럽으로 출항하게 된 쾌거를 축하

하고, 해협과 운하를 안전하게 통과하며 항해하길 바라는 내용
이었다.

김 여사의 편지에 대한 선원들의 답장을 정태순 한국선주
협회장이 대신 전했다.

"외항선 선원들이 코로나로 다른 나라에 상륙을 못 해서 바
다에서만 생활하고 땅을 못 밟았습니다. 여사님의 편지를 받아
서 선원들의 긍지가 높아지고 사기가 진작될 수 있었습니
다"(2020년 5월 21일, 청와대에서 열린 위기 극복을 위한 주요 산업
계 간담회).

김 여사의 편지는 감사나 위로가 필요한 곳이면 어디든 찾
아갔다. 결식아동을 돕는 선한 파스타 식당 사장님에게, 경북 의
성군의 홀몸 어르신들에게, 5월 광주를 알린 미국 목사님 부인들
에게, 성폭행에 항거하고 나선 쇼트트랙 심석희 선수에게…….

영부인은 조용히 문 대통령을 내조하며 국정을 도왔다. 그
중 눈에 띄는 것 하나가 편지 내조였다.

**음식 찬합에 마음을 담아**

2020년 문재인 대통령이 여야에서 4·15 총선 후 당시 새로 뽑
힌 김태년 더불어민주당 원내대표, 주호영 미래통합당 원내대
표를 초청해 오찬을 마친 뒤 청와대 경내 관람에 나설 때였다.

"점심 맛있게 드셨나요? 선출 축하드리는 의미에서 저녁에
드실 것을 준비했는데, 사모님과 좋은 시간 가지세요."

김정숙 여사는 손수 요리한 음식 찬합을 보자기에 싸서 건

넸다. 김 여사가 만든 음식은 '모듬해물사태찜'이었다. 문어와 전복 같은 해산물에 고기(사태), 버섯과 밤 등의 식재료를 넣은 찜 요리였다. 어우러지는 식재료들에 '화합'과 '협치'를 기원하는 마음을 담았다. 이날 주호영 원내대표는 당에 돌아가서 기자들에게 "영부인께서 신경을 써주시니 감사하다"고 공개적으로 고마움을 표시했다.

음식 찬합을 싼 보자기도 양당의 색깔에 따라 파란색(더불어민주당)과 핑크색(국민의힘)이었다. 파란색 보자기로 싼 음식 찬합은 주호영 원내대표에게, 핑크색 보자기로 싼 음식 찬합은 김태년 원내대표에게 건넨 건 영부인의 '센스'였다.


2020년 2월 20일 청와대로 〈기생충〉 제작팀을 초청했을 때였다. 사상 처음으로 아카데미 작품상과 감독상 등을 수상한 영화인들을 청와대로 초청하는 것은 당연했다. 초청을 안 하면 홀대한다는 말이 나왔을 것이다. 다만 시기가 공교로웠다. 이미 행사 일정이 잡힌 상태에서 신천지 사태가 불거졌다.

그럼에도 고민 끝에 일정을 강행했다. 세계적인 감독과 명배우들이 한자리에 다시 모이기 어렵고, 힘든 시기에 국민에게 자부심을 안겨준 대장정의 마무리를 청와대에서 한다는 의미가 있는데다, 문화산업을 융성하겠다는 의지를 보일 수 있었기 때문이다.

그런데 일부 언론과 야당을 통해 부각된 것은 '파안대소破顔大笑'와 '짜파구리'였다. 수많은 사진 가운데 크게 웃는 장면 하나만 콕 집어내 '이 시국(신천지)에 짜파구리 실화냐'고 비난하면서 김정숙 여사의 '선의'를 오도했다.

당시 김정숙 여사가 〈기생충〉 제작팀 앞에서 설명한 '짜파구리'를 만든 진짜 이유는 따로 있었다.

"제가 어제 오후 내내 조합을 한 짜파구리입니다. 저도 계획이 있었습니다. 코로나19 때문에 지역 경제와 재래시장이 위축되고 있습니다. 특히 농민들이 생산하는 대파는 출하 기간이 있습니다. 작년 겨울에 비가 오고 따뜻해서 잘 자랐어요. 농사는 잘 됐는데, (안 팔리니) 농민들의 시름이 깊습니다. 그래서 상인들도 위로할 겸 제가 작정을 하고 가서 대파를 구입했습니다. 중식을 대표하는 이연복 셰프에게 짜파구리를 어떻게 연결시킬지 들었고요. 소고기 안심은 너무 느끼할 것 같아 돼지고기 목심을 썼습니다. 그리고 대파입니다. 저의 계획은 대파였습니다. 이게 '대파 짜파구리'입니다. 봉준호 감독님과 여기 유명하신 여러분들 덕분에 대파 소비가 늘면 좋겠습니다."

정확히 하자면 '짜파구리 오찬'이 아니라 '대파 짜파구리 오찬'이었다. 그런데 대파 농민을 위한 마음은 허공에 흩어지고 안심, 목심 짜파구리만 남았다.

## 목에 수건 두른 영부인

물론 선의를 제대로 전달한 보도도 있었다. 2020년 7월 목에 수건을 두르고 흰색 턱 끈이 달린 밀짚모자를 쓴 김정숙 여사 사진이 공개됐다. 철원군 동송읍 이길리 수해 현장에서 김 여사는 고

무장갑을 끼고 창틀에서 떼어낸 창을 물로 닦고, 토사를 치우고, 배식을 하면서 구슬땀을 흘렸다.

마을에 알리지 않고 비공개로 '깜짝 방문'한 일정이었다. 수해 복구 현장 분위기가 어수선해질 수 있다는 우려 때문이었다. 마스크를 쓰고 있었기 때문에 마을 주민과 자원봉사자들도 김 여사가 방문한 것을 몰랐다. 그런데 한 통신사에서 아래와 같은 기사를 보도했다.

"단독 '밥 퍼준 아줌마, 김정숙 여사 맞지?'…… 철원 주민들 깜짝"(《뉴스1》).

'독자 제공'이란 사진이 나온 걸 보니 뒤늦게 김 여사를 알아본 현장 사람이 사진을 찍어 제보한 모양이었다. 유사 보도가 이어졌다.

"'밥 퍼준 아줌마가 영부인이라고?' 김정숙 여사 비공개 수해 복구 지원"(《머니투데이》)

"목에는 수건, 손에는 고무장갑…… 가재도구 씻으며 수해 복구 도운 김정숙 여사"(《조선비즈》).

"철원서 흙탕물 옷 빨고 밥 퍼준 그 사람, 김정숙 여사였다"(《중앙일보》).

김 여사는 3년 전 충북 청주 수해 복구 현장에서도 직접 설거지와 빨래를 하면서 자원봉사를 했다. 물난리가 났을 때 이렇게 직접 현장에서 주민들과 함께 복구 작업을 한 영부인은 김 여사가 처음이었다. 김 여사의 철원 사진을 보면서 '우리가 정말 아름다운 오드리 헵번의 모습을 본 건 〈로마의 휴일〉이 아니라 아프리카에서였다'는 말이 떠올랐다. 대중에게는 '유쾌한 정숙 씨'로 각인되어 있으나, 나는 '인내'하고 '절제'하고 '사려 깊은' 영부인의 모습을 함께 봤다. 영부인에게도 '내공'이 필요하다.

다른 이야기지만 올해 어떤 행사장이었다. 부슬비가 내리는 중이었다. 문재인 대통령이 다음 장소로 이동하다가 갑자기 걸음을 멈췄다. 김 여사가 보이지 않아서였다. 김 여사가 뒤에서 웃으며 뛰어와 대통령의 팔짱을 꼈다. 그제야 대통령은 걸음을 옮겼다.

그 장면을 보면서 또 한 번 엉뚱한 생각을 했다. 수십 년 전 얘기일 것이다. 문 대통령은 대학 시절 민주화운동을 하다 투옥된 적이 있다. 그때 김 여사는 '대학생 문재인'을 기쁘게 하려고 경남고(문 대통령의 모교)가 고교 야구 선수권대회에서 우승했다는 기사가 실린 스포츠 신문을 들고 면회하러 왔다고 한다. 정말 세심한 배려였으나…….

문 대통령이 특전사에서 군 복무 중일 때도 안개꽃을 한 아름 들고 왔다는 일화도 있다. 배고픈 군인에게는 그야말로 절실했을 통닭은…… 이번에도 없었다. 문 대통령의 저서 《운명》에 나오는 '면회의 역사'와 함께 빗속의 대통령 내외를 보면서 비익조比翼鳥 연리지連理枝라는 말을 생각했다.

# PART 2

## 팬데믹 전시경제, 국민 삶을 지켜라

# 11장　　이제부터 '정치경제'를 하세요

맹상군孟嘗君은 바글바글한 식객食客으로 유명하다. 무려 3천 명이 넘었다는 설도 있다. 그는 중국 전국시대 제齊나라의 재상이었다. 재주 있는 인재를 잘 대접한 것까지는 좋지만, 아무리 귀족이었어도 살림이 거덜 나지 않을 수 없었다.

'그동안 받지 못한 설읍薛邑 땅의 빚을 받아와야겠군.'

설읍은 제나라가 맹상군에게 준 영지다. 설읍 사람들은 맹상군에게 땅을 사용한 값을 내야 했다. 맹상군은 식객 가운데 풍훤馮諼에게 빚을 받아 오라고 시켰다. 풍훤이 맹상군에게 물었다. "사람들에게 빚을 받으면 무엇을 사 올까요?"

"글쎄, 자네가 보기에 우리 집에 없는 것을 사 오게."

설읍에 도착한 풍훤은 빚을 진 사람들을 불러 모았다. 빚쟁이 앞에서 사람들이 얼마나 공포스러웠을지는 설명이 필요치 않을 것이다. 그런데 빚을 받으러 온 풍훤은 빚문서를 불 질러버렸다. 놀란 설읍 사람들 앞에서 풍훤은 말했다.

"맹상군께서 백성의 어려움을 아시고 빚을 모두 없애주라고 하셨습니다."

사람들은 만세를 부르며 맹상군의 은혜를 절대 잊지 않겠다고 다짐했다. 풍훤은 일을 저지른 뒤 맹상군에게 돌아가선 "'의義'가 부족한 것 같아 '의'를 사가지고 돌아왔습니다"라고 보고했다. 맹상군이 얼마나 기가 막혔을지는 보지 않아도 알 수 있지만, 물은 이미 엎질러졌다.

그런데 일 년 후, 맹상군은 새로운 제나라 왕(민왕)에게 미움을 받아 재상의 자리에서 쫓겨나고 봉읍지인 설읍으로 돌아갈 수밖에 없었다. 실의에 찬 맹상군이 설읍 땅에 도착하자 설읍 사람들이 백 리 밖까지 나와 환호하며 맞이해줬다. 맹상군은 그제야 풍훤이 한 말의 뜻을 알게 되었다. 풍훤의 손을 꼭 잡으며 "자네가 사 왔다는 '의'를 오늘에야 눈으로 보게 되었네"라고 고마워했다. 이때 풍훤은 말했다. "꾀 있는 토끼는 굴을 세 개씩 파놓습니다(교토삼굴狡兔三窟). 그래야 살아남을 수 있습니다. 이것은 첫 번째 굴에 불과합니다." 실제로 풍훤은 라이벌인 진晉나라와 제나라의 역학 관계를 꿰뚫어 보고, 두 나라를 경쟁시켜 맹상군이 재상으로 복귀하게 만든다. 진나라, 제나라가 각각 두 번째, 세 번째 굴이었다.

'교토삼굴'은 꾀 있는 토끼가 세 개의 굴을 파놓듯, 어려운 일에 미리 대비하는 자세를 뜻한다. 미증유의 재난에 미리 대응하려면 방역만 가지고는 부족했다. 굴 세 개는 파놓아야 했다. 경제,

외교안보…… 문재인 대통령도 굴 세 개를 준비해나갔다.

대통령의 동선에는 가고자 하는 국정 방향이 담긴다. 2020년 3월 들어 대통령의 일정 가운데 '방역'이 줄어들고, '경제'에 대한 비중이 늘었다. "앞으로 바이러스 때문에 죽는 게 아니라 경제 때문에 죽겠다는 얘기가 나올 것"이라는 말이 그 무렵 문 대통령이 자주하던 얘기였다. 물론 방역을 안 챙긴다는 뜻은 아니었다. 마스크와 신천지 사태 등으로 한동안 방역에 '올인'했다면 이제는 '투 트랙'으로 가겠다는 것이 대통령의 생각이었다.

**문재인 대통령의 2020년 2월과 3월 주요 일정**

**2월**

9일(일), 아산과 진천을 방문하여 우한 교민 살핌(코로나 방역).

12일(수), 남대문시장 상인 오찬 간담회(코로나 경제).

13일(목), 대한상공회의소에서 재계와의 간담회(코로나 경제).

19일(수), 시도 교육감 초청 등교 상황 점검(코로나 방역).

20일(목), 〈기생충〉 제작진 및 출연진 격려 오찬(기타).

21일(금), 정세균 총리 대구 긴급 보고(코로나 방역).

23일(일), 코로나19 범정부대책회의 소집(코로나 방역).

25일(화), 대구 방문, 코로나 대책회의 주재(코로나 방역).

26일(수), 홍남기 경제부총리 정례보고(코로나 경제).

28일(금), 국회에서 황교안 대표 등과 대화(코로나 방역).

## 3월

1일(일), 제101주년 3·1절 기념식(기타).

2일(월), 국군대전병원 및 국군간호사관학교 방문(코로나 방역).

12일(목), 충남, 대구 생활치료센터 방문(코로나 방역).

13일(금), 경제·금융 상황 특별점검회의(코로나 경제).

16일(월), 코로나19 수도권방역대책회의(코로나 방역).

18일(수), 주요 경제 주체 초청 원탁회의(코로나 경제).

19일(목), 제1차 비상경제회의(코로나 경제).

24일(화), 제2차 비상경제회의(코로나 경제).

25일(수), 진단 시약 긴급사용 승인 기업 방문(코로나 방역).

27일(금), 제5회 서해 수호의 날 기념식(기타).

30일(월), 제3차 비상경제회의(코로나 경제).


## 역대급 비상 상황
## '안 해본 일'을 하라

3월 13일 문재인 대통령은 청와대에서 홍남기 경제부총리 겸 기획재정부 장관, 이주열 한국은행 총재, 성윤모 산업통상자원부 장관, 은성수 금융위원장과 함께 '경제·금융 상황 특별점검회의'를 열었다. 이 자리에서 현 상황을 '비상경제 시국'으로 규정했다.

3월 19일에는 '비상경제회의'를 발족해 첫 회의를 하기로 했다. 대통령이 '비상경제 시국'을 언급한 지 엿새 뒤였다. '비상경제회의'는 대통령이 직접 주재하기로 했다. '방역 중대본'처럼 '경제 중대본'의 역할을 하는 기구였다. 코로나 방역과 코로나 경제라는 투 트랙이 깔리기 시작한 것이다. 비상경제회의는 경제 중대본으로서 위기 극복에서 방역 중대본 이상의 중요한 역할을 했다. 회의를 기획한 오종식 기획비서관과 정책실 실무 관계자 등 여러 명에게 대통령이 주재하는 비상경제회의체 모델이 있는지 물어봤다.

"제2차 세계대전 때 전시경제 체제의 전례가 없지는 않겠지만, 코로나 팬데믹 상황에서 국가수반이 중재하는 사실상의 정례 경제위기관리회의체는 들은 바 없습니다. 비상경제회의를 준비하는 과정에서도 외국 사례를 검토한 바 없고⋯⋯. 정세균 총리가 하실 수도 있었지만 대통령께서 직접 주관하시겠다고 결정하셨습니다." 이구동성으로 한 말이었다.

3월 13일 특별점검회의에서 문 대통령이 한 말이다. "경제하는 분들은 '과거의 비상 상황'에 준해서 생각합니다. 메르스, 사스 때와는 비교도 안 되는 '비상경제 시국'입니다. 정부는 과거에 하지 않았던 대책, 전례 없는 대책을 만들어내야 할 것입니다."

제1차 비상경제회의를 열기 전에는 그야말로 비상한 인식을 드러냈다.

"다들 훨씬 상황을 심각하게 생각해야 합니다. 나는 '비상경제'란 표현도 약하다고 생각합니다. 달리 다른 표현이 없어서 '비상경제'라고 한 것인데, 대책을 쓴다면 역대 비상 상황과는 달라야 합니다. 안 해본 일을 해야 할 상황입니다."

"뭔가 마지노선, 저지선으로 (코로나 위기를) 막겠다는 결의를 보여줘야 합니다. 다 지나고 경기부양책 쓰면, 갈 데까지 다 가버리고 나면 대책이 무슨 소용입니까?"

문재인 대통령은 김상조 정책실장, 이호승 경제수석 등에게 이런 말도 했다.

"국민은 상황을 냉정하게 봅니다. 국민의 신뢰를 받아야 무슨 대책도 통하는 것입니다. 실효성이 있다면 국민이 동의합니다. 그건 포퓰리즘이 아닙니다."

대통령의 지시는 "경제학 교과서에 머물러 있지 말라"는 뜻이었다. 코로나 경제 시국에 대응하는 대통령의 고민이 담긴 말이자 큰 방향의 제시였다.

재정 당국이 지금 같은 비상경제 시국에 어떻게 접근해야 하는지를 강조한 지극히 당연한 말이었지만 언론에는 알리지 않았다. 총선을 한 달 남겨놓은 상황에서 무슨 시비가 걸릴지 몰라서였다. 책잡힐 말이 전혀 아니었는데, 청와대 대변인 생활 두 달도 안 되어 어느덧 새가슴이 되어버렸다.

코로나 비상경제 시국에 대응하기 위한 큰 가닥을 문재인 대통령은 직접 잡았다. 문 대통령이 밝혔듯 비상경제회의는 '논의하고 검토하는 회의가 아니라 결정하고 행동하는 회의체'였다.

비상경제회의는 대통령이 요구한 '전례 없는 대책', '안 해본 일'을 찾아나갔다.

# 12장     비상경제 체제로
## 제2의 외환위기를 막다

"비상경제회의 하면 이름에 걸맞은 뭐가 나와야 할 텐데. 전례 없는 대책이……."

2020년 3월 18일. 제1차 비상경제회의가 열리기 전날의 일이다. 문재인 대통령은 '비상경제회의'가 이름값을 할 수 있을지 걱정했다. 말은 걱정하는 것처럼 들렸지만 표정은 어둡지 않았다. 오히려 살짝 여유마저 느껴졌다. 아마도 정부와 청와대 정책실이 머리를 싸매고 마련한 대책을 사전에 보고받으신 듯했다.

### 도산하는 자영업자를 살립시다

2020년 3월 19일. 청와대 본관 2층 집현실(회의실 중 하나)에 홍남기 경제부총리를 필두로 경제부처 장관들 외에 이주열 한국은행 총재 등이 모였다.

비상경제 체제를 선포하는 모두 발언에서 문재인 대통령이 첫 비상대책을 공개했다.

"오늘 1차 비상경제회의에서는 서민 경제의 근간이 되는 중소기업, 소상공인, 자영업자의 도산 위험을 막고 금융 불안을 해소하기 위한 첫 번째 조치를 결정합니다. 50조 원 규모의 특단의 '비상금융 조치'입니다."

50조 원 조성. 오늘의 핵심은 '금융 안정'이었다. 왜 금융 안정이 먼저인가. 코로나로 경제활동이 멈췄다. 주로 자영업자와 소상공인이 영위하는 '대면 서비스' 부문이 문을 닫을 수밖에 없는 상황이었다. 가장 피해가 큰 자영업자 등의 도산倒産을 막아야 했다. 어떻게 도산을 막을 것인가. 중소기업, 소상공인, 자영업자들이 자금 부족으로 쓰러지지 않도록 대출 만기를 연장해주고, 이자를 유예해주는 한편, 자금난을 겪지 않도록 긴급 경영자금을 지원하는 조치가 필요했다. 이것이 오늘 이 시간까지도 이어지고 있는 민생 대책의 출발이었다.

한편으로는 해외투자를 많이 했던 금융기관들이 환율 상승과 주가 하락 등의 초기 금융 불안을 넘기지 못할 경우 자칫 외환위기 내지 금융위기—이미 우리가 겪었던—로 번질 위험을 배제할 수 없었다. 그래서 금융시장을 안정시킬 비상조치가 필요했다.

정부의 한 부처나 국책은행만으로는 실효성 있는 비상조치를 취할 수 없었다. 중앙은행(한국은행)과 금융 당국, 민간과 공공 금융기관들을 다 포함한 종합 대책이 필요했다. '매크로 대책'과 '마이크로 대책', 일반적인 수단과 선별적인 수단, 국내시

## 50조 원⁺ᵅ 민생·금융 안정 패키지

| 소상공인 유동성 지원 | 12조 원 규모<br>연 1.5% 초저금리 상품<br>1-3등급 고신용자 ⇨ 시중은행(3조5,000억 원)<br>4-6등급 중신용자 ⇨ 기업은행(5조8,000억 원)<br>7등급 이하 저신용자 ⇨ 소진 기금(2조7,000억 원) |
|---|---|
| 중소기업<br>소상공인<br>특례 보증 | 5조5,000억 원 규모<br>기술보증기금 9,000억 원(보증료율 1.2% ⇨ 1%)<br>신용보증기금 1조 원(보증료율 1.2-1.3% ⇨ 1% 이하)<br>지역신용보증기금 3조6,000억 원<br>(보증료율 1-1.1% ⇨ 0.8%) |
| 영세 소상공인<br>자금 소요 전액 보증 | 연매출 1억 원 이하, 코로나19 피해 업종 대상<br>3조 원 규모<br>보증료율 0.5%포인트 인하<br>신보 6,000억 원, 기보 3,000억 원<br>지신보 2조1,000억 원 |

장과 해외시장 대책을 망라해야 했다. 그런데 일주일 안팎의 짧은 기간 동안에 종합 지원 대책이 나왔다. 비상한 움직임이 있었기에 가능한 일이었다. 그리고 계속 대책이 확장돼나갔다.

회의 후 김상조 정책실장에게 어떻게 이렇게 빨리 대책이 나올 수 있었느냐고 물었더니 다음과 같이 답했다. "과거 IMF 외환위기와 글로벌 금융위기의 교훈도 있었고, 특히 한국은행이 전례 없이 선제적으로 적극적인 조치를 취한 것이 큰 기여를 했습니다. 일본 수출 규제 때도 확인했지만 정말 위기에 강한 한국의 저력이 발휘된 사례라고 봅니다."

문 대통령은 "특별히 이번 조치를 결정하는 데 있어서 한국은행이 큰 역할을 해줬다"면서 금융권에 리더십을 발휘해준 이주열 총재에게 감사를 표했다. 그러면서 신신당부를 했다.

"오늘 마련하는 금융 지원들이 하루가 급한 사람들에게 '그림의 떡'이 되어서는 안 됩니다. 보증 심사가 쏠리면서 지체되는 병목현상을 개선하고 대출 심사 기준과 절차도 대폭 간소화하여 적기에 도움이 되도록 감독을 잘해주시기 바랍니다."

## 제2의 외환위기 우려
## 이주열 총재의 포커페이스

대통령의 모두 발언에 이어 난상토론이 벌어졌다. 회의가 열린 날 코스피지수는 1457, 코스닥은 428.35를 기록했다. 코스피는 무려 −8.4퍼센트포인트, 코스닥은 −11.7퍼센트포인트 대폭락했다. 외국인의 주식 매도 물량이 급증하면서 벌어진 일이었다. 당시 한국의 외환보유액은 4천억 달러로 안정적이었으나 외국인이 주식을 팔고 나가면서 달러가 줄어들고 있었다. 달러 대비 원화 환율은 1,300원까지 치솟았다. 제2의 외환위기에 대한 우려의 목소리가 나올 수밖에 없는 분위기였다.

한 참석자가 "2008년 글로벌 금융위기 때 주가가 1888에서 938까지 떨어졌는데, 2020년은 1200까지 생각해야 한다. 50퍼센트 빠질 각오를 해야 한다"며 주가의 추가 하락을 예상했다. 또 다른 참석자는 제2의 외환위기를 경계해야 할 상황이라며 '한미통화스와프'를 주문했다.

"주가가 떨어지니 안전자산인 달러 수요가 많다. 외환위기가 없다고 예단할 수 없다. 지금의 외환보유고 4천억 달러는 쓰기 위한 돈이 아니라 보여주는 돈이다. 이걸 쓰기 시작하면 외환위기가 걱정된다. 한미통화스와프가 외환의 안전판이니 달러자금을 여하히 조달할지 실무적으로 미국 측과 접촉해야 한다."

이에 홍남기 경제부총리는 "환율은 한국은행과 기재부가 24시간 모니터하고 있다. 한미통화스와프는 여러 경로로 접촉 중"이라고 설명했다.

이주열 한국은행 총재는 "외환위기를 우려하는데, 외환건전성은 양호하다. 단기 달러 시장의 불안이 커지니까 우려의 말씀이 나오는데 약간 과장돼 있다"고 했다. 이 총재는 한미통화스와프에 대해서는 한마디도 하지 않았다.

문재인 대통령도 이 문제에 대해선 특별한 코멘트가 없었다. 대통령은 회의를 마치면서 "소상공인과 자영업자가 바라는 대책을 확정해서 보람이 있었다. 오늘 이것이 다가 아니다. 비상대책회의에서 대책을 발 빠르게 마련해나가자"고만 했다. 그러면서 "이주열 한국은행 총재에게 다시 감사드린다"고 했다. 대통령이 모두 발언에 이어 마무리 발언까지 한국은행 총재에게 두 번씩이나 감사 인사를 한 것은 이례적인 일이었다.

**전광석화로 체결된**
**심야의 한미통화스와프**

회의를 마치고 대변인실로 돌아왔는데 뜻밖의 전화가 걸려왔다. 이주열 한국은행 총재였다. 신문기자 시절 경제부에서는 한 번도 일해보지 못했기에 한국은행 총재와 통화하는 것 자체가 처음이었다.

"대변인님. 오늘 브리핑을 하실 때, 기자들이 한미통화스와 프에 대해 질문하면, 그냥 '한국은행이 대응할 것'이라고 하시면 됩니다."

"아, 예. 그렇게 하겠습니다."

이주열 총재의 목소리에서 왠지 자신감이 느껴졌다. 한은 총재가 청와대 대변인에게 깜짝 전화를 걸어온 것도 그렇고, 이 주열 총재의 분위기를 봤을 때 '뭔가 있겠구나' 싶었다. 그렇다 면 비상경제회의에선 '포커페이스'였다는 얘기인데…….

이주열 총재의 예상대로 춘추관에서 비상경제회의 브리핑 을 할 때 "지금 한미통화스와프가 필요하다는 얘기가 나오고 있 는데, 어떻게 보시는지 여쭤보고 싶다"는 질문이 나왔다. 나는 이주열 총재와 약속한 대로 "한미통화스와프와 관련해서는 한 국은행이 대응해나갈 것"이라고만 답변했다.

바로 그날 밤이었다. 긴급 뉴스가 워싱턴발로 떴다. 한미 간 에 600억 달러 규모의 통화스와프가 전격적으로 체결됐다는 것 이었다. 이주열 총재 전화를 받았을 때 직감은 했지만, 바로 서 너 시간 뒤에 그렇게 전광석화처럼 큰일이 성사될 줄은 전혀 짐 작하지 못했다.

대통령이 한미통화스와프 얘기가 나왔을 때 아무런 언급을 하지 않다가, 회의에서 두 번씩이나 이주열 총재에게 감사 인사를 한 이유를 나중에 알았다. 이주열 총재가 김상조 실장을 통해 '금명간 좋은 소식이 있을 것'이라는 보고를 했다고 한다.

비상경제회의 참석 멤버들에게도 철저하게 보안을 유지했을 정도로 전격적인 체결이었다. 언론도 놀랐다. "한·미 600억 달러 통화스와프, 금융 불안 급한 불 껐다"(《중앙일보》 2020년 3월 20일 자 1면)는 심야의 따끈따끈한 뉴스가 제1차 비상경제회의 결론인 "50조 원 투입…… 중기·소상공인 자금 지원, 대출도 연장"(《중앙일보》 2020년 3월 20일 자 2면)이라는 기사를 밀어냈다. 한미통화스와프는 외환위기 우려를 한 방에 날려 보냈다. 대형 호재 덕에 1,300원까지 치솟던 환율이 바로 다음 날 30원 이상 하락했다. 주가도 바로 다음 날부터 힘차게 올랐다.

금융기관에 있는 지인들에게 실제로 1차 회의의 대책과 통화스와프에 대해 높이 평가하는 얘기를 들었다. 이구동성으로 "신속하고 효과적이었다", "(외환위기는) 한숨 돌렸다"고 했다. 덕분에 제2차 비상경제회의부터는 중소기업과 대기업 문제로 시선을 돌릴 수 있었다. 한미 양국의 전격적인 통화스와프 체결은 긴 기간 공들여온 '이주열-제롬 파월' 핫라인의 결과물이라는 언론 보도가 며칠 뒤 나왔다. 이주열 총재는 국제결제은행(BIS) 이사로, 제롬 파월 미 연방준비제도이사회 의장과 BIS 총재 회의에서 두세 달에 한 번꼴로 만나왔다고 한다. 이주열 총재는 박근혜 정부 시절 임명된 인사다. 하지만 문재인 대통령은 이 총재를 연임시켰다. 그때의 인사 결정이 중요한 순간 국제 금융 외교의 성과로 되돌아온 것이다. '착한 부메랑'이었다.

# 13장　두 번째는 파격 비상 행보, '100조 원' 만들어 한국판 양적완화

2020년 2월 29일, 당시 이재웅 쏘카 대표가 긴 논란의 방아쇠를 당겼다. "소상공인, 프리랜서, 비정규직 등에 50만 원의 '기본소득'을 지급하자"는 청원을 청와대 게시판에 올리면서였다.

열흘 뒤인 3월 9일, 당시 김경수 경상남도지사가 '기본소득'에 '재난'을 더한 '재난기본소득' 100만 원을 일시적으로 지원할 것을 정부와 국회에 제안했다. 이어 이재명 경기도지사가 페이스북에 '전적으로 공감한다'는 글을 올리며 가세했다. '기본소득', '재난기본소득' 또는 '재난지원금' 등등으로 개념이 혼재된 상태에서 이 문제가 뜨거운 감자로 떠올랐다.

하지만 당시 심재철 미래통합당 원내대표는 "총선용 현금 살포"라고 맞받아쳤다. 이후 보수 야당 정치인들은 '표票퓰리즘'이란 주장을 이어갔다.

## '죽음의 계곡' 앞에서
## 재정이 해야 할 일

나라의 금고를 지키는 재정 당국은 사실상 부정적인 입장을 유지하고 있었다. '재난기본소득'이란 뜨거운 감자가 3월 19일의 제1차 비상경제회의 테이블에도 올라왔다. 민감한 사안이었지만, 경제학자 출신 박복영 경제보좌관이 토론의 물꼬를 텄다.

"국민은 오늘 '통 큰 메시지'를 기대합니다. 재난기본소득에 대한 메시지를 기대할 것입니다. 국민 일반의 입장에서는 '다른 나라는 크게 하는데 우리는 뭐하고 있지'라고 할 것입니다. 재정 당국이 상당히 열린 자세여야 하고, 대단히 적극적이어야 합니다."

정부 입장보다 한발 나아간 언급이었다. 홍남기 경제부총리는 완곡히 반대 의견을 폈다.

"'죽음의 계곡'을 넘어서는 데 재정이 역할을 해야 한다는 데는 저도 이견이 없습니다. 필요한 건 다해야 합니다. 하지만 재정 여력도 감안하고 가야 합니다. 올해 국가신용도가 떨어질 우려가 큽니다. 시장 또한 큰 충격이 예상됩니다."

김상조 정책실장은 부총리와 경제보좌관 가운데에 섰다.

"1차 비상경제회의에서 너무 강한 커밋먼트(약속)는 위험할 수도 있습니다. 4월 하순에 국가재정전략회의를 하게 됩니다. 내년도 예산 편성과 중장기 재정 전략을 논의할 텐데, 총선이 끝난 뒤 정치적 압박을 벗어난 상황에서 굉장히 공격적으로 재정 정책을 마련할 필요가 있습니다."

## 정책은 타이밍
## 한다면 선제적으로

이날 문재인 대통령은 이 문제에 관해서 한다, 안 한다는 결정을 내리진 않았지만, 판단은 빨라야 한다는 입장이었다.

"총선 이후로 미룰 수는 없습니다. (하든 안 하든) 결단을 앞당겨야 할 상황입니다. 정책은 타이밍이고, 한다면 선제적으로 하는 게 중요합니다. 2차 회의(닷새 뒤인 3월 24일) 때까지 가닥이 잡혔으면 합니다."

이 말을 듣자 얼마 전 대통령이 한 말이 떠올랐다.

"정부 예산은 대체로 기업들 투자 촉진하고, 소비를 진작시키고, 피해 업종을 지원하거나 저소득층에게는 쿠폰을 주는 정도인데…… '사회적 거리두기'까지 하는 마당에 수입이 없는 사람에게는 보상이 필요하지 않을지. 다른 나라는 헬리콥터로 돈을 뿌린다는데."

문재인 대통령은 '헬리콥터 머니'를 거론했다. 1969년 경제학자 밀턴 프리드먼이 하늘에서 1천 달러어치 지폐를 뿌리는 상황을 가정하며 처음 사용한 말이다. 리먼브러더스홀딩스 파산으로 촉발된 2008년 글로벌 금융위기 때 꺼낸 부양책 8,500억 달러가 전형적인 헬리콥터 머니다. 도널드 트럼프 행정부는 당시 그 수준을 뛰어넘는 1조 달러대 경기부양책을 공식화했다. 1조 달러 안에는 부유층을 제외한 미국 성인들에게 1인당 1천 달러씩 주기 위해 배정한 2,500억 달러가 포함되어 있었다. 1차 비상경제회의 이전에 이미 대통령은 고민 중이었다.

당시 언론의 관심도 이미 재난기본소득(재난지원금)에 온통 쏠려 있었다.

3월 19일 1차 비상경제회의 소식을 알리러 춘추관에 브리핑을 하러 갔을 때 쏟아진 질문도 통화스와프 문제 하나 빼고는 재난기본소득에 쏠려 있었다.

"이재명 지사가 재난기본소득 지급을 대통령께 공개적으로 요청했는데, 오늘 논의가 있었을 것 같다. 설명 부탁드린다."

"오늘 1차 회의에서 기본소득 이야기가 일절 나오지 않은 것인지, 안건에만 올라가지 않은 것인지 설명 부탁드린다."

이런 질문이 대여섯 개 쏟아졌다. 나는 "재난기본소득 문제는 향후 국내외 경제 상황, 지자체 차원의 노력, 국민 수용도 등에 따라 검토해야 할 사안(청와대 공식 모범 답안)이다"라는 말만 되풀이했다. 지급할지 말지, 지급한다면 어떤 개념(재난기본소득, 재난지원금)일지, 범위(전 국민이냐 피해가 큰 계층이냐)는 어떻게 할지, 아무것도 정해지지 않은 상황이었다. 설익은 토론 내용을 공개했다가는 어떤 혼란이 생길지 몰랐다.

청와대와 정부, 더불어민주당 사이에 격론은 예고돼 있었다. '한 번도 해보지 않은 일'을 해볼 것인지 말 것인지.

## 두 번째 파격 행보
## 100조 원으로 기업 부도를 막아라

'비상' 다음은 '파격'이었다. 3월 19일(1차 비상경제회의)부터 문재인 대통령과 정부는 숨 돌릴 틈 없이 굵직한 결정을 내려나갔다. 1차 회의에서 자영업자 등의 도산을 막기 위한 50조 원 규모의 비상한 대책을 내놓은 데 이어 2차 회의를 통해서는 파격 대책으로 다시 언론의 주목을 받았다.

"오늘 2차 비상경제회의는 우리 기업을 반드시 지키겠다는 정부의 결연한 의지로 시작합니다." 이날 문재인 대통령의 모두 발언은 엄숙했다.

"정부는 든든한 방파제 역할을 하겠습니다. 코로나19의 충격으로 인해 기업이 도산하는 일은 반드시 막겠습니다."

'기업 부도 막기'가 이날의 핵심이었다. 1차가 중소기업과 자영업자 살리기였다면, 2차는 대기업 살리기였다.

### 정부가 든든한 방파제가 되겠다

'100조 원'이라는 숫자가 등장했다. 협의의 정부(기획재정부, 금융위원회 등)를 넘어 중앙은행까지 망라하는, 가히 '한국판 양적완화'가 가시화되었다고 할 수 있다. 양적완화는 기준금리 수준이 이미 너무 낮아 금리 인하를 통한 효과를 기대할 수 없을 때, 중앙은행이 경기부양을 위해 다양한 자산을 사들여 시중에 통화 공급을 늘리는 정책이다. 기업 지원금을 늘리고, 금융시장의 충격을 흡수하는 펀드 자금을 만들기 위해 1차 회의에서 결정했던 50조 원 규모를 두 배로 키워서 긴급 수혈하기로 했다. 보수 언론에서 '파격적인 대책'(《중앙일보》2020년 3월 25일 자 1면)이란 긍정 평가를 했을 만큼 시장 예상치를 훌쩍 뛰어넘었다.

2008년 글로벌 금융위기 때 썼던 '금융 지원 4종 세트'(채권 안정 펀드, 증시 안정 펀드, 대기업·중견기업 회사채의 산업은행 80퍼센트까지 인수, 증권사 유동성 지원)도 한꺼번에 등장했지만 재탕이란 지적을 받지 않았다. 전례 없는 규모였기 때문이다.

채권 안정 펀드는 금융위기 때보다 두 배(10조 원에서 20조 원), 증시 안정 펀드는 금융위기 때보다 무려 20배(5천억 원에서 10조 원)로 늘어났다. 당시 《중앙일보》(2020년 3월 25일 자) 1면 톱기사의 마지막 부분이다.

조영무 LG경제연구원 수석연구위원은 "미국이 무제한·무기한 돈 풀기에 나섰듯이 코로나19로 인해 일시적 자금 부족으로 기업이 망하는 것만은 어떻게든 막아야 하는 상황"이라며 "정부가 이런 측면에서 강한 의지를 보였다는 점을 높게 평가한다"고 말했다.

예상을 뛰어넘는 대규모 지원책에 시장도 긍정적으로 반응했다. 증시의 코스피지수는 전날 폭락을 딛고 8.6퍼센트 급등해 1600선을 넘어섰다. 원화 가치도 모처럼 만에 큰 폭으로 상승해 1249.6원을 기록했다.

재난기본소득 문제는 대통령이 이날까지 결론이 나기를 희망했지만 당·정·청 조율이 만만치 않아 발표 내용에 없었다. 비상경제회의는 해당 차수에서 큰 결정을 하나씩 내리고, 다음번 회의에서 결단할 내용을 문재인 대통령이 숙제로 내주는 식으로 운영 방식이 잡아나갔다.

**4대 보험료 경감**
**'고용유지지원금' 대폭 확대**

문 대통령은 3차 회의까지 풀어야 할 세 가지 '숙제'를 내쳤다. 첫째, '고용유지지원금'을 대폭 확대하는 방안. 둘째, 4대 보험료(국민연금, 건강보험, 고용보험, 산재보험), 전기료 등 공과금의 유예 또는 면제 방안. 셋째, '실효성 있는 생계 지원' 방안이었다. 세 번째 숙제인 '실효성 있는 생계 지원 방안'이 바로 '재난기본소득'을 에둘러 표현한 것이었다.

첫 번째, 고용유지지원금은 사람을 자르지 않고 휴업·휴직을 하게 하면 정부가 휴업·휴직 수당 지급을 돕는 보조금이다. 고용유지지원금과 두 번째 4대 보험료, 전기료 인하는 대통령이 직접 제안하고 챙긴 '문재인표' 대책이었다.

문 대통령은 코로나 국면에서 여러 차례 고용 안정과 4대 보험, 전기료 문제를 제기했다.

## 문재인 대통령이 밝힌 100조 원의 사용처

| | | 제1차 비상경제회의 보고 사항 | |
|---|---|---|---|
| 정책 자금 공급 58.3조 원 | 29.2 조 원 | 소상공인 긴급 경영 자금 | 12.0조 원 |
| | | 중소기업 소상공인 특례 보증 | 5.5조 원 |
| | | 긴급 자금 전액 보증 | 3.0조 원 |
| | | 신용회복 지원 | 2.0조 원 |
| | | 코로나 피해 대응 회사채 발행 지원 | 6.7조 원 |
| | 29.1 | 중소·중견기업 경영 자금 지원 | |
| | | 대출 공급 확대 | 21.2조 원 |
| | | 보증 공급 확대 | 7.9조 원 |
| 기업 자금시장 안정화 31.1조 원 | 20.0 | 채권시장 안정 펀드 가동 | |
| | 4.1 | 원활한 회사채 발행 위한 정책금융 지원 | |
| | 7.0 | CP 등 단기자금시장 안정 지원 | |
| 증시 수요 확충 10.7조 원 | 10.7 | 증권시장 안정 펀드 조성 | |

"코로나 이전의 고용을 유지하도록 '고용유지지원금'을 보태주는 것은 나중에 큰돈 들어갈 일을 미리 막는 것입니다. 그리고 중소기업 이하 소상공인이나 자영업자가 고용을 계속 유지하게 하려면, 저리로 돈을 융자해주는 거 말고, 4대 보험료나 공과금 면제를 해줬을 때 (부담이 줄어들어) 고용을 유지할 수 있을 것입니다."

"전국이 재난 상황입니다. 재난이 전국적인 건 전례가 없습니다. 그런데 국민 개인에게 지원이 나가는 건 없지 않습니까. 제세공과금이나 4대 보험료에 일정한 정도 혜택을 주면 자영업자나 중소업자들에겐 체감할 수 있는 도움이 될 겁니다."

이런 대통령의 뜻에 부합하는 대책을 찾기에 큰 무리는 없었다. 문제는 세 번째 '실효성 있는 생계 지원' 방안이었다. 사실상 '재난기본소득' 논란에 대한 결정을 내리라는 지시였다. 제3차 회의가 엿새 뒤(3월 30일)에 잡혀 있었기 때문에 그사이 당·정·청이 조율을 마쳐야 했다. 데드라인이 설정된 것이다.

# 14장    한 번도 안 해본
        결단을 내리다

한 번도 안 해본 일이라 해도 절실하면, 결국에는 길을 낸다. 절실하지 않다면 퇴로를 찾는다. 문재인 대통령은 퇴로가 아니라 새로운 길을 찾으려 했다. 그만큼 국민의 삶이 절박하다는 것을 알고 있었기 때문이다.

## 김상조의 '침대축구'로
## 하루 지연

긴박한 사흘이었다. 문재인 대통령은 2020년 3월 25일 아침 회의에서 관련 수석급 이상의 오찬 회의를 소집했다. '실효성 있는 생계 지원' 문제를 풀기 위해서였다. 기업과 시장에 대한 비상대책은 마련했으니 국민 개인을 도울 방안을 찾을 차례였다. 문 대통령 외에 노영민 비서실장, 김상조 정책실장, 강기정 정무수석, 이호승 경제수석, 김조원 민정수석, 윤도한 국민소통수석 등이 오찬을 하며 끝장 토론을 벌이기로 했다. 문 대통령은 대략의 가이드라인까지 제시했다.

"미국을 비롯해 각국이 대대적 경기부양책에 나서고 있고, 현금성 지원을 하고 있습니다. '재난기본소득'이라는 개념까지는 받아들이기 어렵겠지만, 이제 와서 전면적으로 못 한다고 할 수는 없습니다. 민주당은 큰 폭을 요구하고 있고, 재정 당국은 건전성을 앞세우고 있는데 '합리적 수준'을 정하는 것이 문제의 핵심입니다. 오늘 점심 때 할 말을 준비들 해서 오십시오."

대통령의 가이드라인대로 문제의 본질은 결국 지급하느냐, 안 하느냐가 아니라 얼마나 지급하느냐는 '합리적 수준'을 정하는 데 있었다.

나는 이 회의에는 참석 멤버가 아니었다. 오찬이 끝난 뒤 오후 청와대 경내 휴게실에서 김상조 정책실장과 마주쳤다.

"실장님, 결론이 어떻게 났습니까?"

"결론 안 났습니다. 휴, 제가 '침대축구'를 좀 했습니다."

김 실장이 한숨을 쉬면서 말했다. '침대축구'란 이기고 있을 때 살짝 스친 것에도 고통스러운 척하며 운동장에 드러누워 시간을 지연시키는 비신사적 축구 전술이다.

김상조 실장은 '전 국민' 재난지원금에는 완강한 반대 입장이었다. 재난지원금 지급이 이번 한 번으로 끝날 일이 아니라고 봤다. 전 국민 현금 지급보다는 고용보험 등 실업 대책이 급선무라는 주장도 여러 차례 했다.

김 실장과 홍남기 경제부총리 등 재정 당국의 입장은 같았다. 나는 그의 침대축구가 오히려 미더워 보였다. 재정 당국이나 청와대 정책실장이 먼저 나서 금고문을 열어젖힌다면 신뢰할 수 있는 금고지기일까. 환경부 장관이 먼저 그린벨트 해제하자고 나설 순 없는 노릇 아닌가.

브래드 피트 주연의 영화 〈월드워 Z〉를 보면 '열 번째 사람(The tenth man)' 이야기가 나온다. 회의에서 앞의 아홉 사람이 모두 같은 의견이면 마지막 열 번째 사람은 반드시 반대 의견을 주장해야 한다. 김 실장은 대통령 주재 회의 때 가장 많은 의견을 내는 사람이었고, 가장 많은 반대 의견을 낸 사람이었다. '첫 번째 사람'이자 동시에 '열 번째 사람'이 김 실장이었다,

**결근한 김상조**
**가장 풀기 어려운 사지선다형 문제**

하루를 허송하자 3월 26일 아침 회의에서 문재인 대통령이 드디어 '최후통첩'을 했다.

"어제 결론 못 내린 문제는 내일 다시 모여 논의를 마무리합시다. 경제수석은 기재부가 최대한 할 수 있는 선을 파악해주십시오. 정책실장님은 몸이 안 좋아도 그 회의에는 참석하라고 하십시오."

이날 김상조 정책실장은 출근을 하지 않았다. 미열이 나서 방역 수칙에 따라 자택에 머문다고 했지만 '칭병'을 하는 이유가 '침대축구'의 연장임을 누구나 알았다. 하지만 직을 걸고 반대한

다든지 하는 분위기는 아니었다. 어제 회의에서는 결론을 못 내렸을 뿐이지 진전이 없었던 것도 아니었다.

문 대통령이 이현승 경제수석에게 '기재부가 최대한 할 수 있는 선을 파악해달라'고 지시한 것을 보면 일단 주는 쪽으로 결심을 굳혔다. 반복성이 있는 '재난기본소득' 개념을 택하지 않고 '긴급재난지원금'으로 네이밍까지 완료했다. '생계 지원 방안'보다 진전이었다. 문제는 누구에게 얼마를 주느냐였다. 국민 50퍼센트, 70퍼센트, 80퍼센트, 100퍼센트(전 국민). 사지선다형 문제 하나만 풀면 되는데, 대통령에게는 인생에서 가장 풀기 어려운 사지선다형 문제였던 것 같다.

## 통역관에게까지 의견 물은 대통령

2020년 3월 30일 월요일, 비상경제회의에서 발표를 하려면 적어도 27일 금요일에는 결론이 나야 했다. 그래야 토·일요일에 당·정·청 조율을 거쳐 월요일 발표가 가능하다. 하지만 27일 아침까지 딱 부러지게 결론이 나지 않았다. 분위기는 50퍼센트 쪽으로 기울었다. 기재부가 50퍼센트를 마지노선으로 전달한 것 같다.

내부 회의에선 '기준 중위소득 100퍼센트 이하'라는 어려운 표현이 등장했다. '기준 중위소득'은 국민을 100명으로 봤을 때 소득 50등을 말한다. '50등 이하 100퍼센트'라면 결국 50등 이하 전부, 소득 하위 50퍼센트와 같은 말이다.

문 대통령은 "기준 중위소득 100퍼센트? '전문가병' 비슷한 느낌이 드네요"라고 했다. 그러면서 딱 부러지게 결론을 내리지 않았다.

"이번이 마지막으로 드리는 것이라면 통 크게(70~100퍼센트) 결정할 수 있는데, 언제까지 갈지 모르는 상황이고. 그러나 (50퍼센트 이하만 지급하기엔) 사각지대가 너무 광범위하고……."

기획재정부는 2차, 3차 재난지원금을 지급해야 할지도 모르니 여력을 남겨둬야 한다는 의견이었다. 하지만 코로나에 직격탄을 맞은 국민이 어디 절반뿐일까. 50퍼센트로 결정하기도 개운치 않은 상황이었다. 고민의 결론을 내지 않은 채 문 대통령은 '사보타주' 하루 만에 회의에 참석한 김상조 정책실장을 보며 이렇게 말했다.

"그래도 정책실장님이 많이 애쓰셨습니다."

침대축구를 하긴 했지만 대통령 뜻에 따라 기재부와 물밑 조율을 해서 50퍼센트까지 견인해온 것이 김 실장이었나보다. 결론까지 나진 않았지만, 절반의 진전은 있었다. '사지선다'에서 사실상 '양자택일'(50퍼센트로 정하느냐, 아니냐)의 'O/X' 문제로 좁혀졌다.

이날 문재인 대통령은 아침 회의 이후 헬기로 '서해 수호의 날' 기념식이 열린 국립대전현충원에 다녀왔다. 점심 무렵 청와대에 도착해, 오후 5시부터 기타나스 나우세다 리투아니아 대통령과 정상통화를 했다. 매우 바쁜 금요일이었다.

대통령의 정상통화 배석자는 고정적이다. 국가안보실장, 국가안보실 2차장, 외교정책비서관, 제1부속비서관, 대변인, 그리고 통역관 등 여섯 명이다. 이날 정상통화는 20분 정도 걸렸다. 통화가 끝나고 회의실을 떠나려는데 문재인 대통령이 "잠깐, 물어볼 것이 있으니 다들 아직 일어나지 마십시오"라고 만류했다.

"긴급재난지원금이 고민이라…… 의견을 듣고 싶습니다."

대통령은 '고민'이란 표현을 썼다. 평소 '빨리빨리'를 강조하던 문 대통령이었지만, 그 시간까지도 고민이 진행형이었다. 긴급재난지원금만큼은 졸속으로 결정할 수 없었다. 그러나 이 문제에 대해서는 정상통화 배석자 전원이 비전문가였다. 아무도 먼저 나서지 않자, 대통령이 나를 먼저 지목했다.

"얼마 전까지 언론인이었는데 대변인이 먼저 의견을 말씀해보시지요."

당혹스러웠다. 긴급재난지원금 문제에 의견을 내는 게 당혹스러운 것만은 아니었다. 35분 뒤인 오후 6시 5분 〈MBC〉 라디오의 한 프로그램과 생방송으로 인터뷰를 하기로 한 상태였다. 난생 처음 생방송을 펑크 낼 각오를 했다. 긴급재난지원금 관련해서는―양선희 《중앙SUNDAY》 대기자의 표현을 빌자면―'끓어서 졸아들어 타들어가는 솥에는 물 한 국자' 정도 부어서는 해결이 안 된다. '한 바가지' 정도는 부어야 할 상황이었다. 미리 답변을 준비하지 못했기 때문에 오히려 더 가감 없이 의견을 드렸다.

"재정 사정에 대해서는 제가 잘 모릅니다. 모르는 것을 전제로, 70퍼센트든 80퍼센트든 전 국민이든 다다익선多多益善이라고 생각합니다. 국민의 기대 수준이 지금 엄청 높아져 있습니다. 젊은 기자들도 단톡방에서 '내가 얼마 받게 될까' 하고 계산하고 있다고 합니다. 만약 50퍼센트에게만 지급하려면 차라리 안 하는 게 나을 것 같습니다. 보수 언론은 포퓰리즘이라고, 진보 언론은 부족하다고 양쪽 모두 비판할 것 같습니다. 어쩔 수 없이 재정 형편상 50퍼센트로 결론을 내린다면 표현이라도 '중위소득 100퍼센트'가 '하위 50퍼센트'보다는 나을 것 같습니다. 현금을 일부라도 섞어서 지급하면 어떨까 합니다. 얼마 전 청와대 앞 삼청동의 가게에서 카드를 꺼냈더니 단말기가 없었습니다. 카드 포인트나 쿠폰 등으로 지급하면 영세한 지역일수록 도움이 안 될 수도 있을까 걱정스럽습니다."

다음으로 의견을 낸 김현종 국가안보실 2차장은 문재인 대통령이 과거 언급했던 '정치경제학'의 차원에서 70퍼센트 이상 지급에 찬성했고, 정의용 안보실장은 미국 트럼프 행정부가 추진했던 2조 달러(약 2,460조 원) 규모의 경기부양 패키지 같은 글로벌한 흐름을 언급하며 김현종 차장과 같은 견해를 밝힌 것으로 기억한다. 박철민 외교정책비서관 입장도 비슷했다. 대통령은 통역관에게도 의견을 물었다. 통역관 또한 가급적 많은 국민에게 지원금을 지급해야 한다는 쪽이었다―나중에 알았지만 통역관은 외무고시 출신의 안보실 소속 행정관이었다.

문 대통령은 오후 6시쯤 자리에서 일어나 "다들 의견이 같으시네요"라고 말하고는 집무실로 향했다. 다행히 방송 시작 5분 전에 회의가 끝났다. 바람 소리를 내며 대변인실로 돌아가

⟨MBC⟩ 라디오가 걸어온 전화를 받았다. 가까스로 생방송 펑크는 막았다. 대통령의 표정이 아침보다는 한결 개운해 보여 마음이 놓였다. "다들 의견이 같으시네요"라는 대통령의 말이 나에겐 "다들 의견이 '나와' 같으시네요"로 들렸다.

## 침대축구는
## 대통령의 결단을 받친 축

3월 30일 3차 비상경제회의에서 문재인 대통령이 마침내 긴급재난지원금 지급을 선언했다.

"정부는 지자체와 협력하여 중산층을 포함한 소득 하위 70퍼센트 가구(약 1,400만 가구)에 대해 4인 가구를 기준으로 가구당 100만 원의 긴급재난지원금을 지급하기로 결정했습니다. 쉽지 않은 결정이어서 많은 회의와 토론을 거쳤습니다."

실제로 그랬다. 아마 문재인 대통령은 내가 모르는 여러 회의와 보고를 통해 수많은 전문가들의 의견을 들었을 것이다. 막바지에는 기자 출신 대변인, 통역관 같은 비전문가의 이야기까지 경청했다.

문재인 대통령은 재정 운용에 부담을 안으면서도 결단을 내린 명분으로 국민에 대한 '위로와 응원' 및 '소비 진작'의 세 가지를 제시했다. 소요 예산은 9.1조 원(중앙정부 7조 원, 지방정부 2.1조 원)으로, 2차 추가경정예산을 편성해야 했다.

다만 국채 발행 등으로 나랏빚을 늘리지 않고, 대부분을 빼

**코로나19 대응 긴급재난지원금 도입 방안**

| | |
|---|---|
| 지원 대상 | 소득 하위 70% 이하(1,400만 가구) |
| 지원 규모 | 4인 이상 가구 기준 100만 원<br>+ 사회보험료 경감 등 병행<br>(1인 40만 원, 2인 60만 원, 3인 80만 원, 4인 이상 100만 원) |
| 지급 방식 | 지자체 활용 중인 지역상품권, 전자화폐 등 지급 |
| 소요 재원 | 총 10.3조 원(국고 1.2조 원 + 2차 추경 9.1조 원) |

를 깎는 지출 구조 조정으로 마련하기로 했다. 새롭게 예산을 투입하는 '추가'예산이 아니라, 기존에 지출하려던 예산을 줄이거나 조정하는 '경정'예산이라 재정 부담을 최소화할 수 있었다. 추가경정예산안은 4월 15일 총선이 끝나는 직후 국회에서 처리될 수 있도록 되도록 스케줄을 짰다.

이날 3차 비상경제회의에서는 지난번 회의에서 약속한 4대 보험료와 전기요금의 납부 유예 또는 감면, 고용유지지원금의 대폭 확대도 결정했다. 비공개 회의에서 문재인 대통령이 김상조 정책실장과 홍남기 경제부총리를 다독였다.

"경제부총리는 재정 당국 수장으로 가급적 재정건전성을 유지하려는 입장이었습니다. 나는 부총리로서 당연하다고 봅니다. 충분한 재정 여력을 확보하는 데 방점을 두는 건 당연한 책무입니다. 정책실장도 같은 관점이었습니다. 하지만 본인 소신과는 다를지라도 대통령의 결단으로 받아들여주십시오."

두 사람은 조용한 미소로 화답했다. '예'라는 뜻의 승복 웃음이었다.

다음 날(3월 31일) 아침, 문 대통령은 홀가분한 표정이었다. 문재인 대통령이 김상조 실장을 보며 웃으면서 말했다.

"아, 정말 안 해본 일 다해봐."

김상조 실장의 '침대축구'는 반칙이 아니었다. 오히려 대통령의 결단을 단단하게 다지고 떠받치는 또 다른 축이었다. 문 대통령의 결단은 정반합正反合의 결론이었기 때문이다.

# 15장    여의도에 얼씬도 하지 마세요

총선 후보 등록일인 2020년 3월 26일, 문재인 대통령이 강기정 정무수석에게 '특명'을 내렸다.

"정무수석실이 그간 선거에 선을 잘 그어왔습니다. 정무수석실은 선거(4·15 총선)가 끝날 때까지 앞으로 논의할 2차 추가경정예산안, 코로나 대응 민생 경제 대책, 이 업무만 해주십시오. 선거 관련 업무는 중단해주세요."

대통령의 지시는 처음이 아니었다. 며칠 전에도 강 수석에게 "아예 여의도에는 가지 마시라"고 한 적이 있었다. 다만 이날 지시는 보다 구체적이었고 단호했다.

정무수석실은 사전 투표를 포함해 선거제도적인 업무, 정당과의 소통 업무가 많을 수밖에 없다. 그런 정상적인 업무도 일체 중지하라는 것이 대통령의 지시였다. 청와대에 들어온 이래 코로나 대응 말고 선거의 '선' 자도 들어보지 못했다. '굳이 정상 업무까지 중단할 필요가 있었을까' 하는 생각까지 들 정도였으나 대통령은 단호했다. 문 대통령은 더불어민주당과 열린민주당과의 관계에 대해서도 언급했다.

"대통령은 지금까지 지역이든 비례든 단 한 명도 추천한 바 없습니다. 누구든 일체 추천하지 않을 것입니다. 아예 관심을 가지지 않으려 합니다."

그러면서 "우리는 선거에 끌려 들어가지 맙시다. 할 일이 태산입니다"라고 했다. 노영민 비서실장이 "내부적으로 공유하겠다"고 하자 문 대통령은 내부 공유 차원을 넘어 대외적으로 알리라고 지시했다.

## 집요한 관권 선거 프레임

3월 26일, 대통령의 지시를 브리핑했다.

대변인 브리핑: 문재인 대통령은 국회와 정당 업무를 하는 청와대 정무수석실에 선거와 관련해 일말의 오해가 없도록, 다른 업무는 하지 말고 코로나19 대응 및 경제적 어려움을 극복하는 업무에만 전념할 것을 지시했습니다.

기자 1: 청와대에 있던 참모분들이 열린민주당으로 갔잖아요? 거기에 대해서 어떻게 생각하시나요?

답변: 청와대와는 상관이 없는 개인적인 선택일 뿐입니다.

기자 2: 열린민주당 관계자가 '대통령의 입(김의겸 전 대변인)과 칼(최강욱 전 공직기강비서관)이 왔다'고 하면서 대통령의 뜻이 있

161

는 것처럼 언급이 나오고 있고요. 설명 좀 부탁드리겠습니다.

**답변:** 열린민주당이나 더불어시민당 분들의 얘기에 대해 질문하신다면, 모든 질문에 대해서 '입장이 없다'는 것이 입장입니다. 문 대통령을 비롯해 청와대는 코로나 대응에 매진하겠다는 의지를 여러분들에게 밝힌 것입니다. 이는 문재인 대통령의 확고한 뜻이기도 합니다. 청와대는 더욱 확실하게 '선거와의 거리두기'에 들어갑니다.

'사회적 거리두기'를 벤치마킹해서 나는 아예 '선거와의 거리두기'를 시작한다고 못 박았다. '선거와의 거리두기'를 선언했음에도 총선이 코앞으로 다가오자 야당과 일부 언론의 공세가 거칠어졌다. 대통령의 정상적인 지방 행사까지 야당과 일부 언론은 선거용으로 몰아가면서 청와대를 끌어들이려 했다.

"문 대통령 강릉에서 나무 심기, 총선 앞 이달 세 번째 지방행"(A 신문).
"문 대통령 예정 없던 은행장 간담회, 야당 '교묘한 관권 선거'"(A 신문).
"통합당 '文 대통령 잦은 현장 방문은 관권 선거'"(B 신문).
"8일간 5회 지역 간 文, 선거 아니면 이렇게 했겠나"(C 신문 사설).
"文, 강릉 산불 현장 방문······ 4월 들어 세 번째 지방행"(종합편성채널 A 방송).

4월 1일 대통령의 경북 구미산단 코오롱인더스트리㈜ 방문, 제주 4·3 희생자 추념식, 4월 5일 식목일 행사 참석까지 야당은 선거운동이라고 주장했고, 일부 언론은 그대로 옮기면서 급기야 '관권 선거' 프레임을 제기했다. 춘추관에 나가서 대응을 하지 않을 수 없었다.

오로지 코로나19 대응에만 전념하는 대통령과 청와대로서는 관권 선거는 한 일도 없고, 할 수도 없으며, 할 필요도 느끼지 못합니다. 청와대는 이미 선거와의 거리두기를 선언했고, 그 약속을 지키고 있으며 앞으로도 지켜나갈 것입니다.

대통령이 식목일 행사에 참석한 것은 취임 후 처음입니다. 식목일은 정부 수립 이전인 1946년에 지정됐고, 예전엔 나무만 심고 아예 다른 일은 하지 않도록 공휴일로까지 지정했습니다. 그런 식목일에 나무를 심은 것이 총선 행보라니 동의하기 굉장히 어렵습니다. 대통령은 이날 옥계면에 금강송을 심고 내려오셨습니다. '옥계면의 금강송'은 아마 알고 있을 것입니다. 이게 총선 행보인지 아닌지.

4월 1일 대통령은 구미 국가산업단지를 방문했습니다. 당시 이철우 경상북도지사는 대통령께 '이번에 국가가 있다, 정부가 있다는 것을 느꼈다'고 했습니다. 이철우 지사도 아마 알고 있을 것입니다. (구미행이) 총선 행보인지 아닌지. 4월 3일은 제주 4·3 희생자 추념일이었습니다. 행정안전부가 주관하는 법정 기념식입니다. 법정 기념식에 대통령이 가는 것이 관권 선거인지 아닌지는 대통령께서 추모한 영령들이 아실 것입니다.

은행연합회에 가서 경제위기에서 (국민을) 구하려는 노력이 관권 선거라는 주장이 사실인지 아닌지는 국민이 판단하실 것입니다.

언론에는 뜬금없는 말처럼 들릴지 모른다고 생각했지만, 그래도 "靑 '문 대통령 식목일' 행사가 관건 선거? 금강송이 알 것'"(《연합뉴스》)이라는 식으로 다수의 기사가 나갔다.

## 마스크 대란과 신천지 사태 해결
## 지지율 고공행진

이상한 일이 일어나고 있었다. 일부 언론의 청와대와 정부를 공격하는 보도는 노골적이고 파상적이었는데, 대통령 지지율은 쑥쑥 올라갔다. 선거와 거리를 두니 대통령과 여당 지지율은 더 올라갔다.

한국갤럽조사연구소 여론조사를 보면 2월 1주차 문 대통령 지지율은 44퍼센트였다. 3월 중순부터 49퍼센트로 치고 올라가더니 3월 하순에 50퍼센트를 돌파해 55퍼센트를 기록했다. 4월 총선을 앞두고 문 대통령의 지지율은 57퍼센트로 60퍼센트에 육박했다. 리얼미터도 한국갤럽과 추세가 똑같았다. 2월 중순 지지율은 47.4퍼센트였다가 3월 하순 50퍼센트를 돌파해(52.6퍼센트) 4월 총선 직전에 55퍼센트에 이르렀다. 4월 하순에는 60퍼센트를 넘겼다.

**대통령 직무수행 평가**(2019년 12월 1주차부터 2020년 4월 3주차까지, 출처: 리얼미터)

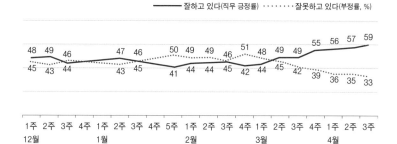

**문재인 대통령 국정수행 평가**(2020년 4월 4주차 주간 집계, 출처: 리얼미터)

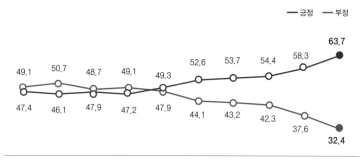

　　모두 3월 중하순부터 반전하고 있음을 알 수 있다. 마스크 대란을 진압하고, 신천지 불길을 잡아나가고, 긴급재난지원금을 결단한 시기였다. 문 대통령이 선거와의 거리두기를 지시한 이유는 단순히 관권 선거라고 꼬투리를 잡히지 않겠다는 차원을 넘어서서 총선 이후를 내다본 측면이 있는 것 같다.

긴급재난지원금이 포함된 2차 추가경정예산안은 4·15 총선 전 국회에 제출해 총선이 끝나고 처리하기로 한 상태였다. 야당은 선거 전에는 선심 정책 내지 포퓰리즘, 금권 선거라는 주장을 펼 가능성이 높았다. 선거 후에는 어떻게 나올지 모르는 상황이었다. 그런 주장이 힘을 받지 못하게 하려면, 사전에 선거와는 거리를 두고 있다는 점을 명확히 보여줄 필요가 있었다. 그런 점에서 '선거와의 거리두기'는 정치 공세에 대한 방역 조치였다.

# 16장　큰 목소리가 가린 민심이
## 선거로 나타났다

끝이 나야 끝이다. 문재인 대통령이 고심 끝에 내린 긴급재난지
원금 지급 결단으로 논란이 일단락된 줄 알았는데 끝이 아니었
다. 더불어민주당이 총선 전인 4월 6일 '전 국민 100만 원(4인
가구) 지급' 카드를 뽑아 공약으로 내걸면서 새로운 국면이 전개
됐다.

　미래통합당도 같은 날 맞불을 놓았다. 황교안 대표는 가구당
이 아니라 1인당 50만 원을 전 국민에게 지급하자고 했다. '40조
원 국민채' 발행을 주장하다가 말이 달라졌다. 당시 김종인 미래
통합당 총괄선대위원장은 예산 구조 조정을 통한 100조 원 투입
을 주장했다. 같은 당 내에서도 목소리가 엇갈렸다. 미래통합당
은 애초에 '현금 살포는 안 된다'는 입장이었다가 돌변했다.

　총선을 앞둔 정치권에서 중구난방, 백화제방百花齊放식으로
논의가 이어지면서 긴급재난지원금은 어느덧 4·15 총선의 '뜨
거운 감자'에서 최대 이슈로 부상했다. 정부는 정부가 해야 할

167

일(국민 70퍼센트 지급을 위한 2차 추가경정예산안 마련)을 해야 했다.

## 긴급재난지원금 지급
## 속도가 가장 중요

선거 하루 전날인 4월 14일은 화요일이었다. 매주 화요일에는 국무회의가 열린다. 국무회의에서는 국민 70퍼센트에 100만 원(4인 가구)까지 주기로 한 긴급재난지원금을 어떻게 지급할 것인지를 놓고 토론이 벌어졌다.

어느 장관이 "국회에서 (2차) 추경안이 통과되는 대로 대상자들에게 지급해달라는 신청을 받고, 자격이 되지만 누락된 분들의 이의신청을 받겠다"고 보고했다. 당연한 말처럼 들리지만 문재인 대통령은 예리하게 제동을 걸었다.

"국회에서 추경안이 통과되기 전이라고 해서 신청을 미리 받지 못할 이유가 있어요? 국민은 당장 숨넘어가는데, 시간을 뛰어넘어야죠. 신청은 지금부터 받을 수 있잖습니까. 추경안이 국회로 가서 심의 끝난 뒤 신청을 받으면 그때부터 다시 시간이 걸릴 거 아닙니까. 신청자가 폭주하기 전 미리미리 행정 준비를 갖춰서 곧바로 지급할 수 있어야 합니다. 지금은 과거에 해왔던 방식과 과정과 절차를 뛰어넘어야 합니다. 가장 중요한 게 속도입니다."

사실 2차 추경안이 국회로 가면 언제 통과될지 누가 장담할

168

수 있나. 그런데 긴급재난지원금 지급이 부지하세월<sup>不知何歲月</sup>일 것을 걱정한 대통령의 세심한 준비 지시가 마치 선거 개입처럼 공격당했다. 대통령 지시 사항이 나의 브리핑을 통해 알려지자 김종인 미래통합당 총괄선대위원장은 "선거 이후 지급하려 했던 재난지원금을 선거 전에 지급하라는 얘기"라며 "선거에 돈을 살포해 표를 얻겠다는 심산"이라고 황당한 주장을 폈다. 4월 14일에 내린 지시이고, 바로 내일이 선거였다. 말이 안 되는 소리였다. 그런데도 일부 언론은 이런 주장은 그대로 옮기고, 대통령이 선거에 개입하는 듯한 분위기만 물씬 풍겼다. 4·15 선거 당일 아침, 두 신문의 보도 내용이다.

"굳이…… 선거 전날 지원금 꺼내든 대통령"(A 신문 1면).
"'추경 前 미리 신청받으라' 지시…… 與, 코로나 지원금 내걸고 유세".
"선거 전날 문 대통령 '재난지원금 신청받아라' 통합당 '이런 관권 선거는 처음'"(B 신문 2면).

끝까지 관권 선거라는 공격이 들어왔으나 대세에는 영향을 미치지 못했다. 그야말로 유례없는 총선 결과가 나타났다. 여당이 무려 180석을 확보한 것이다.

## 선거 승리 후 대통령의 일성은
## '선거 방역 대단'

부자 하나 나면 세 동네가 망한다는 말이 있다. 국회에 꼭 들어맞았다. 미래통합당에서는 황교안 체제가 붕괴됐고, 정의당은 6석, 국민의당은 3석으로 몸집이 왜소해졌다.

코로나 위기 속에 기록적인 선거 결과를 접한 대통령의 첫 마디가 무엇일지 국내외 언론이 이목을 집중하고 있었다. 하지만 4월 16일 아침 회의에서 문재인 대통령은 여느 때처럼 담담한 표정이었다.

일단 "대단한 일"이라는 말을 했다. 선거 결과가 아니라 '선거 방역'이 대단했다는 뜻이었다.

"선거가 잘 치러졌습니다. 선거 때문에 코로나19 방역에 별다른 문제가 없기를 바라며, 투표에 참여하러 나오신 자가격리자, 자가격리자의 투표를 도운 진행 요원 등을 선제적으로 점검해봐야 할 것입니다."

총선 결과에 대한 대통령의 입장문은 별도로 내게 전달이 됐다. 입장문을 읽고서 대통령의 진심이 뭔지 알 것 같았다.

위대한 국민의 선택에 기쁨에 앞서 막중한 책임을 온몸으로 느낍니다.

이번 총선은 다시 한번 세계를 경탄시켰습니다. 국민들의 적극적인 협력과 참여 덕분에 '코로나19'의 세계적 대유행 속에서도 우리는 주요국 가운데 유일하게 전국 선거를 치를 수 있었습니다. 국민들께서는 사회적 거리두기와 방역 수칙을 준수하면서, 질서 있게 선거와 투표에 참여해주셨고, 자가격리자까지 포함하여 기적 같은 투표율을 기록해주셨습니다. 그리하여 큰 목소리에 가려져 있었던 진정한 민심을 보여주셨습니다.

국민들께서 선거를 통해 보여주신 것은 간절함이었다고 생각합니다. 그 간절함이 국난 극복을 위해 사력을 다하고 있는 정부에 힘을 실어주셨습니다.

정부는 무거운 책임감을 가지겠습니다. 결코 자만하지 않고 더 겸허하게 국민의 목소리에 귀를 기울이겠습니다. 겪어보지 못한 국가적 위기에 맞서야 하지만 국민을 믿고 담대하게 나아가겠습니다. 그리고 반드시 이겨내겠습니다.

정부의 위기 극복에 힘을 주셔서 감사합니다. 국민 여러분, 자랑스럽습니다. 존경합니다.

대통령의 입장문을 읽다가 그만 울컥하고 말았다. 친한 후배 기자 하나가 지지자들이 인터넷 카페 등에 올린 글을 캡처해 메신저로 보내왔다. '입장문 읽으며 울먹이는 청와대 대변인 ㅠㅠ', '살다 살다 대변인 말에 우네', '환청이 들리나, 저도 같이 울컥' 등이었다.

이날 가장 기자들이 궁금해한 대목은 '큰 목소리에 가려져 있었던 진정한 민심'에 관한 것이었다. '큰 목소리'가 뭘 뜻할까? 나는 "목소리 하나를 염두에 두고 하신 말씀은 아닐 것", "선거 과정을 복기해보시라"라고만 답하면서 언론의 해석 영역으로 남겨졌다.

사실 '큰 목소리'는 이 책에 여러 번 등장했다. 요즘 새로운 '큰 목소리'들이 들린다. 가끔은 '헛소리'도 섞여 있다. 또다시 '선거 오는 소리구나' 하고 있다.

# 17장 지루한 줄다리기를 끊을 대통령의 출구전략

안 가본 길을 가자니 미로迷路가 펼쳐졌다. '5조 원'의 갭을 메꿔야 했다. 더불어민주당이 총선 때 국민 70퍼센트가 아니라 전 국민에게 지급하는 안을 공약하면서 일이 복잡해졌다. 총선에서 대승을 거뒀으니 사실상 약속을 돌이키긴 어려운 상황이었다.

국민 70퍼센트 지급 시 9조1천억 원, 전 국민에게 지급할 때는 총 14조3천억 원이 든다. 더불어민주당과 기획재정부는 좀처럼 '5조 원'의 미로에서 헤어나지 못했다. 그러자 미래통합당은 총선 때 자신들이 내놓았던 전 국민 100퍼센트 지원(1인당 50만 원)공약을 다시 폐기하고, "당정 합의부터 해 오라"고 큰소리쳤다.

몇 달째 논란만 계속되니 여론의 불만이 높아지는 상황이었다. '준다 준다 말만 하고 도대체 언제 주는 거야? 주기는 하는 거야?'라는 불만이 국민들 사이에서 나오는 게 당연했다. 그러자 일부 당 인사들은 "대통령의 뜻은 100퍼센트 지급인데 홍남기 경제부총리가 대통령 뜻에 반해 버티고 있다"면서 홍 부총리를 공개적으로 비토했다. 속절없이 시간이 흐르고 당정 간에 불협화음까지 일자 문재인 대통령이 다시 나설 수밖에 없었다.

## 더불어민주당-기재부 살린
## 대통령의 출구전략

2020년 4월 21일 문 대통령은 이렇게 말했다.

"(긴급재난지원금은) 많은 대책의 한 조각에 불과한데, 재난지원금만 과도하게 정치화됐습니다. 이제 시간이 없습니다. 좋은 일 한다고 했다가 누더기가 될 판이니, 이제는 끊어야겠습니다. 부총리가 대통령 뜻에 반하고 있다는 것은 명백한 사실이 아닙니다. 70퍼센트 안은 당에서도 동의했던 사안입니다. 만약 100퍼센트로 간다면 기재부는 국채 발행이 불가피하다는 것이니 반대가 이해는 갑니다. 당에서는 공약이니 매달릴 수밖에 없습니다. 당과 기재부 모두 사는 방안은 100퍼센트 지급 논의에 착수하는 것입니다. 다음은 늘어나는 30퍼센트 문제를 해결하는 것입니다. 이걸 기부 등의 방식으로 정부에 반입할 수 있다면 기재부도 받을 수 있는 안案 아닌가요? 잘하면 (국민적 기부운동 같은) 망외의 효과를 거둘 수도 있고."

기부 추진을 전제로 한 일종의 '조건부 100퍼센트 안'을 대통령이 출구전략으로 제시한 것이다.

긴급재난지원금 문제가 당정 간에 교통정리가 된 것은 문 대통령이 이렇게 중재자로 나섰기 때문이었다. 나중에 확인한 사실이지만, 문 대통령은 홍남기 부총리와 김상조 정책실장을 따로 불러 출구전략을 수용하도록 직접 설득하고, 두 사람이 받아들이자 격려까지 했다고 한다.

4월 22일, 더불어민주당과 정부가 드디어 합의에 도달했다. 총선이 끝난 지 일주일 뒤였다. 정세균 총리가 나서서 깔끔하게 마무리했다. 정 총리는 홍남기 부총리를 불러 '자발적 기부제 마련'이라는 조건을 달아 100퍼센트 지급 안을 구체화했다. 고소득자 등의 자발적 기부가 가능한 제도(소득세법 개정)를 국회에서 마련하는 것이 전제였다.

고소득자의 자발적 기부는 고용보험기금으로 환수하기로 했다. 문 대통령의 뜻이었다. 실업급여가 늘어나고 있으니 고용보험기금으로 가는 것이 상황에 맞다고 문 대통령은 판단했다.

이제 야당 설득에 총력을 기울이는 일이 남았다. 야당은 당정 합의를 해 오면 수용하겠다고 하더니 말을 또 바꿨다. 이번엔 예산안을 다시 짜오라는 것이었다. "당정 합의 평계 대더니……'예산 수정안 내라' 발목 잡는 통합당"(4월 24일 자《한겨레》6면)이란 보도가 나올 정도였다.

제2차 추경안에 들어 있는 사업에 재원만 확대하면 되는 것이라 수정예산안을 따로 만들 필요가 없는데도 야당은 도리도리했다. 수정예산안을 만들면 또 시간이 흘러간다. 국회 추경심의 이전에 국민에게 지급 신청을 받도록 준비하라고 했던 문 대통령의 예상과 지시는 정확한 것이었다. 국회에서 이렇게 논의가 지연되고 있는데, 추경 심사 끝나고 신청을 받았으면 도대체 어느 세월에 지급할 수 있었을까.

4월 24일 아침 노영민 비서실장 주재로 몇몇이 모여 현안을 논의할 때 강기정 정무수석이 "5월 13일에는 지급이 가능할 것 같다"면서 날짜를 언급했다. 소득 하위 70퍼센트를 선별하는 과정이 없어졌기 때문에 기초생활보호대상자 등 기존의 복지 행정 시스템과 카드사 등 민간 금융기관의 전산망을 활용하면 전 국민 신속 지급이 가능하다는 정책실과 관계 부처의 판단이 섰기 때문이다.

'앗, 이거다.' 근 석 달째 언제 준다고 말하지 못하고 있는데 '5월 13일'이란 시간표가 나왔다. 내가 "알리는 게 어떠냐"고 했더니 강 수석은 난색을 표했다. 여야 협상이 진행 중인 사안이라 공연히 긁어 부스럼이 될지 모른다고 우려하는 것 같았다. 하지만 나는 생각이 달랐다. 야당을 자극하지 않고도 해결할 수 있을 것 같았다,

**재난지원금 시간표 공개**
**드디어 야당도 협조**

마침 이날 문 대통령에게 따로 의견을 말씀드릴 기회가 있었다.

"대통령님. 지금 재난지원금 문제로 국민들 짜증이 많이 난 상태인데, 5월 13일부터 지급할 수 있다는 일정이 나왔습니다.

공개하는 게 어떻겠습니까? 국민이 원하는 소식일 것 같습니다."

문 대통령은 고개를 끄덕였다. "그거 말고도 더 정해진 게 있습니다." 그러면서 내게 몇 가지 사실을 추가로 알려줬다.

강기정 정무수석을 찾아갔다. 대통령께 들은 팩트를 전하고 춘추관에 가서 함께 발표하자고 설득하자 강 수석도 이에 동의했다.

4월 24일 오후, 춘추관에 가서 다음과 같이 브리핑했다.

"정부는 그간 긴급재난지원금을 신속히 지급할 수 있도록 준비에 박차를 가해왔습니다. 더불어민주당은 오는 29일까지 추경안이 통과되어야 한다는 입장입니다. 이 스케줄에 맞춰 정부는 기초생활수급자 등에 대해서는 5월 4일부터 현금 지급이 가능하도록 준비하고 있습니다. 또 나머지 국민들은 5월 11일부터 신청을 받아서 5월 13일부터 지급할 준비를 하고 있습니다. 다만 이 모든 일정은 국회에서 추경안이 통과되어야 가능한 일입니다. 부디 추경안의 조속한 심의와 국회 통과를 당부드립니다."

춘추관이 발칵 뒤집어졌다. 기다리고 기다리던 날짜가 나왔으니 당연했다. '현금 지급' 같은 새로운 소식도 있었다. 거의 전 방송이 톱뉴스로 다뤘다.

브리핑을 마치고 춘추관을 나서는데 많은 기자들이 정문 앞까지 따라 나왔다. 발표 뒷얘기를 기대해서였다. 나는 종종 브리핑을 마치고 춘추관 마당에서 '오프더레코드'를 전제로 몇 마디 더 나누곤 했다. 한 방송기자가 물었다.

"브리핑 아이디어는 도대체 누가 지시한 겁니까?"

"대통령님이 지시하신 것이지 누구겠습니까."

"음, 대한민국 정치 9단 문재인! 대한민국 정치 9단 문재인!"

다음부터는 내가 질문자로, 기자가 답변자로 서로 입장이 바뀌었다

"야당이 어떻게 할 거 같아요?"

"버틸 수 있겠어요?"

추경에 협조하지 않으면 5월 3일부터 당장 받을 수 있는 현금을 못 받게 된 분들의 원망을 야당이 어떻게 감당할 것이냐는 뜻이었다. 나는 브리핑에서 야당이란 말은 아예 꺼내지도 않았다. 하지만 언론은 '청와대의 압박'으로 해석해서 보도했다. 브리핑 때문인지, 여야 물밑 협상 결과물인지는 잘 모른다. 어느 것이든 좋았다. 다행히도 다음 날 조간신문에 이런 기사가 나왔다. "'전 국민 재난지원' 내주 추경 심사 착수할 듯."

기사대로 야당은 추경 심사에 협조하기 시작했고, 전 국민에게 100만 원(4인 가구 기준)을 지급하기 위한 2차 추경안이 4월 29일 국회를 통과했다.

4월 30일, 나는 춘추관에서 다음과 같은 대통령의 메시지를 전했다.

"어제 2차 추경안이 국회 본회의를 통과했습니다. 문재인 대통령은 국회가 긴급재난지원금 지급을 위한 추경안을 합의

처리하고, 유종의 미를 거둬주셔서 감사한 마음이라고 말했습니다. 문 대통령은 특히 야당이 추경안 통과에 협조해준 점을 고맙게 생각한다고 말했습니다."

끝이 나야 끝이다. 비로소 끝났다. 다만, 재난지원금 1차전이 끝났을 뿐이었다.

PS. 1차 긴급재난지원금 지급이 완료된 이후 '얼어붙은 소비심리를 녹였다'는 식의 긍정적인 보도가 이어졌다. 활력을 찾은 재래시장의 모습이 카메라에 담기기도 했다. 시장에서 가장 사랑받은 것은 소고기였다. 긴급재난지원금의 용도를 보고 문 대통령은 안타까워했다. "거참, 지금까지 재난지원금 사용처로 제일 많은 게 소고기 구입이라니……. 심금을 울립니다." 하지만 이내 "보람도 있었다"며 얼굴을 폈다.

## 18장   지금 고용이 무너지면
            미래도 없다


비상, 파격, 이번엔 특단의 대책이었다. 문재인 대통령이 주재하는 비상경제회의는 4차(2020년 4월 8일), 5차(4월 22일)로 연달아 이어졌다.

4차 회의가 열리는 4월 8일에 문 대통령은 이렇게 말했다.

"어느 하나 중요하지 않은 대책이 없지만 진짜 중요한 대책이 안 나갔습니다. 바로 고용입니다."

당일 4차 비상경제회의 발표 사안과는 차원이 다른 얘기였다. 긴급재난지원금만 해도 여러 대책 중의 한 조각으로 생각하는 문재인 대통령이었다. 그런 문 대통령에게 가장 중요한 문제가 고용이었다.

"고용이 무너지면 다른 복지로 메워야 합니다. 긴급 지원 대상 가구에 더 지원을 해줘야 합니다. 고용 대책은 절대로 돈을 들이는 게 아닙니다."

문 대통령은 특단의 고용 대책을 고민했다. 2차와 3차 비상경제회의에서 고용유지지원금 규모 확대를 직접 지시하고 결정했던 대통령이었다. 그런데 그것만으론 만족하지 않았다. 한 걸음 더 나아갔다.

"경제위기 극복의 핵심은 고용과 일자리를 어떻게 유지할 것인가 입니다. 종합적 대책이 필요합니다. 종전에 하듯이 '고용유지지원금'을 늘린다거나, 청년 고용 지원 규모를 키운다거나 하는 것으로는 한계가 있습니다. '고용 유지 조건'으로 기업을 지원한다든지 하는 전례 없는 대책이 있어야 합니다."

대통령의 지시 이후 정부는 2주 동안 비상고용 대책 마련에 몰두했고, 5차 비상경제회의에서 발표하는 것을 목표로 했다.

## 7대 상품군의 수출 지원 강화

제4차 비상경제회의의 핵심은 수출 살리기였다. 모두 발언에서 대통령은 이렇게 선언했다.

"오늘 4차 비상경제회의는 위기를 기회로 만든다는 차원에서 수출 활력 제고를 위한 방안, 내수를 보완하는 방안, 그리고 스타트업과 벤처기업을 지원하는 방안을 결정합니다."

대통령의 선언대로 이날 대책은 '수출, 내수, 스타트업' 3종 지원 패키지였다.

수출 기업의 어려움 해소를 위해서 36조 원 이상의 무역금융을 추가로 공급키로 했다. 세계 각국이 추진하는 경기부양 프로젝트 수주 지원을 위한 정책금융 5조 원을 추가로 투입하는 것도 포인트였다. 코로나를 수출의 기회로 삼으려는 포석이었다.

특히 코로나로 인해 각광을 받은 한국산 진단키트의 국내 생산 및 수출 지원을 확대하는 등 의료·위생용품, 건강식품, 청정가전 등 7대 상품군을 정해 수출 지원을 강화하기로 했다.

코로나가 미국, 유럽연합 등 주력 시장으로 확산되면서 역대 최장기 침체에 빠질 수 있다는 우려가 나오고 있는 상황에서 나온 선제적인 대책이었다.

**4차 비상경제회의 결정 내용**
① 수출 기업 지원 대책. 36조 원 이상의 무역금융 추가 공급.
　수출보험과 보증 만기를 연장해서 30조 원 지원.
　수출 기업에 대한 긴급 유동성 1조 원 지원.
　적극적 수주 활동 위한 5조 원 이상의 무역금융 선제적 공급.
② 17.7조 원 내수 보완 방안 마련.
　공공 부분이 선결제, 선구매 등에 앞장서서 3.3조 원 이상 수요 창출.
　개인사업자 12조 원 규모의 세 부담 추가 완화 특별 조치.
③ 스타트업, 벤처기업 지원 자금 2.2조 원 마련.
　저리로 자금 추가 공급, 특례 보증 신설, 민간 벤처 투자 과감한 인센티브
　확대 용도.

## 고용이 복지다

5차 비상경제회의는 2주 뒤인 4월 22일에 열렸다. 대통령이 핵심 과제를 제시했다.

"오늘 5차 비상경제회의에서는 기간산업의 위기와 고용 충

격에 신속히 대처하고, 국민의 일자리를 지키기 위한 특단의 대
책을 결정합니다."

　　대통령이 직접 지시하고, 그래서 마련된 '특단의 대책'을 언
급했다. 특단의 대책은 '7대 기간산업으로의 역대 최고 규모 재
정 투입과 고용 총량 유지'를 의미했다.

## 일자리 줄이지 않는 기업에
## 40조 원 지원

5차 회의에서 문 대통령은 "일자리를 지키는 것은 국난 극복의 핵
심 과제이며 가장 절박한 생존 문제"라고 규정했다. 이를 위해 먼
저 "강력한 의지를 갖고 기간산업을 반드시 지켜내겠다"고 다짐
했다. 다만 "기간산업을 지키는 데 국민의 세금을 투입하는 대신
에 지원받는 기업들에게 상응하는 의무도 부과하겠다"고 밝혔다.

　　가장 중요한 전제 조건은 고용 총량 유지였다. 문 대통령이
내부 회의에서 강조한 대목이었다. 긴급재난지원금 때만큼 언
론의 관심을 받지 못했지만, 문 대통령에겐 가장 중요한 문제에
대한 대책을 결정한 회의였다.

　　일자리를 지키기 위한 별도의 긴급 고용 안정 대책도 강화
했다. 10조 원의 재원을 마련해, 기업이 고용을 유지할 경우 휴
직 수당을 정부가 지원하는 '고용유지지원금'을 지속적으로 확
대 지원하겠다는 의지를 밝혔다.

　　한편으로 사각지대에 있는 프리랜서, 특수고용노동자, 영세

**5차 비상경제회의 결정 대책**

① 긴급 고용 안정 대책에 10조 원 별도 투입.

　소상공인·기업 고용 유지 지원.

　공공·청년 일자리 55만 개 창출.

② 기간산업 지원 40조 원.

　7대 기간산업(항공, 해운, 조선, 자동차, 일반기계, 전력, 통신) 자금 지원.

③ 민생·금융 안정 패키지 135조 원 확대.

　지난 1, 2차 비상경제회의서 결정한 100조 원+35조 원.

　소상공인 금융 지원 확대.

　회사채, 기업어음 등 매입.

사업자 등 93만 명에 대해 특별히 '긴급고용안정지원금'을 석 달간 50만 원씩 지급하기로 했다.

　문 대통령은 이날 처음으로 '한국판 뉴딜'의 닻을 올렸다. "새로운 일자리 창출을 위한 대규모 사업을 대담하게 추진할 필요가 있다"는 것이 그 이유였다. 단기 고용 대책에 머물지 않고 '더 멀리' 항해가기로 한 것이다.

# 19장     외교적 노력으로
## 세계의 빗장을 열다

2021년 4월 15일 청와대에서는 반도체 문제 등을 논의하기 위해 '확대경제장관회의'가 열렸다. 이 자리에는 삼성전자 이정배 사장, 현대자동차 공영운 사장 등 기업인도 참석했다. 공영운 사장이 문재인 대통령에게 이렇게 감사의 말을 하는 것을 인상 깊게 들었다.

"차량용 반도체를 확보하기 위해 열심히 해외로 뛰고 있는데, 정부가 출장을 갈 수 있도록 해주셔서 많은 도움을 받고 있습니다."

일 년 전 일이 떠올랐다. 현지 시각으로 2020년 3월 11일, 세계보건기구(WHO)가 '팬데믹'을 공식 선언한 날, 당시 트럼프 미국 대통령은 EU(유럽연합)에서 들어오는 외국인에 대한 미국 입국을 금지하는 행정명령에 서명했다. 트럼프 대통령의 일방적 봉쇄 조치에 EU가 강력 반발한 것은 당연하다. EU 또한 며칠 뒤 국경 봉쇄에 가세했다. 미국인도 유럽에 들어가지 못하게 됐다.

185

트럼프 대통령이 EU에는 봉쇄 조치를 취하면서 한국을 입국 금지 국가에 포함시키지 않고, 미국인의 여행 금지 대상(4단계)에 대구만 포함시킨 것은 다행스런 일이었다. 만약 미국이 EU처럼 한국도 봉쇄 대상에 포함시켰더라면 외교 참사니 뭐니 하는 맹비난을 받았을 것이다. 한국이 전면 봉쇄 대상에 들어가지 않은 것은 보이지 않는 외교적 노력의 결실이었다.

어쨌든 3월 11일을 기점으로 세계가 속속 문을 닫았다. 하지만 우리나라는 '특별 입국 절차'를 택했다. 세계가 빗장을 꽁꽁 걸어 잠그기 시작했을 때 세계에서 유일하게 한국은 예외였다.

밤눈 어두운 말이나 워낭(턱 밑에 달린 쇠고리) 소리 듣고 따라가는 법이다. 맹목적으로 남이 하는 대로 따라 봉쇄에 나서지 않았다. 방역 원칙은 그대로 지켜나가면서, 국경 봉쇄가 경제에 미칠 악영향을 최소화하기 위한 것이었다.

## 코로나 첫 G20 특별정상회의 제안 성사

그 무렵 문재인 대통령은 봉쇄 상황에서 의미 있는 예외를 만들어냈다. '기업인 예외 입국 허용' 카드였다. 문 대통령은 3월 10일 "우리나라에 입국 제한 조치를 취하는 나라들에게 기업인이 '건강 상태(코로나 음성) 확인서'를 소지할 경우 입국을 예외적으로 허용할 수 있는 방안을 외교 채널을 통해 협의를 해보라"고 지시했다.

세계 팬데믹 선언 하루 전의 지시였다. 나흘 전(3월 6일) 터키 레제프 타이이프 에르도안 대통령과의 정상 간 통화 자리에서 처음 나온 얘기였는데, 점점 아이디어를 키워나갔다. 당시 문 대통령은 에르도안 대통령과의 통화에서 "기업인의 상호 방문은 양국의 협력에 매우 중요한 만큼 필수적인 교류에 지장을 초래해서는 안 된다"는 점을 강조했고, 에르도안 대통령은 긍정적인 반응을 보였다.

얼마 후 에마뉘엘 마크롱 프랑스 대통령과의 전화 통화에서 문 대통령은 'G20 특별화상정상회의'를 전격 제안했다. 그리고 3월 27일에 문 대통령이 제안한 'G20 특별화상정상회의'가 마침내 성사가 됐다. 코로나 상황 속에서 G20 정상이 처음으로 머리를 맞댄 역사적인 회의였다. 코로나에 걸리지 않았다는 건강 확인서(음성 확인서)를 소지한 기업인의 경우, 예외로 입국이 가능하도록 공론화해보려는 포석도 담겨 있었다.

실제로 G20 회의에서 문 대통령은 "코로나19의 세계경제에 대한 부정적 영향을 최소화하기 위한 국가 간 경제 교류의 필수적인 흐름을 유지할 필요가 있다"고 강조하면서, "각국의 방역 조치를 저해하지 않는 범위 내에서 기업인, 과학자 등 필수 인력의 이동은 허용하는 방안"을 제안했다. 이런 제안은 'G20 정상들은 국가 간 이동과 무역에 불필요한 장애를 유발하지 않도록 하기 위해 공조해나가기로 한다'는 문구로 공동성명문에 반영됐다.

## G20서 기업인 예외 입국 공론화
## 값진 '예외'를 만들다

아직 코로나 상황이 완전히 종식되지 않아 기업인들의 출장길에 불편한 점이 적잖겠지만, 기업인 예외 입국 카드는 위기 상황에서 문재인 대통령만이 할 수 있었던 일이었다고 생각한다. 기업인을 배려해서 국민의 일자리를 지켜야 한다는 대통령의 절실함이 봉쇄 속에서 의미 있는 예외 조치를 만들어나간 게 아닌가 한다.

문 대통령이 아이디어를 꺼낸 지 석 달 만에 봉쇄 전략을 택했던 베트남, 중국, 우즈베키스탄, 폴란드, 헝가리, 쿠웨이트 등이 우리 기업인에게 빗장을 풀었다. 중국과는 기업인들을 위해 '신속통로 제도'(입국 간소화 절차)까지 만들었다.

공영운 사장의 감사 인사를 들었을 때 머릿속이 복잡했다. 그동안 문 대통령에게 '반反기업'이라는 꼬리표가 어지간히도 따라다녔다. 옛날처럼 재벌 기업 회장을 밀실에서 독대해 부정한 돈을 받고 편의를 봐주는 게 '친親기업'일까, '반기업'일까. 밀실에서 재벌 기업 회장을 독대하지는 않으나, 기업인들이 일할 환경을 만들어주려고 노심초사·동분서주 하는 것이 '친기업'일까, '반기업'일까.

# 20장    세상에 앞서서 근심하고
        나중에 즐거워했다

세상 사람들보다 먼저 근심하고(先天下之憂而憂),

세상 사람들 모두 즐거워한 뒤에 즐거워하라(後天下之樂而樂).

북송의 정치가이자 문학가인 범중엄范仲淹의《악양루기岳陽樓記》에
나오는 말이다. 쉽지 않지만 리더는 그래야 한다. 곁에서 본 문
재인 대통령이 꼭 그랬다. 언제나 앞서서 근심했다. 일자리 걱
정, 마스크 걱정, 방역 걱정, 기업인 출장 걱정, 택배 노동자 과로
걱정⋯⋯.

　　반면에 대통령이 먼저 즐거워하는 모습은 본 적이 거의 없
다. 2020년 4월 총선이 대승으로 끝났지만, 총선 승리 후 첫마
디가 선거 방역에 대한 걱정이었다. 당시 미국 트럼프 대통령을
포함해 각국 정상들의 총선 승리를 축하하는 전화가 답지했을
때도 덤덤하게 "감사하다"고 답례하는 정도였다.

**한국판 뉴딜 정책**

1. 정책 토대: 안전망 강화.

1) 경제·사회 격변의 흐름에서 일시적으로 낙오하는 사람들이 새로운 기술을 익혀 다시 적응할 수 있게 도와주는 포용 사회의 비전.

2) 고용보험 가입 대상의 단계적 확대, 국민취업지원제도 전면 도입, 디지털·그린 인재 양성 등을 내용으로 함.

2. 기본 축: 디지털 뉴딜과 그린 뉴딜.

1) 디지털 뉴딜: 정보통신기술(ICT) 산업을 기반으로 국가 기반 시설을 대대적으로 디지털화하면서 디지털 경제로 전환해 신산업과 일자리를 창출하는 전략. 데이터 댐, 인공지능(AI) 기반의 지능형 정부, 교육 인프라 디지털 전환, 비대면 산업 육성 및 국민 안전 사회간접자본(SOC) 디지털화 등을 주요 과제로 선정.

2) 그린 뉴딜: 기후변화에 대응해나가기 위해 탄소 의존형 경제를 친환경 저탄소 등의 그린 경제로 전환하는 전략. 탄소중립(Net-zero)을 향해 신재생 에너지 확산 기반을 구축하고, 전기차·수소차 등 그린 모빌리티를 육성하며, 공공시설 제로 에너지화, 저탄소·녹색 산업단지 조성 등을 주요 추진 과제로 채택.


## 한국판 뉴딜로 승부수를 던지다


나랏일을 세상 사람들보다 앞서서 근심하면 미래의 구상이 나온다. 문 대통령은 6월 1일 6차 비상경제회의에서 '한국판 뉴딜'이란 승부수를 던졌다. '사회적 안전망' 강화라는 토대 위에 '디지털 뉴딜'과 '그린 뉴딜'이라는 두 개의 기둥을 세웠다. 단순한 일자리 프로젝트가 아니라 코로나 상황에서 코로나 이후를 내다본 국가 프로젝트이자 국가 발전 전략, 대한민국의 미래 설계 도였다.

스케일 또한 원대하다. 2025년까지 국비 114.1조 원을 포함해서 총사업비 160조 원을 투자하고, 일자리 190만 개를 창출하는 것이 목표다. 그런 한국판 뉴딜의 구체적인 사업은 2020년부터 추가경정예산에 편성해서 당장 추진해나가기로 했다.

### 390만 명 35조 원 추경으로 혜택

제5회 비상경제회의에서는 한국판 뉴딜 예산에 더해 지난 회의에서 결정했던 고용 대책을 반영한 '35.1조 원 추경안' 편성을 결정했다. 코로나 국면에서 세 번째로 편성하는 35.1조 원 추경안은 단일 추경으로는 역대 최대 규모였다. 자영업자, 소상공인과 위기 기업을 보호하고 국민 일자리를 지키기 위한 돈이었다.

문 대통령은 6차 회의에서 '경제 전시 상황'으로 현 상황을 규정했다. 비상경제회의를 발족시키며 '비상 경제 시국'으로 규정한 것보다 대응 레벨을 높였다. 문 대통령은 "전시 재정을 편성한다는 각오로 정부의 재정 역량을 총동원해야 한다"면서 "불을 끌 때도 초기에 충분한 물을 부어서 빨리 진화해야 더 큰 피해를 막을 수 있다"고 강조했다.

이미 정부는 다섯 차례의 비상경제회의를 통해 중소기업, 소상공인, 고용 취약 계층, 피해 업종, 기간산업 지원을 위한 결정을 내려왔다. 1차, 2차 추경은 총 250조 원에 달했고, 여기에

35.1조 원의 3차 추경을 더하게 됐다. 35.1조 원 추경으로 도움을 받게 되는 국민은 누구일까? 대상과 지원 내용이다.

1. 특수 형태 근로자, 프리랜서, 영세자영업자, 택배 배달원(고용보험 사각지대의 114만 명): 1인당 150만 원씩 현금 지원.
2. 실업자(49만 명): 월평균 150만 원 실업급여 지급.
3. 일시적 경영난에 처한 업체의 근로자(58만 명): 기존 급여의 70퍼센트에 해당하는 휴업·휴직 수당 지급.
4. 일자리 55만 개 이상 창출: 180만 원 수준의 월급 지급.
5. 일자리 구하기 위한 전문학원 취준생(12만 명): 300만 원에서 500만 원씩 지원해 기술 습득 기회 제공.
6. 저소득층(4만8천 명): 생계비와 의료비, 주거비 등 가구당 123만 원 지원.
7. 소상공인(100만 명): 1천만 원 긴급 자금 대출.

극한 상황 속에 놓인 국민 390만 명 이상이 혜택을 볼 수 있도록 한 추경안이었다. 한국판 뉴딜이라는 승부수를 내놓고 문재인 대통령은 6차까지 숨 가쁘게 진행해온 비상경제회의의 바통을 홍남기 경제부총리에게 넘겼다.

회의를 마무리하며 문 대통령은 "외환위기 당시에는 양극화가 심화됐고, 금융위기를 거치면서 다시 격차가 벌어졌다"면서 "위기가 불평등을 심화하는 공식을 깨고 말겠다"고 다짐했다. 35.1조 원, 그리고 한국판 뉴딜은 '위기가 불평등을 심화시키는 공식'을 깨기 위한 전시 재정 투입이었다.

## 탄소중립 2050 선언

문재인 대통령의 '탄소중립 2050' 선언도 한국판 뉴딜처럼 멀리, 널리 내다보고 고심한 끝에 내린 결단이었다. 탄소중립은 배출한 이산화탄소를 흡수하는 대책을 세워 실질적인 배출량을 '0'으로 만든다는 개념이다.

2020년 10월 28일 문 대통령은 국회 예산안 시정연설에서 '탄소중립 2050'을 화두로 처음 제시했다. 이날 문 대통령은 '그린 뉴딜' 예산을 설명하면서 "국제사회와 함께 기후변화에 적극 대응하여, 2050년 탄소중립을 목표로 나아가겠습니다"라는 딱 한 문장을 연설문에 넣었다. 비록 한 문장이었지만 방대한 과업의 첫발을 떼는 엄중한 약속이었다.

2020년 11월 11일에 문 대통령은 '2050 저탄소 전략' 보고회의에서 왜 탄소중립 2050인지를 설명했다.

"2050 탄소중립은 우리 정부의 가치 지향이나 철학이 아니라, 세계적으로 요구되는 새로운 경제·국제 질서입니다. 이미 국제적으로 뛰기 시작한 상태인데, 우리만 걸어갈 수는 없습니다. 세계 조류와 동떨어져서 따로 가다가는, 언제고 탄소 국경세라든지 금융, 무역 등의 규제에 부딪칠 수밖에 없습니다. 피할 수 없는 일이며, 국제사회와 함께 가지 않을 수 없는 일입니다. 우리만 어려운 일이 아닙니다. 우리가 어려우면 남도 어렵습니다. 어려움은 파리협정에서 탈퇴했다가 다시 가입하려는 미국도 마찬가지이며, 전 세계의 공통 과제입니다."

12월 10일, 문 대통령은 마침내 '대한민국 탄소중립'을 선언했다. "2050년까지 시간이 꽤 남았다고 해서 다음 정부에 전가하지 않고 우리 정부에서 출발해 기틀을 확실히 다지자"는 것이 문 대통령의 생각이었다. 산업과 경제, 사회 모든 영역에서 엄청난 변화가 불가피해졌다.

문 대통령이 탄소중립이라는 국가적 어젠다를 결단할 수 있었던 배경이 무엇일까. 여러 요인이 있겠지만 세계무역기구 사무총장 선거에 나선 유명희 통상교섭본부장을 지원하기 위해 2020년 9월과 10월에 수많은 외국 정상들과 통화를 한 것이 촉매제가 됐을 수 있다. 정상통화를 거쳐 '어차피 가야 할 길이라면 선제적으로 가자'라고 판단했을 것이란 의미다. 여담이지만, 유명희 본부장의 선전은 아무도 예상 못 했던 성과였다. WTO 사무총장으로 선출되진 못했지만 후보 2인의 최종 라운드까지 진출한 것은 문 대통령의 적극적 정상외교가 있었기에 가능했다.

탄소중립 2050을 위해 문 대통령이 얼마나 비상한 각오를 하고 있는지 보여주는 일이 있었다. 2020년 11월 문재인 대통령은 '플라스틱 폐기물 감량 및 재활용 대책'을 보고받았다. 보고서는 낙관적인 내용이었다. 문 대통령이 조목조목 따지기 시작했다.

"이런 보고서는 체감이 안 됩니다. 심각성을 느끼는지 모르겠습니다. 쉽게 되는 것처럼 생각하는데, 굉장히 안이하게 느껴져요. 지금 플라스틱 1인당 사용량 최상위가 한국이에요. 우리나라 약점 중 하나예요. 평범한 의지, 평범한 계획이 아니라 굉장히 강력한 의지, 강력한 계획이 있어야 합니다. 투명 페트병에 대해서도 강도 높게 대책을 마련하라고 한 것이 어제오늘 일이 아닌데 계속 똑같은 문제가 되풀이됩니다."

이에 담당자가 "폐플라스틱을 공공수거제로 전환해서 투명 페트병 대책을 마련하겠다"고 추가 보고를 하자 문 대통령은 오히려 목소리 톤을 높였다.

"공공수거는 누가 수거해서 보관하느냐의 책임이 달라질 뿐이지 대한민국에 쓰레기가 쌓이는 상황은 달라지지 않는 거잖아요. 지자체가 어떻게 책임지고 공공수거를 하지요? 장소 만들어 보관하는 거 말고 다른 방법 있어요? 머리에 (페트병을) 이고 있을 수 있어요? 양을 원칙적으로 줄여야지요. 근본 대책은 일회용품을 금지하고 페트병을 100퍼센트 재활용하는 겁니다. '생분해 플라스틱'(땅속이나 물속에 있는 미생물에 의해 최종적으로 물과 이산화탄소로 분해되는 플라스틱)을 지원해서 늘려가는데, 그렇게 해놓고 분리수거를 잘 안 해서 소각 매립할 거면 뭣 땜에 지원합니까. 해양 플라스틱 양도 세계적으로 우리가 선두권 아닐까 싶습니다. 조금 더 강력한 대책이 필요합니다. 확실한 의지를 가져야 합니다."

문 대통령의 발언은 단순한 질책이 아니었다.

"내가 얘기하고 싶은 건, 누구누구가 잘못한다가 아니라 심각한 인식이 없다는 겁니다. 온실가스 못지않게 국제 이슈로 규제도 생길 텐데, '플라스틱 악당' 소리 안 듣고, 규제 페널티 안 당해야지요. 해양 플라스틱은 해안 국가들의 이슈고, 국제 협약도 추진 중입니다. 강한 규제가 생겨나리라고 봅니다. 2017년 트럼프 대통령이 파리협약을 탈회해서 EU, WTO와 갈등이 벌어졌어요. 그리고 3년 만에 2050 탄소중립이 다가왔어요. 여러 가지 페널티를 맞을 그런 시기가 옵니다. 강도 높은 목표를 설정하지 않으면 안 됩니다."

다가오는 규제 페널티의 위험을 감지하고 강하게 참모들에게 경각심을 주려한 것이었다. 세상 사람들보다 먼저 근심하는 문 대통령의 면모가 잘 드러나는 순간이었다.

# 21장    뛰어난 장수는
　　　　　북소리를 먼저 울린다

"비상 대권을 가졌다고 생각하십시오."

"경제부총리와 기재부에 당부합니다. 사상 유례없는 전권을 가진 겁니다. 동원할 수 있는 수단 다 허용됩니다."

4·15 총선 다음 날부터 문재인 대통령은 홍남기 경제부총리에게 힘을 꽉꽉 실어줬다. 힘을 실어준 만큼 요구도 많았다. 대책, 대책. 돌아보면 문 대통령은 관심이 대책으로 꽉 차 있는 것 같았다.

"경제정책에 충분한 대책은 있을 수 없습니다. 경제 당국이 대책만큼은 좀 더 자신 있게……."

"몇 년에 한 번이 아니라 정상적인 나라가 된 이후 처음 있는 일 아닙니까. 경제 당국이 전쟁을 겪는 상황이라 생각하고, 할 수 있는 모든 대책을 모아서 틀어막고, 틀어막고."

"추경의 시기, 횟수…… 지금은 세 번, 네 번, 다섯 번 해도 공감합니다. 국가부채율에도 속박이 없습니다. GDP 대비 국가부채율도 전시 예외적인 상황임을 감안해 좀 더 과감하게. IMF 때도 얼마나 빨리 위기를 벗어났느냐로 평가했지, 그 기간 국가채무 비율이 얼마나 늘었느냐로 평가한 것이 아닙니다."

"게임할 때 이런저런 무기 마구 동원하듯이 총동원한다고 생각하고. 동원할 수 있는 수단에는 제한이 없습니다."

"'고용 안정 대책은 본예산에 반영되어 있습니다' 같은 말은 소용없습니다. 본예산에 없는 것을 하라는 겁니다. 그래야 정부가 과감한 대책으로 해결하려 한다는 의지가 전달됩니다."

이런 식으로 홍 부총리는 보고나 회의 때마다 문 대통령으로부터 대책을 요구받았다. 홍 부총리는 문재인 대통령의 요구를 충실히 수행했다. 홍 부총리는 노무현 정부 시절 청와대 경제정책수석실 정책보좌관, 박근혜 정부 시절 청와대 정책조정수석실 기획비서관, 미래창조과학부 제1차관, 다시 문재인 정부에서 국무조정실장을 지냈다. 폭넓은 스펙만큼 각종 안정 대책, 지원 대책을 만들어왔을 것이다. 이번에도 자판기를 누르면 캔이 '쿵' 하며 떨어지듯이 대책이 나왔다.

## 한국 경제에 쏟아진 칭찬과 신뢰

여섯 번에 걸친 비상경제회의에서 내놓은 대책을 살펴보자.

198

1차: 민생 금융 안정 패키지 프로그램 50조 원.

2차: 민생 금융 안정 패키지 프로그램을 100조 원(+알파)으로 확대. 기업 정책 자금 대출 및 보증 58.3조 원, 추가로 금융시장 안정 41.8조 원(채권 및 증권 시장 안정 펀드 조성 등).

3차: 긴급재난지원금 국민 70퍼센트 지급(후에 100퍼센트로 변경), 소상공인과 자영업자 등의 보험금과 전기료 납부 유예 및 감면.

4차: 수출 기업 지원 대책(36조 원의 무역금융 추가 공급) 마련, 공공 부문 선결제, 선구매로 17.7조 원 상당의 내수 진작.

5차: 민생 금융 안정 패키지 프로그램 135조 원으로 확대. 긴급 고용 안정 대책(10조 원), 공공 청년 일자리 55만 개, 7대 기간산업에 40조 원 지원(고용 유지 조건 충족 시 지급).

6차: 역대 최대 추경 35.1조 원, 한국판 뉴딜 정책 공표.


이상의 대책을 추진하느라 추가경정예산만 2020년 한 해 네 번을 편성했다. 사상 처음이었다. 대통령의 요구에 빠르게 대책을 세워 위기를 막고 경제 위축을 최소하면서 적절하게 대응한 효과는 빠르게 나타났다.

2020년 8월 11일, 경제협력개발기구(OECD)는 한국의 성장률 전망치를 −1.2퍼센트에서 −0.8퍼센트로 상향 조정했다. 주요 국가들이 −10퍼센트 내외를 기록한 것과는 대조적이었다. OECD 37개국 중 한국이 당당히 1위였다. OECD는 보고서에서 "한국은 코로나 확산 차단에 가장 성공적이며, 고용률·성장률 하락폭이 작다"거나 "확장적 재정 정책이 위기 대응에 적절

했고, 한국판 뉴딜이 경제 회복에 긍정 역할을 할 것"이라고 높이 평가했다.

세계 3대 신용평가사인 피치Fitch도 비슷한 무렵에 한국의 국가신용 등급을 'AA-'로 유지한다고 발표했다. 코로나 사태 9개월 동안에 총 107개국의 국가신용 등급이 떨어졌다. 그러나 우리나라는 역대 최고 수준을 지켜나갔다. 피치는 한국의 '양호한 대외 건전성, 지속적인 거시경제 성과, 재정 여력' 등을 신용도 유지의 배경으로 설명했다.

정부가 환율을 안정시키기 위해 발행하는 '외국환평형기금채권'(약칭 '외평채') 6억 2,500만 달러를 사상 최저 금리로 발행하는 일도 있었다. 유로화 외평채(7억 유로)는 사상 처음으로 마이너스 금리로 발행할 수 있었다. 마이너스 금리로 빌려준다는 것은 은행에서 대출을 줄 때 이자 없이 빌려주는 것과 같다. 그만큼 한국 경제는 강한 신뢰를 받고 있었다.

하지만 이런 상황에서도 당시 일부 언론의 보도 태도는 정말 유감스러웠다. 주요 국가들과의 비교는 생략한 채, 툭하면 '성장률 ○○년 만에 최악', '역성장 쇼크' 운운했다. OECD 1위를 얘기하면 '자화자찬'이라 비아냥댔다. 아버지를 아버지라 부르지 못한 홍길동도 아니고, 아무리 일부 언론이 눈꼴시어한다고 OECD 1위를 왜 1위라 말하지 못하는가. 춘추관에 나가 정면으로 문제 삼은 적이 있다.

"오늘 아침 자 일부 언론은 정부의 OECD 세계 전망 소개를 자화자찬이라고 주장했습니다. 우리가 그린 그림(自畵)이 아니고 OECD 사무국이 그런 그림입니다. 미국 −3.8퍼센트, 일본 −5.8퍼센트, 독일 −5.4퍼센트 등, 우리보다 성장률 전망치가 높은 나라가 없습니다. '자화자찬 청와대가 머쓱하다'라고 비난한 신문도 있었는데, 이것이 왜 자화자찬인지 모르겠습니다. 머쓱할 일도 없습니다."

나는 외신 보도도 하나 소개했다.

"어제 OECD 발표에 대해서 미국 매체가 보도한 내용입니다. '한국은 2020년 국내총생산의 1퍼센트만 위축될 것으로 전망된다. 주요 경제국으로서 중국(OECD 비회원국)에 이어 두 번째로 좋은 성과다. 눈에 띄는 부분은 경제적 성공이 감염병 방역의 성공과 짝을 이룬다는 사실이다. 효과적인 방역은 엄격한 국가 봉쇄를 불필요하게 만들었고, 이는 공장과 식당 폐쇄 등으로부터 발생하는 경제적 혼란을 줄였다. 나아가 한국은 공격적인 재정 대처를 신속히 진행했다……' 이 기사의 제목은 이렇습니다. '코로나19가 모든 나라의 경제를 짓눌렀다, 한국만 빼고.'"

내가 왜 이렇게 분노의 브리핑을 폭발시켰는지도 분명히 알렸다.

"OECD 성장률 전망치는 그동안 정부와 국민이 합심해서 사력을 다해 코로나와 싸워온 결과입니다. 얼마나 많은 국민이 고통을 받았고 지금도 고통받고 있는지 잘 알고 있고, 송구한 마음입니다. 그래서 더욱 국민이 정확한 사실을 통해 자부심을 느끼고 기운을 얻을 필요가 있다고 봅니다. '국민의 바르게 알 권리'를 위해서 오늘 이 브리핑을 한 것임을 알려드립니다."

## OECD 1위로 이끈
## 홍남기 경제팀

홍남기 부총리 얘기로 다시 돌아오면, 문 대통령은 "우리 경제팀이 위기에 강한 팀이다. 경제가 좋을 때도 칭찬 듣기 힘든데 (국제기구에서 칭찬이 나오는 게) 이게 얼마만이냐"며 최악의 위기 상황에서 최상의 경제 성적표를 받아낸 홍남기 경제팀, 김상조 정책팀에 고마워했다.

문 대통령은 특히 홍 부총리가 흔들리지 않도록, 중심을 잡아주려 애를 썼다. '경제 문제만큼은 부총리 위상이 확실해야 한다'는 것이 대통령의 생각이었다. 그래서 당과 홍 부총리 간에 마찰이 생길 때, 문 대통령은 홍 부총리에게 매번 힘을 실어줬다. "OECD 37개국 가운데 성장률 1위가 전망될 정도로 경제부총리가 경제 사령탑으로서 총체적 역할을 잘하고 있다"거나 "지금까지도 잘해왔으니 앞으로도 잘해달라"는 식으로 신임의 뜻을 공개적으로 밝혔다.

하지만 2020년 11월 3일은 큰 고비였다. 홍 부총리는 국내 주식에 대한 양도소득세 부과 요건을 한 종목 10억 원 이상 보유한 대주주에서 3억 원 이상의 대주주로 완화하는 방안을 추진했다. 그러나 더불어민주당이 반대했고, 두 달간의 논란 끝에 무산되고 말았다. 그러자 홍 부총리는 "누군가 책임지는 자세가 필요하다"면서 문재인 대통령에게 사의를 표명한 뒤 국회에 나가서 이 사실을 공개했다.

하지만 이번에도 문 대통령은 즉각 홍 부총리를 재신임했다. 나는 대통령의 지시를 받고 '홍 부총리가 오늘 (오전) 국무회의 직후 대통령께 사의를 표명했으나, 대통령은 바로 반려 후 재신임했다'는 내용의 문자메시지를 기자들에게 배포했다. 그런데 문 대통령은 내게 또 한 번 재신임 이유를 발표하라고 지시했다.

"문재인 대통령은 오늘 홍남기 부총리가 코로나로 인한 경제위기를 극복하는 과정에서 큰 성과를 냈고, 향후 경제 회복이란 중대한 과제를 성공적으로 이끌 적임자라고 판단해 사표를 반려하고 재신임한 것이라고 다시 한번 강조하셨습니다."

사표 반려 얘기만 두 번 브리핑하라고 지시했을 정도로 문 대통령은 부총리 위상을 지켜주려 했다.

청와대를 나온 후 OECD가 2021년 한국의 성장률 전망치를 3.3퍼센트에서 3.8퍼센트로 끌어올리고, 정부도 성장률 목표치를 3.2퍼센트에서 4.2퍼센트로 상향 조정했다는 뉴스를 봤다. 4.2퍼센트라는 성장률 목표치를 발표하는 문재인 대통령 오른쪽에 '물고기를 잡아 오라면 물을 다 퍼내서라도 잡아 온다'는 홍 부총리가 자리를 잡고 있었다.

문 대통령은 홍 부총리를 북돋우면서 지금까지 왔다. 전쟁 중 말을 갈아타는 것보다 '주마가편走馬加鞭' 하는 게 낫다고 본 것일 수 있다. 군사를 쓸 줄 아는 장수는 총소리보다 북소리를 먼저 울린다고 했다.

# 22장 '으쌰으쌰' 기조로
주식시장 살립시다

코로나 위기에서 한국의 주식시장은 이변의 연속이었다. 2020년 시작된 코로나로 증시 폭락이 거듭되는 가운데, 외국인 투자자들이 대규모 매도에 나섰다. 내로라하는 전문가들이 주가지수가 1400포인트, 나아가 1200포인트까지 하락할 것으로 예상했다.

그때 개인투자가들이 등장해 대규모 매수에 나섰다. 2020년 3월 들어 20일 동안 외국인들이 10조 원어치 주식을 매도한 반면, 개미들(국내 개인투자가)은 9조 원 가까이 사들였다. 우리나라 기관까지 주식을 팔고 나갈 때, 외국인의 매물을 힘겹게 받아내는 개인투자가들을 두고 마치 동학농민운동을 보는 것 같다고 해서 '동학개미운동'이란 신조어도 생겨났다.

문재인 대통령은 주식시장을 떠받치는 힘이 되어온 '동학개미'들을 단순히 메시지로만 응원하는 데 그치지 않고 대책으로 돕는 길을 모색했다.

## 증권거래세 1년 조기 인하
## 양도세 공제한도 5천만 원 상향 유도

주식을 팔 때는 이익이 나던 손해를 보던 '증권거래세'가 붙는다. 증권사 수수료와는 별개다. 한 종목 10억 원 이상 주식을 보유한 대주주의 양도차익(팔 때 얻은 이익)에만 부과하는 '주식양도소득세'도 있다. '증권거래세'와 '주식양도소득세'는 주식거래에 따르는 양대 세금이다.

기재부가 2020년 6월 '금융세제 선진화 추진 방향'이란 조세 선진화 방안을 마련했다. 2022년부터 증권거래세를 내리기로 하되, 대주주에만 부과하던 주식양도소득세를 개인투자가에게도 과세하기로 했다. 이에 동학개미들이 거세게 반발하자 문재인 대통령이 나섰다.

문 대통령은 7월 초 홍남기 부총리를 불러 기획재정부의 '금융세제 선진화 추진 방향'을 '주식시장 활성화' 대책으로 성격과 접근 자체를 바꾸도록 지시했다. 문 대통령은 전문가들이 주가지수가 1800포인트에서부터 1400포인트, 또는 1200포인트까지 떨어질 수 있다는 경고 메시지가 나왔으나 동학개미 때문에 안 떨어지고 오르고 있다는 점, 세계적인 추세가 우리나라와 비슷하다는 점, 우리나라 주식시장이 저평가됐다는 점을 조목조목 짚었다. 그러고는 다음과 같이 말했다.

"재정 당국은 주식시장의 과열이 정상적이지 않다고 보고, 개미투자가들이 폭락으로 돈을 잃을까봐 경고 메시지도 주고 그러던데요. '정치하는 사람의 눈'으로 보면 전문가 판단이 정확하지 않을 수도 있다고 생각합니다."

우리 주식시장이 계속 상승할 수도 있다는 것이 대통령의 진단이었다—나중에 정확히 맞아떨어졌다. 당시 문 대통령이 홍 부총리에게 '정치하는 사람의 눈'이란 표현을 쓸 때 문 대통령의 DNA가 확실하게 변했구나 싶었다.

문 대통령은 "주식시장은 여러모로 키워야 할 때"라고 강조했다.

"주식시장이 튼튼해질 필요가 있습니다. 이익치 전 현대증권 사장이 (1999년) 바이코리아 펀드를 만들어 주가 2000을 얘기한 게 언제인데 아직도 2000 언저리입니까. 우리 주식에 대한 국내 투자가 늘어서 튼튼한 기반을 갖추는 게 정상적인데, 언제 그런 노력을 해왔습니까? 지금 동학개미운동에는 특별한 의미를 부여해야 합니다. 거세면 그게 민심입니다. 정부가 그걸 이기려 하면 안 됩니다. 대책을 낼 때 '주식투자자 활성화'를 위한 것으로 접근을 잘해야 합니다. '조세 선진화'로 가면 (국민이) 이해를 잘 못 합니다."

나는 공개 브리핑으로 문재인 대통령의 지시 사항을 발표해 기획재정부의 세제 개편안 수정을 기정사실화했다.

"정부가 (앞으로) 최종 발표할 금융세제 개편안(금융세제 선진화 방향)과 관련해 문재인 대통령은 다음과 같이 지시했습니다. 문재인 대통령은 이번 금융세제 개편안은 주식시장을 위축시키거나 개인투자가들의 의욕을 꺾는 방식이 아니어야 한다고

**2020년 세법 개정안에 담긴 금융세제 개편 주요 내용**(출처: 기획재정부)

|  | 현행 | 개정 |
|---|---|---|
| 증권거래세 인하 | 0.25% | 0.25% ⇨ 0.23% (2021년)<br>0.23% ⇨ 0.15% (2023년) |
| 금융투자 소득세 도입 (2023년) | 이자·배당·양도 소득에 대해 과세 | 손실을 공제한 순수익만 과세<br>손실을 5년 동안 이월하여 공제 |

말했습니다. ……문 대통령은 주식시장을 받치고 있는 개인투자가들에게 응원이 필요한 시기라고 말했습니다."

대통령의 지시로 금융세제 선진화 방향이 급히 궤도를 수정했다. 다만 세제 개편을 강행하거나 완전 철회하는 양극단 중 택일하는 방식은 아니었다. 정책실과의 협의를 거쳐 기재부는 증권거래세를 '2021년'부터 0.23퍼센트로 0.02퍼센트포인트 더 내리고, 2023년부터 0.08퍼센트포인트를 추가로 인하해 세율을 0.15퍼센트까지 낮추기로 했다. 증권거래세 인하 시기를 1년 앞당긴 것이다.

10억 원 이상 대주주에만 부과하던 주식양도소득세는 2023년부터 개인투자가에게도 과세하기로 하되, 수익이 5천만 원 이하면 세금을 면제(기본공제)하기로 했다. 세금을 매기지 않는 기본공제 금액 한도는 원래 2천만 원까지였으나 대통령의 지시 이후 5천만 원으로 확대되었다.

## 공매도 금지
## 기간 연장을 직접 챙긴 대통령

공매도란 주식을 미리 빌려서 팔고, 나중에 주식을 사들여 빌린 것을 갚으면서 차익을 남기는 투자 기법이다. 말 그대로 '없던 것(空)을 판다(賣)'는 뜻이다. 일반적인 거래는 싸게 사서 비싸게 팔아 이익을 내는데, 공매도는 없는 주식을 빌려서 먼저 팔고 나중에 더 싸게 사서 빌린 곳에 갚는다. 주가가 계속 오르면 사다 갚아야 할 돈은 늘어난다. 공매도자는 어떻게든 주가가 떨어져야 돈을 벌고 오르면 잃는다. 그러니 어떻게든 하락장을 유도하려 한다. 동학개미들은 기관투자가나 해외투자자들이 주로 하는 공매도를 '악의 축'으로 지목했다.

2020년 3월 13일, 한국은 물론 세계 주식시장이 코로나로 폭락하자 문재인 대통령은 긴급경제점검회의를 열고 "예전과는 다른 비상 경제 대책 마련"을 주문했다. 정부는 즉각 6개월 간 공매도를 금지시켰다. 6개월 금지 기간이 끝나갈 무렵인 2020년 9월, 금융 당국은 3개월 재연장안을 만지작거렸다. 하지만 문재인 대통령의 판단은 달랐다.

"기관이나 해외투자자와 개인투자가는 기울어진 운동장입니다. 동학개미 덕분에 증시가 이렇게 커졌는데 지금은 주식시장이 '으쌰으쌰' 기조를 살려나갈 때입니다. 3개월 연장 말고, 기왕 연장하려면 6개월 연장으로 논의를 모아주십시오."

대통령 지시로 2020년 9월에 2021년 3월 15일까지 한 차례 더 6개월 금지 조치가 연장됐다. 올해 들어와서는 다시 5월 2일까지 재연장 됐다가 5월 3일부터 이른바 싱가포르 방식을 참고하여 공매도가 재개됐다. 물론 그 결정 과정도 쉽지 않았다. 4월 7일 서울과 부산 등의 재·보궐 선거를 앞두고 여당 일각에서는 최소한 3개월은 전면 금지를 연장해야 한다는 목소리가 높았다. 하지만 OECD 국가들 중 공매도를 금지하는 국가가 없고, 글로벌 투자 시대에 걸맞지 않아 공매도 재개를 마냥 늦출 수도 없었다. 그래서 시가총액이 큰 코스피200 및 코스닥150 종목부터 공매도를 재개하기로 결정됐다. 문제는 재개 시점이었다. 원칙대로 3월 15일 재개하자는 김상조 실장 등의 소수 의견과 3개월 후인 6월 15일 재개하자는 다수 의견이 팽팽히 맞서다가 불법 공매도 적발을 위한 전산시스템 구축에 한 달여 정도가 더 필요하다는 실무 의견이 받아들여져 5월 3일 재개하는 것으로 최종 결정됐다. 시장 불안의 우려가 없지 않았으나 무난하게 현장 안착에 성공했다는 평가를 받고 있어 개인적으로는 다행스럽게 생각하고 있다. 대신 정부는 불법 공매도에 대한 과징금 및 형사 처벌을 강화하는 제도 등을 마련했다. 주식시장이 안 좋으면 일시적으로 공매도를 중단해 추가 하락을 막는 정책은 언제든 사용할 수 있다.

　　문 대통령은 주가 3000으로 가는 길에 장애물이 나타나면 직접 걷어냈다. 증권거래세를 조기 인하하고, 공매도를 도합 1년간 금지시켰다. 주식시장이 시중의 넘치는 유동자금이 부동산

시장으로 흘러들어가는 것을 막아주고 있음을 감안한 전략적 판단도 작용한 것 같다. 그렇게 동학개미를 응원하는 사이 한국 증시는 전인미답前人未踏의 길 위에 올라섰다.

동학개미들이 받친 우리 주식시장은 2021년 1월 6일 드디어 '꿈의 지수'라는 주가 3000시대를 열었다. 이날 문재인 대통령은 "시가총액 상위를 보면 주가 1000, 2000, 3000시대가 다 달랐다"면서 "산업구조의 고도화와 역동성을 보여주는 대목"이라고 의미를 부여했다. 실제로 주가 3000시대는 경제사회적인 변화 흐름을 명확하게 알려주고 있다. 비대면 업종, 온라인 플랫폼 업종, 반도체 등 기술주라고 할 수 있는 업종이 코스피지수를 이끌었고, '디지털'과 '그린'이라는 두 가지 뉴딜의 정책 방향에서 주력 기업군이 형성되고 있었다. 한국뿐 아니라 이런 흐름을 타고 있는 미국, 중국, 대만 증시가 작년에 모두 강세를 보였다.

# 23장  국민과 아픔을 함께한
### '장화 신은 대통령'


2020년 8월 3일 문재인 대통령은 경남 양산의 자택으로 닷새간의 휴가를 떠났다. 해외 유입을 제외한 국내 확진자가 세 명만 발생했기에 다소 숨 돌릴 여유가 생겼다. 그러나 하루 만에 휴가를 취소하고 청와대로 급히 복귀했다. 집중호우로 피해 상황이 심각해서였다. 나 또한 양산과 지척인 부산 처가에 내려갔다가 대통령을 따라 하루 만에 급히 서울로 올라왔다.

그해 여름의 집중호우 피해는 심각했다. '지붕 위의 소'들은 2020년 여름의 상징적인 장면이었다. 얼마나 물이 넘쳐났으면 육중한 황소가 지붕 위로 올라갔을까. 지붕 위에 올라서 간신히 살아남은 소들은 끈질긴 생명력의 경이로움과 백척간두에 선 위태로움을 동시에 말해주고 있었다. 나중에 알았지만 지붕 위의 소들 가운데는 새끼를 밴 암소도 있었다.

기후변화로 사상 유례없는 긴 장마의 끝에 온 집중호우로 2020년 8월 9일 기준, 전국에서 50명이 죽거나 실종됐다. 78명

어쩌다 지붕에 올랐을까. 전남 구례군의 한 주택 지붕에 소들이 올라가 있다(출처: 《연합뉴스》).

이 죽거나 실종됐던 2011년 이후 최악의 물난리였다.

### 하루에 영남, 호남, 충청을
### 다 도는 강행군

청와대로 돌아온 문재인 대통령은 수해 및 복구 상황을 체크하면서 현장 점검에 나섰다. 복귀 이틀 뒤인 8월 6일에 경기도 호우 피해 현장을 방문해 이재민을 위로했다. 엿새 뒤인 8월 12일에는 경남 하동군 화개장터와 전남 구례 오일장, 충남 천안 병천천 제방을 하루에 다 돌았다. 이동거리만 무려 767킬로미터, 시간을 아끼느라 식사도 열차 안에서 도시락으로 해결했다.

아침에 청와대를 출발해 정오쯤 화개장터에 도착한 문 대통령은 화개장터 안의 꽈배기 가게, 도토리묵 가게, 약초 가게, 장터국밥집, 옹기 가게 등을 고루 들어가 보고 상인들의 손을 잡으며 위로했다.

"화개장터는 영호남의 상징으로 국민들이 사랑하는 곳인데 피해가 나서 안타깝습니다. 얼마나 피해가 큰지, 얼마나 크게 상심했는지 생생하게 느껴집니다. 와서 보니 역시 지원이 얼마나 속도 있게, 빠르게 되느냐는 것이 가장 중요한 관건임을 실감했습니다. 속도 있게 지원이 이뤄질 수 있도록 최선을 다하겠습니다. 다들 용기 내주시고요."

문 대통령이 말한 '속도 있는 지원'은 '특별재난지역' 선포를 의미한다. 특별재난지역은 대통령만이 선포할 수 있다.

특별재난지역으로 선포되면 ① 사망자·실종자·부상자 등에 대한 구호 및 생계비, 위로금 지원 ② 주거용 건축물의 복구비 지원 ③ 고등학생 학자금 면제 ④ 농업인·임업인·어업인의 경우 자금 융자, 상환 기한 연기, 이자 감면 ⑤ 중소기업 및 소상공인의 자금 융자 ⑥ 세입자 보조 등 생계 안정 지원 ⑦ 국세·지방세, 건강보험료·연금보험료, 통신요금, 전기요금 등의 경감 또는 납부 유예 ⑧ 농업·어업 등 시설 복구 지원 ⑨ 공공시설 피해 복구 사업비 지원 등의 혜택을 받는다.

오후 2시 14분에 도착한 두 번째 목적지인 전남 구례군의 요구도 특별재난지역 선포였다. 문 대통령은 "특별재난지역 지정을 요청하셨는데, 와서 보니 피해액을 계산 안 해봐도 요건에 해당한다는 것을 알 수 있을 것 같다. 하루빨리 지정될 수 있도록 최선을 다하겠다"고 약속했다.

나아가 문 대통령은 오일장에서 이재민을 만난 뒤 "너무 갑작스럽게 몸만 겨우 빠져나온 상황이었기 때문에 혈압약, 신경통약 같이 매일 드시던 상비약들을 챙겨 나오지 못했을 수가 있을 텐데, 의사의 종전 처방전대로 빨리 약이 공급될 수 있도록 챙겨달라"고 청와대 수행팀에 주문했다—혈압약 지시는 복용기간이 남아 있어도 요양 기관에서 재처방 조제를 받을 수 있도록 바로 다음 날 이행됐다.

오일장을 나선 문 대통령은 축산 농가가 많은 인근 양정마을의 제방을 찾았다. '지붕 위의 소'가 발견된 바로 그 현장이었다.

"홍수로 소들이 얼추 50퍼센트 폐사했습니다. 지금 절반은 살아 있지만 자고 나면 또 죽어 있습니다. 수의사를 투입해야 하는 실정입니다. 우리 농가들 다 울고 있어요. 대통령님, 진짜 빨리빨리 좀 도와주십시오. 정말로 부탁드립니다"(마을 이장).

"양정마을에서 1,600두를 사육하고 있었습니다. 지금 400여 두가 살아 있고 1,200두가 죽거나 남해까지 떠내려가 있습니다"(구례축산업협동조합장).

"물이 불어나 나오지 못하고 물만 먹고 죽어가는 소의 모습을 보니 자식이 죽어가는 심정과 같아서⋯⋯"(김순호 구례군수).

"가축을 키우기 위한 그 오랜 동안의 노력이 일순간에 무너지면 정말 참담할 텐데……." 문 대통령도 잠시 말을 잇지 못했다.

그 상황에서 그나마 김순호 구례군수가 반가운 소식을 하나 전했다. 그는 지붕 위 소 사진을 문 대통령에게 보여주며 "당시 구출됐던 소들 중 한 마리가 최근 쌍둥이를 출산했습니다"라고 말했다. 이에 문 대통령도 "아, 큰 희망의 상징이네요"라고 말하며 다소 얼굴을 폈다―문 대통령은 살아남은 소들을 살려내기 위해 바로 다음 날 전국의 공수의 866명과 가축방역관 등을 동원해 피해 농가를 지원하도록 했다. 구례군 한우 농가도 가축 진료에 들어갈 수 있었다.

### 이재민 혈압약 챙긴 뒤
### 장화 신은 대통령

세 번째 목적지인 충남 천안 병천천 제방 복구 현장에는 오후 5시 7분께 도착했다. 하천 높이가 논보다 높은데, 제방이 손상되면서 큰 피해를 입은 곳이었다. 피해 현장을 둘러보기 위해 문 대통령은 논두렁 주변의 벤치에 걸터앉아 묵묵히 운동화를 벗고 장화로 갈아 신었다. 마음이 뭉클했다. 아침 일찍 청와대를 나선 문 대통령은 영호남을 거쳐 오후 5시 넘어 충청도에 도착했다.

마스크 안이 땀으로 흠뻑 젖을 정도의 폭염 속에서 강행군을 했기 때문에 누구라도 피곤하지 않을 수 없었다. 그런데도 대통령의 얼굴에선 '대충대충'이란 단어를 찾아볼 수 없었다. 발이 푹푹 빠지는 진흙탕 속으로 들어가기 위해 묵묵히 장화를 갈아

215

병천천 수해 현장으로 들어가기 위해 장화로 갈아 신는 문재인 대통령(출처: 《연합뉴스》).

신는 대통령의 모습을 다음 날 언론이 얼마나 다룰지 모르지만, 언젠가는 꼭 국민이 알게 해야겠다고 마음먹고, 장화 신은 문 대통령을 내 마음의 스냅숏으로 각인시켜 놓았다.

문 대통령은 진흙 천지가 된 오이 비닐하우스 안으로 성큼성큼 들어갔다. 바닥에 있는 오이를 매만지며 "잘 키웠는데 흙탕물에 빠져서 곤죽이 됐어요"라고 하소연하는 농민에게 문 대통령은 "그러게요. 작물을 다 키워놓고 그랬네요"라며 같이 안타까워했다. 멜론 농가의 피해도 걸으면서 눈으로 확인했다. 문 대통령은 주민들에게 약속했다.

"다 키운 오이와 멜론을 한순간에 잃어버렸으니 얼마나 마음이 아플까 싶습니다. 지금 가장 바라는 게 신속한 복구 지원일 텐데, 재해 재난에 대비하는 예산은 충분히 비축이 되어 있습니다.

그것을 최대한 빠르게 집행할 수 있도록 최선을 다하겠습니다."

문 대통령은 이날 9시간 강행군을 했다. 바로 그날, 김정숙 여사는 강원도 철원군 동송읍에서 목에 수건을 두르고 땀을 흘렸다. 토사물을 치우고, 흙탕물에 젖은 옷을 빨고, 가재도구를 씻고, 창틀을 닦고, 배식을 한 날이 이날이었다.

서울로 돌아온 문 대통령은 다음 날인 8월 13일, 특별재난지역으로 하동군과 구례군 등 11곳을 선포했다. 속도 있는 지원을 하겠다고 한 약속을 바로 이행했다.

나아가 문 대통령은 "특별재난지역을 선정할 때 시군 단위로 여건이 안 되면, 읍면동 단위까지 세부적으로 지정하는 것을 검토하라"고 지시했다. A시 전체를 특별재난지역으로 하기 어렵다면 A시 안에서 피해를 입은 B동이나 C동을 지정하라는 지시였다. 그야말로 문 대통령다운 지시였다. '적극 행정이란 이런 것'이었다.

8월 24일에 대통령의 지시에 따라 충북 진천군 진천읍과 백곡면, 전남 광양시 진월면과 다압면 등 36개 읍면동이 특별재난지역으로 추가 지정됐다. 읍면동 단위로 특별재난지역이 선포된 것은 사상 처음이었다.

### 공권력이 살아 있음을 보여라

수해 지역 방문 당시 문 대통령이 가는 곳마다 당부한 말이 있다. 그것은 "수해를 입으면 복구하는 과정에서 코로나 방역이 조금 느슨해질지 모르니 주의해달라"는 것이었다.

대통령은 코로나 재난 상황에서 장마와 수해라는 두 개의 재난에 맞서 싸우고 있는데, 딴 세상에 사는 사람들이 있었다. 대통령의 하야와 퇴진, 그리고 탄핵을 요구하는 미래통합당 민경욱 전 의원 등은 8·15 광복절 대규모 옥외 집회를 준비하고 있었다. 서울행정법원 행정11부(박형순 부장판사)는 두 건의 집회를 허가했다. 당시 국내 코로나 확진자 가운데 교회 관련자, 특히 '사랑제일교회'에서 다수의 확진자가 발생할 때였다.

우려한 대로 8·15 광복절 집회에는 집회 허가를 받지 않은 전광훈 씨의 사랑제일교회 신도들이 모여들었다. 언론 보도에 의하면 일장기와 욱일기旭日旗까지 등장했다. 한 자릿수를 유지하던 확진자가 집회를 전후해 다시 100명대로, 200명대로, 400명대로 늘어났다. 2차 팬데믹이었다.

사회적 거리두기에 점차 지쳐가고 있지만 신천지, 이태원 클럽발 위기를 잘 넘기며 품어온 코로나 종식이라는 희망을 집회가 산산조각 내버렸다. 그래서 당시 법원의 판단은 여론의 비판이 아니라 지탄을 받았다. 모두의 노력을 허사로 만들어놓은 전광훈 씨는 정작 본인이 코로나에 걸리고 말았다. 그의 아내와 비서도 확진 판정을 받았다.

문재인 대통령은 8월 21일 '코로나19 서울시 방역 강화 긴급점검회의'를 열어 김창룡 경찰청장에게 "공권력의 엄정함을 분명하게 세우라. 공권력이 살아 있다는 것을 누구나 알 수 있도록 하라"고 지시했다. 경찰은 전 씨의 사택 등을 비롯해 사랑제일

## 2020년 8월 국내 및 해외 유입자 포함 코로나19 확진자 수

| 날짜 | 요일 | 누적 확진자 | 신규 확진자 | 사망자 |
|---|---|---|---|---|
| 8월 10일 | 월 | 14,626 | 28 | 0 |
| 8월 11일 | 화 | 14,660 | 34 | 0 |
| 8월 12일 | 수 | 14,714 | 54 | 0 |
| 8월 13일 | 목 | 14,770 | 56 | 0 |
| 8월 14일 | 금 | 14,873 | 103 | 0 |
| 8월 15일 | 토 | 15,039 | 166 | 0 |
| 8월 16일 | 일 | 15,318 | 279 | 0 |
| 8월 17일 | 월 | 15,515 | 197 | 0 |
| 8월 18일 | 화 | 15,761 | 246 | 1 |
| 8월 19일 | 수 | 16,058 | 297 | 0 |
| 8월 20일 | 목 | 16,346 | 288 | 1 |
| 8월 21일 | 금 | 16,670 | 324 | 2 |
| 8월 22일 | 토 | 17,002 | 332 | 0 |
| 8월 23일 | 일 | 17,399 | 397 | 0 |
| 8월 24일 | 월 | 17,665 | 266 | 0 |
| 8월 25일 | 화 | 17,945 | 280 | 1 |
| 8월 26일 | 수 | 18,265 | 320 | 2 |
| 8월 27일 | 목 | 18,706 | 441 | 1 |

교회 관련 시설 네 곳을 압수수색하는 등 방역 방해 혐의로 수사를 진행했다. 그와 사랑제일교회에 대해서는 아직 법절차가 진행 중인 게 많다. 이 와중에도 전 씨는 교도소를 들락날락거리며 '바

이러스 테러설' 같은 허무맹랑한 괴담을 계속 배설하고 있다.

8·15 광복절 집회에 따른 코로나 재확산이란 복병을 만난 데다가 수해 복구 작업이 끝나지 않은 상황에서 설상가상으로 태풍 마이삭에 이어 하이선도 한반도로 들이닥쳤다. 그나마 태풍이 큰 피해 없이 지나간 것은 천만다행한 일이었다. 어느 날 회의에서 문 대통령이 말한 대로 '참 힘겨운 여름'이었다.

## 24장    죽비에 정신이 번쩍 들었다

지난해 8월 문재인 대통령은 서울 창덕여중에서 '그린 스마트 스쿨' 수업을 참관했다.

"대통령님은 미래에 대해 궁금하신 게 있으십니까?"

"네."

질문한 교사뿐 아니라 학생들까지 궁금하다는 표정으로 문 대통령을 바라봤다.

"제일 현안인 미래의 부동산이 궁금합니다."

2021년 5월 9일, 문 대통령은 취임 4주년 특별연설 후 기자들과의 문답에서 아쉬웠던 점을 묻는 질문에 "역시 부동산 문제"라고 했다.

문 대통령의 고민이 솔직하게 드러나는 두 장면이었다.

부동산 대책의 목적은 분명하다. 집값 안정이다. 어떻게 안정시키는가, 두 가지 방법이 있다. 하나는 공급 물량을 확대하는 것, 다른 하나는 부동산 투기를 금지시키는 것. 지난해 집값이

많이 오른 건 사실이다. 전 세계적인 현상이었다. 지난 6월 15일
자《연합뉴스》보도다.

## 저금리, 부양책으로
## 세계 집값 동시 상승

〈블룸버그〉가 평가한 집값 거품 순위에서 뉴질랜드가 1위에 올
랐고 한국은 19위에 자리를 잡았다. 〈블룸버그〉는 15일 경제협
력개발기구(OECD)와 국제결제은행(BIS)의 자료를 토대로 나라
별 집값 거품 순위를 평가한 결과 주요국 집값이 글로벌 금융위
기 이후로는 보지 못한 수준의 거품 경고를 내고 있는 것으로 나
타났다고 보도했다. 〈블룸버그〉가 집값 거품 순위 평가에 이용
한 자료는 OECD가 산출하는 '가구소득 대비 주택 가격 비율
(PIR)', '임대 수익 대비 주택 가격 비율(price to rent ratio)'과 실
질·명목 집값 상승률, 대출 증가율 등 5개 지표다.
평가 결과 거품 순위 1위에 오른 뉴질랜드의 PIR는 211.1로 장
기 평균치(100)의 2배 수준이었으며 임대 수익 대비 주택 가격
비율도 166.6에 달했고 명목 집값 상승률은 14.5퍼센트였다.
캐나다, 스웨덴, 노르웨이, 영국, 덴마크, 미국, 벨기에, 오스트리
아, 프랑스 등이 10위권 안에 들었다. 한국은 PIR가 60.7로 장기
평균치 100을 크게 하회하면서 집값 거품 순위가 19위로 평가
됐다. 일본은 23위였다. 이 분석을 담당한 이코노미스트 니라즈
샤는 "다양한 요인들이 혼합돼 전 세계 집값을 전례 없는 수준으

로 끌어올렸다"면서 "저금리와 주요국의 경기부양책, 신종 코로나바이러스 감염증 이후 주택 공급 제한 등을 원인"으로 꼽았다. 이달 초 발표된 부동산 정보 업체 나이트 프랭크의 '1분기 글로벌 주택 가격 지수'에서는 조사 대상 56개 국가의 3월 현재 주택값이 1년 전보다 평균 7.3퍼센트 오른 가운데 한국의 상승률은 5.8퍼센트로 29번째인 것으로 조사된 바 있다.

상대적으로 한국의 순위가 낮았다고 해서 다른 나라를 생각하며 집값 상승을 감내하라고 할 수는 없다. 그래서 정부는 집값을 안정시키기 위해 시장의 예상을 뛰어넘는 공급 대책을 내놓았다. '변창흠표' 공급 대책으로 통하던 2.4 공급 대책이다. 크게 세 가지가 핵심이다.

첫째, 전국에 총 83.6만 가구를 공급한다. 83.6만 가구 중 서울에만 32만 가구를 푼다. 대부분 '공공주도 개발'을 통해 물량을 공급할 것이라는 점이 중요하다.

둘째, 공공주도 개발사업 물량은 83.6만 가구 가운데 33.2만 가구로 40퍼센트에 달한다. 공공주도 개발사업은 '도심공공주택복합사업'(도심 역세권, 준공업 지역 저층 주거지를 고밀 개발하는 사업), 용적률을 역세권 기준 700퍼센트까지 올려주는 등 규제 완화를 통한 '공공직접시행 정비사업'(공공기관이 직접 재개발과 재건축 사업을 시행) 등이 대표적이다. 공공개입이 커지는 대신 다양한 인센티브를 준다. 용적률을 올려주고 재건축 초과이익환수제와 재건축조합원 2년 거주 의무 등을 적용하지 않는다.

인허가 간소화로 5년 이내로 사업 기간을 단축하는 게 목표다.

셋째, 투기 억제를 위해 사업 대상 지역에서 2월 4일 이후 매매계약을 체결하면 신축 아파트나 상가 입주권을 주지 않는다. 신축 아파트 입주권은 해당 지역에서 여러 채를 가지고 있어도 한 채만 준다.

## LH 사태에도 불구
## 2·4 공급 대책은 계속된다

부동산 가격 안정을 위한 두 번째 과제인 '투기와의 싸움' 와중에 'LH 사태'가 불거졌다.

지난 3월, 한국토지주택공사(이하 LH) 직원들이 3기 신도시 광명, 시흥 등지에서 집단적으로 땅을 매입하는 등의 부동산 투기를 했다는 의혹을 참여연대와 민변(민주사회를 위한 변호사 모임)이 폭로했다. 집값을 안정시켜야 할 공공기관 근무자들이 오히려 전방위적인 투기로 집값, 땅값을 올려놓으려 했다.

그동안 부동산 투기를 잡기 위해 전력투구해온 문 대통령이었다. 사건 발생 직후부터 강력한 메시지가 나왔다. 나는 네 번에 걸친 대통령 지시 사항을 발표했다.

"문재인 대통령은 광명-시흥 신도시 투기 의혹과 관련해 다음과 같이 세 가지 사항을 오늘 오전 정부에 지시했습니다. 첫째, 광명·시흥은 물론 3기 신도시 '전체'를 대상으로, 국토부-LH-관계

공공기관 등의 신규 택지 개발 관련 부서 근무자 및 가족 등에 대한 토지거래 전수조사를 빈틈없이 실시할 것. 둘째, 전수조사는 '총리실'이 지휘하되 '국토부'와 합동으로 충분한 인력을 투입해서 '한 점' 의혹도 남지 않게 강도 높이 조사할 것. 위법 사항이 확인될 경우 '수사 의뢰' 등 엄중히 대응할 것. 셋째, '신규 택지 개발'과 관련한 투기 의혹을 미연에 방지하기 위한 '제도적 대책'을 신속히 마련할 것"(3월 3일 수요일).

"문재인 대통령은 광명-시흥 신도시 투기 의혹과 관련해 정부에 추가 지시를 했습니다. 문 대통령은 '신도시 투기 의혹이 일부 직원들의 개인적 일탈이었는지, 뿌리 깊은 부패 구조에 기인한 것이었는지 규명해서 발본색원하라'고 지시했습니다. 문 대통령은 '제도 개선책도 구조적인 문제 해결을 위한 근본적인 대책이 될 수 있도록 마련하라'고 했습니다"(3월 4일 목요일).

"문재인 대통령은 오늘 '투기는 투기대로 조사하되 정부의 주택 공급 대책에 대한 신뢰가 흔들려서는 안 된다'고 말했습니다. 그러면서 '2·4 부동산 대책의 추진에 차질이 없어야 한다'고 했습니다. 나아가 '공급 대책이 오히려 더 속도감 있게 추진되어야 한다'고 강조했습니다"(3월 9일 화요일).

"문재인 대통령은 'LH 투기 의혹 1차 조사 결과는 시작일 뿐이다. 지금 드러난 것은 빙산의 일각일 수 있다. 투기 전모를 다 드러내야 한다'고 말했습니다. 문 대통령은 '공직자와 LH 임직원, 가족, 친인척을 포함하여 차명거래 여부에 대해서도 철저히 수사하라'고 지시했습니다. 문 대통령은 특히 '국민이 공감할 수 있을 만큼, 끝까지 수사해야 한다. 명운을 걸고 수사하라'고 지시했습니다. 문 대통령은 '나아가 부정한 투기 이익을 환수할 수 있는 방안도 신속히 강구하라'고 지시했습니다"(3월 12일 금요일).

단일 사안에 대해 대통령 지시 사항을 네 번 브리핑한 것은 처음 있는 일이었다. 그만큼 문 대통령은 사태를 위중하게 봤다.

문 대통령은 열흘 뒤 수보회의에서 직접 'LH 사태'에 대해 언급했다. 다시 투기와의 싸움이었다. 문 대통령은 "정부로서는 매우 면목 없는 일이 되었지만 우리 사회가 부동산 불법 투기 근절을 위해 힘을 모아야 할 때"라고 강조했다. 그러면서 "개발과 성장의 그늘에서 자라온 부동산 부패의 고리를 끊어낼 수 있는 쉽지 않은 기회"라고 했다. "문제가 드러난 이상 회피할 수도, 돌아갈 수도 없다. 정면으로 부딪쳐 문제를 근원적으로 해결하지 않으면 안 된다"고도 했다. 그런 뒤 "정부는 각계의 의견을 들어 고강도의 투기 근절 대책을 마련하고 실행할 것"이라고 다짐했다.

### '신고가 띄우기' 첫 적발
### 투기 세력에 굴복 없다

문 대통령의 다짐 일주일 뒤 정부는 3·29 투기근절대책을 내놨다.

LH 직원들의 땅 투기 의혹이 완화된 농지법을 악용했다는 지적이 제기됨에 따라 농지 취득을 한층 까다롭게 하고, 불법행위가 적발됐을 경우 즉시 강제처분 하는 동시에 부당 이익은 환수해 '기획 부동산'을 근절하는 내용이 골자였다.

홍남기 경제부총리는 7월 21일 '부동산 시장 점검 관계장관회의'에서 "국토부와 부동산원이 허위 거래 신고 등을 이용해 시세를 조종하는 소위 실거래가 띄우기 실제 사례들을 최초로 적발했다"고 밝혔다. 공인중개사가 자녀 이름으로 신新고가 거래를 신고한 뒤 그와 비슷한 시세로 고객에게 부동산을 판 사례였다. 이후 이 공인중개사는 자녀 이름으로 신고한 계약을 취소했다.

홍 부총리는 "정부는 (시장 교란 행위에) 범죄수사, 탈세 분석, 과태료 처분 등 후속 조치를 신속히 이행해나갈 것"이라면서 "부동산 시장 4대 교란 행위에 대해서는 더 이상 발붙일 수 없도록 유형별로 연중 상시·강력 단속해나갈 방침"이라고 말했다. 4대 교란 행위란 '비공개·내부 정보를 활용한 투기', '담합 등 시세 조작 행위', '불법 중개·허위 계약', '불법 전매·부당 청약'을 말한다.

문 대통령은 5·9 취임 4주년 특별연설 후 기자들과의 문답에서 "남은 1년 (부동산 대책을) 새롭게 해나갈 필요가 있지만 부동산 투기 금지, 실수요자를 보호하는 것, 그리고 주택 공급의 확대를 통해서 시장을 안정시키자는 정책의 기조는 달라질 수 없다"고 강조했다. "지난번 보선을 통해서 정말 엄중한 심판을 받았다. 죽비를 맞고 정신이 번쩍 들 만한 그런 심판을 받았다"고도 했다. 죽비를 맞고 정신이 번쩍 든 문 대통령이기 때문에 부동산 투기 세력에 굴복하는 일은 결코 일어나지 않으리라 군

게 믿는다. 오히려 더 강도 높게 부동산 투기와의 싸움에 나서지 않을까 한다.

# 청와대 이야기 Ⅱ

이번 장에는 코로나 극복을 위해 문재인 대통령과 힘을 모은 '원 팀'을 소개한다.

임진왜란 당시 이순신 장군은 '학익진鶴翼陣'을 펼쳐 왜군을 격퇴했다. 학의 몸통인 중심부에 양 날개를 펼쳐서 적군을 포위해 섬멸할 수 있었다. 코로나와의 전쟁은 청와대만으로는 당연히 감당할 수 없는 일이었다. 문재인 대통령이 코로나와 사투를 벌일 당시 중앙재난안전대책본부(중대본)장이었던 정세균 국무총리, 더불어민주당 코로나 국난극복위원장이었던 이낙연 대표, 최일선인 지방정부에서 싸운 이재명 경기도지사가 중심부와 날개를 이끈 이들이다.

소독차 유세하던 '세균맨' 정세균,
         '코로나 총리'로

정세균 전 총리는 2016년 총선 유세차 이름을 '소독차'로 불렀
다. 서울 종로구에서 당시 오세훈 새누리당 후보(현 서울시장)와
맞붙었을 때였다.

세균', 즉 '바이러스'가 당시 그의 트레이드 마크였다. 별명
이 '세균맨'이었고, 블로그 이름을 '좋은 세균 정세균'이라 붙였
다. 유세차까지 바이러스를 퇴치하는 소독차로 붙였으니 바이
러스와는 정말 오래전부터 인연(?)이 깊었다고 할 수 있다.

**2016년 총선에서의 대역전극**

정 전 총리는 당시 초반 여론조사에서 무려 17퍼센트포인트(오
세훈 45.8퍼센트, 정세균 28.5퍼센트)까지 뒤졌다. 이미 대세가 굳
어졌다는 전망까지 나왔다. 하지만 그는 비관적인 여론조사 결
과를 받아든 날 트위터에 이런 글을 올렸다.

'이 숫자(17.3)를 꼭 기억해주십시오. 이것이 왜곡인지 아닌

지 제가 증명해 보이겠습니다.'

그는 트위터에 올린 글대로 대역전극을 시전해 보였다. 마치 베이브 루스의 예고 홈런을 종로에서 보는 것 같았다. 2016년 4월 13일 총선, 정 전 총리는 52.6퍼센트의 지지를 받아 39.7퍼센트에 그친 오세훈 후보에 12.9퍼센트포인트 차로 대승을 거뒀다. 정치 1번지라는 종로에서 한국 총선 사상 대표적인 역전극을 펼친 것이다. 더구나 상대는 여당의 거물이었다.

그래서 정 전 총리는 선거계의 '조용한 왕자'라는 평을 듣는다. 경선만 통과하면 선거에서 진 적이 없다. 특히 서울 종로에서 홍사덕, 오세훈이라는 당시 여당의 거물을 연거푸 꺾었다.

20대 총선에서 6선 고지에 오른 정 전 총리는 국회의장에 선출된 뒤에도 '세균맨'이란 인형을 책상 위에 뒀다고 한다.

'세균'과는 정말 떼려야 뗄 수 없는 관계였다. 총리 취임 후 며칠 만에 코로나 사태가 발생해서 '좋은 세균 정세균'은 코로나 바이러스 퇴치의 선봉에 서게 됐다. 그는 2020년 2월 14일 기자 간담회에서 "경제 총리, 통합 총리가 가고자 했던 길인데 '코로나 총리'가 되게 생겼다"며 "허, 허" 웃었다.

문재인 대통령이 코로나 위기를 헤쳐 나오는 과정에서 정세균 전 총리를 빼놓을 수 없다.

### 대구 상주한 책임총리

정세균 전 총리는 사실상 '책임총리'였다. 코로나 초반의 최대 위기 상황이었던 신천지 사태 당시 정 전 총리는 중대본을 설치하고 직접 본부장을 맡았다. 코로나와 싸우는 상황에서 중대본을 이끌었는데도 책임총리가 아니라고 하면 누구를 책임총리라고 부를 수 있겠는가.

특히 정 총리가 신천지 사태 당시 대구에 2주 동안 상주하면서 현장을 진두지휘하고 불길을 잡은 것은 코로나 국면에서 높이 평가받을 만한 일이었다. 코로나 총리가 있었기 때문에 문 대통령도 방역에서 경제로, 경제에서 외교로 수시로 운신의 폭을 넓혀가며 여러 개의 대응 카드를 '저글링'할 수 있었다.

정 전 총리는 2월 25일부터 대구 상주를 결정하면서 "중앙과 지방을 구분하지 않고 범정부적 역량을 총동원하겠다"고 말한 뒤 실천해나갔다. 정 총리는 3월 5일 대구 살리기 예산이 포함된 추경예산(1차)을 국회에 신청했고, 본회의에서 취임 후 처음으로 추경에 관한 시정연설을 했다.

국무회의장에 입장하는 문재인 대통령과 정세균 당시 국무총리(출처: 《연합뉴스》).

정부가 전방위로 대구를 지원하고, 정 전 총리가 대구에 상주하면서 3월 들어 국내 코로나 확진자 수는 진정되어 갔다. 신천지 방역 성공에 2주 동안 대구에서 머물며 코로나 확산을 막는 데 총력 지원을 한 정 전 총리의 공을 빼놓을 수 없는 이유다.

2020년 하반기 들어 광복절 집회 등으로 하루 확진자 수가 한동안 100명을 웃도는 등 위기를 맞았을 때도 정 전 총리가 이끄는 '중대본'은 9월부터 10월 초 사이 다시 확진자 수를 하루 두 자릿수로 줄이는 데 성공했다. 적을 만들지 않는, 온화한 성품에 늘 웃는 얼굴이라 '세균맨'보다 '미스터 스마일'로 더 잘 알려져 있는 정 전 총리지만 코로나 국면에서 단호한 모습도 여러 번 보였다.

작년 10월 일부 보수 단체가 개천절 집회를 예고했을 때 정세균 전 총리는 "제가 화를 잘 안 내는 사람인데 8·15 집회를 생각하면 화가 나고, 개천절에 또 하겠다는 이야기를 들으면 더 화가 난다"고 한 적이 있다. 그러면서 "방역을 방해하거나 코로나 19가 확산하는 결과를 초래하면 책임을 묻고 구상권도 청구하겠다"고 했다. 부드러운 사람이 화내면 더 무서운 법이다. 그는 개천절 집회가 8·15 집회의 재판이 되지 않도록 틀어막았다.

## CEO 출신 총리의 '뉴딜펀드' 추진

정세균 전 총리는 내각을 통할하며 경제 활성화에도 공을 들였다. 10월 12일 인공지능 반도체산업 발전 전략, 10월 15일에는 수소경제 로드맵 등 굵직한 경제 정책도 연이어 내놨다. 정세균 전 총리는 10월 15일 제2차 수소경제위원회에서 "정부는 수소경제위원회를 구심점으로 민관이 힘을 모아 수소경제로 가는 길을 열어갈 것"이라면서 "누구도 가보지 않은 수소경제로 가는 길은 혼자 가면 힘들고 어렵지만 함께 가면 더 빠르고 쉽게 갈 수 있다"고 강조했다.

나는 정 전 총리를 2주에 한 번씩 국무회의장에서 지켜볼 수 있었다. 국무회의를 진행하는 정 전 총리에게서는 쌍용그룹 임원 출신다운 CEO형 총리의 컬러가 드러나곤 했다.

**한국형 뉴딜펀드**: 기업가 정신을 심어야 한국판 뉴딜이 성공할 수 있다. 시중 유동자금이 엄청나다. 한국판 뉴딜을 실현할 '국민펀드'를 추진해볼 만하다. 부동자금을 활용해서 뉴딜을 성공시키자. 소명의식을 갖고 혼신의 노력을 다해야 한다. 골문 앞까지 드리블을 잘해야 아무 소용없다, 골을 넣어야 한다(이광재 의원의 첫 제안, 정세균 총리의 재청을 문재인 대통령이 받아들여 현재 다양한 뉴딜펀드가 출시됨).

**적극행정**: 한국판 뉴딜이 지향하는 선도형 혁신적 포용국가가 성취되면 '중진국의 함정(middle income trap)'에서 벗어날 희망이 생긴다. 이제 정부가 갈 길을 찾았다. 중진국의 함정에서 벗어날 수 있도록 적극행정을 펼쳐야 한다('중진국의 함정'은 개도국이 경제 발전 초기에는 순조롭게 성장하다가 중진국 수준에 와서 성장이 장기간 둔화되는 현상을 말함).

**정부 부처 공동예산 편성**: 정책은 예산으로 표현하는 것이다. 총액도 중요하지만 어떻게 쓰느냐, 효율이 달라져야 한다. 총액보다 내용에 관심을 가져달라. 부처의 눈높이가 아닌 국민의 눈높이로 부처 칸막이를 뛰어넘어 지출의 중심을 이동해야 한다. 과거 해오던 사업에 머물러선 안 된다. 부처 내부의 사업 이동을 어떻게 할지 고민해달라.

**외국인 국채 관리**: 외국인이 우리 국채를 얼마나 보유했는지 파악해서 관리해야 한다. 외국인이 국채를 너무 많이 보유하면 관리하기 힘들다. 부채의 질적 관리를 잘함으로써 유사시 리스크를 최소화해야 한다.

정 전 총리는 '실력과 관리형'으로 꼽힌다. 안정감과 강단을 두루 갖춘 외유내강형으로 통한다. 위기 상황에서는 언제나 구원투수 1순위였다. 관록 면에선 대선 주자 중에 정 전 총리가 톱클래스다. 이미 11년 전인 2010년 6월, 당시 민주당 대표로 지방자치단체장 선거를 승리로 이끌었다. 하지만 대선 지지율은 능력만큼 나오지 않아 '저평가된 우량주'라는 말을 장기간 들어왔다.

그런 정세균 전 총리는 2021년 초 마지막 꿈을 펼치기 위해 총리직을 사임했다. 국무총리, 국회의장, 여당 대표를 역임한 그의 마지막 도전은 대통령 선거에서 이겨 그랜드슬램을 이루는 것이다. 그가 정부를 떠날 때 문 대통령도 따뜻한 축사를 보냈다.

"문재인 정부 제2대 국무총리를 맡아 국정 전반을 잘 통할하며, 또 내각을 안정적으로 이끌어주심에 대하여 깊은 감사의 말씀을 드립니다. 그동안 정 총리께서 보여주셨던, 코로나 종식을 위하여 방역 지침을 마련하고, 또 방역 현장으로 달려가 불철주야 땀 흘리시던 모습은 현장 중심 행정의 모범이라 하기에 부족함이 없었습니다. 총리님이 내각을 떠나는 것은 매우 아쉽지만, 이제 자신의 길을 갈 수 있도록 놓아드리는 것이 도리일 것입니다. 앞으로도 언제, 어디에서든 간에 계속 나라와 국민을 위하여 봉사해주시리라고 믿습니다."

# 7  문 대통령이 이낙연의 '우분투' 칭찬한 이유

정세균 전 총리는 2020년 '코로나19 위기 극복을 위한 노사정 대표자회의'(5월 20일 첫 회의)를 발족시켰다. 회의에는 경사노위(대통령 소속 경제사회노동위원회)를 박차고 나간 민주노총도 들어오기로 했다. 민주노총은 경사노위라는 공식 기구를 이탈한 뒤 정부에 별도의 대화 채널을 요구해왔다.

문재인 대통령이 '책임총리'에 대해 언급한 적이 있다.

"왜 언론은 계속 '책임총리제' 하라고 하잖나. 언론이 제대로 (책임총리 차원에서 하는 새 회의를) 다뤄주려나? 이낙연 전 총리한테도 대선 주자 반열에 오르기 전에는 '총리가 안 보인다'고 하더구만. 그렇게 열심히 했는데도 말이지."

노사정대표자회의가 언론의 주목을 받을지 모르겠다면서 한 말인데, 대통령의 이낙연 전 더불어민주당 대표의 총리 시절에 대한 코멘트가 나와 귀에 쏙 들어왔다. 총리 시절 '그렇게 열심히 했는데도'라고 대통령은 말했다.

이낙연 전 대표는 문재인 정부의 초대 총리이자 최장수 총리(2년 8개월)다. 대통령과 총리는 매주 월요일 주례회동을 한다. 2년 8개월 동안 문 대통령과 일주일에 한 번 이상씩 꼬박꼬박 소통해온 것이다. 그런 이 전 대표가 총리에서 물러나던 날 문 대통령은 박수를 보냈다.

"정부 출범부터 지금까지 국정 개혁의 기반을 마련하고 내각을 잘 이끌어주신 이낙연 총리께 깊이 감사드립니다. 책임총리로서의 역할에 탁월한 능력을 보여주셨고, 현장 중심 행정으로 국민과의 소통에도 부족함이 없었습니다. 이낙연 총리님이 내각을 떠나는 것이 저로서는 매우 아쉽지만, 국민들로부터 폭넓은 신망을 받고 있는 만큼 이제 자신의 정치를 할 수 있도록 놓아드리는 것이 도리라고 생각했습니다. 앞으로 어떤 선택을 하든, 어느 자리에 서든, 계속 나라와 국민을 위해 봉사해주시리라 믿습니다."

### 당·정·청은 지금? 문 대통령 "환상적", 이 전 대표 "공동운명체"

국무총리를 지냈다고 무조건 대선 주자 반열에 오르는 것은 아니다. 이명박 정부에선 한승수(39대), 정운찬(40대), 김황식(41대)까지 세 명의 총리가 있었다. 박근혜 정부도 정홍원(42대), 이완구(43대), 황교안(44대)까지 세 명이 재임했다. 이 중 절반은 대선 주자와는 거리가 멀었고, 나머지 절반은 대선 주자로 거명은 됐으나 유력하다고 말하긴 어려웠다.

이낙연 전 대표는 총리 취임 당시에는 아예 대선 주자군 바깥에 있었다. 그러나 지금은 역대 총리 가운데 가장 유력한 대선 주자로 부상해 있다. 2020년 4월 15일 총선 직후 이 전 대표의 지지율은 다자대결에서 40퍼센트를 넘었다('리얼미터'와《오마이뉴스》의뢰 조사에서 40.2퍼센트). 총선 출마를 위해 총리에서 물러난 이 전 대표는 '더불어민주당 코로나19 국난극복위원회 상임위원장'을 맡아 선거를 지휘했다. 직책명대로 총선을 승리로 이끈 슬로건은 '국난 극복', 네 글자였다. 2018년 9월부터 여론조사 1위로 등극해 약 2년간 선두를 달렸으나 이처럼 코로나 극복을 위해 매진할 때 가장 지지율이 높았다.

　4·15 총선 승장이 된 뒤 이낙연 전 대표는 더불어민주당 당권을 거머쥐었다. 문재인 대통령과 이낙연 대표 시절의 당청 관계는 역대 어느 정부보다 순항했다.

문재인 대통령과 국무총리 시절의 이낙연 전 더불어민주당 대표(출처: 《연합뉴스》).

## 정권 재창출 대신 정권 재신임이라 하자

당청 관계가 최악일 때의 단면을 보자. 살생부殺生簿는 역사적인 단어다. 조선 단종 때의 '계유정난癸酉靖難' 당시 권신 한명회가 명부에 살릴 사람과 죽일 사람의 이름을 적어놓고, 입궐하는 대신의 얼굴과 명부를 대조한 뒤, 손볼 사람의 목숨을 앗아갔다는 데서 유래한 말이 살생부다. 그야말로 한국판 '데스노트'다.

그런 데스노트가 2016년 병신년 2월 여의도에서 돌았다. 박근혜 정부의 청와대에서 총선을 앞두고 비박계 의원 40명의 명단을 작성해 김무성 당시 새누리당 대표에게 보냈다. 김 대표가 이를 거부하면서 양측은 크게 충돌했고, 마침내 희대의 '옥새玉璽 파동'(또는 '옥새 들고 나르샤' 파동)으로까지 번졌다.

당청이 손발이 맞지 않았을 때는 이처럼 극단적인 사달이 벌어질 수 있다. 하지만 문 대통령과 이낙연 대표 시절은 달랐다. 2020년 9월 3일, 당시 노영민 비서실장에게 브리핑 발표문을 받았다. 그대로 옮겨본다.

문재인 대통령과 이낙연 더불어민주당 대표는 오늘 청와대 상춘재에서 오찬을 함께했습니다. 이 대표 취임 후 첫 오찬입니다. 이낙연 대표는 재임 기간 동안 오로지 위기 극복에 전념할 것이며, 야당과 원칙 있는 협치를 할 것이라는 두 가지를 강조했습니다. 문 대통령은 당 대표 취임을 축하하는 말씀과 함께 "든든하다. 언제든지 대통령에게 상의하시라. 주말도 상관없으니 전화하시라"고 했습니다.

당시 오찬에는 노영민 비서실장만 배석했다. 그래서 상세한 대화 내용은 알려지지 않았다. 하지만 대통령이 "주말도 괜찮으니 언제든 전화하시라"고 한 것은 이례적이었다.

이낙연 대표와의 오찬 회동 엿새 뒤 문 대통령은 더불어민주당 주요 지도부를 청와대로 초청해 간담회를 했다. 이 자리에서 문 대통령은 "지금 당정 간 여러 관계는 거의 환상적"이라고 평가했다. 그러면서 "엊그제 이낙연 대표님께서 국회 대표연설에서 '우분투ubuntu'라는 키워드로 정말 진정성 있게 협치를 호소하고 제안하셨다. 국민들이 아주 긍정적으로 받아들인다"고 호평을 했다.

'우분투'란 남아프리카 반투어로 '네가 있으니 내가 있다'라는 뜻의 말이다. 공동체 정신, 인류애를 뜻하는 단어다. '청와대가 있으니 당이 있다, 당이 있으니 청와대가 있다'는 말이 될 수도 있다. 이에 이 대표도 "당·정·청은 운명공동체이고, 당은 그 축의 하나"라며 "국난 극복을 최우선으로 생각하면서 책임을 다하겠다"고 화답했다.

그간 당·정·청은 다소 잡음이 나올 때도 있었지만 1~4차 추경안, 1~4차 긴급재난지원금, 한국판 뉴딜 정책에 있어 차질 없이 손발을 맞춰왔다.

문 대통령으로선 '안정감 있는' 이낙연 대표와 더불어민주당이 코로나 국난 극복의 든든한 동반자가 아닐 수 없었다. 이날 문 대통령은 "문재인 정부가 바로 민주당 정부"라며 당에 힘을 실어줬고, 이 대표는 "막중한 책임감을 느낀다"면서 국난 극복을 재차 다짐했다.

이 대표는 특히 "우리 정부가 두 개의 기적 같은 성취를 한 것을 자랑으로 생각한다"고 했다. 그는 첫 번째 성취로 권력기관 개혁을 꼽았다. 실제로 문재인 정부는 고위공직자비리수사처(공수처) 발족, 검·경 수사권 조정, 국정원 중립화 등을 이뤄냈다. 이 대표는 "전임 정부 누구도, 역대 민주당 대통령님들도 하지 못한 것"이라고 평가했다. 두 번째로는 "집권 5년차에 친인척과 측근 비리가 없는 최초의 정부"임을 자랑스럽다고 했다.

이날 이 대표는 "앞으로 '정권 재창출'이란 말 대신 '국민 재신임'이란 말을 쓰는 게 바람직하다"고 말했다. "정권 재창출은 자기들이 만드는 것 같은 오만이 느껴지기 때문에 국민 재신임으로 해야 한다"는 주장이었다. 이 전 대표는 "앞으로 누가 대선후보가 되든 일관성을 갖고 민주당의 정책을 추진해야 국민의 재신임을 얻을 수 있을 것"이라고 강조했다. 회의에서 다수의 공감을 얻었다.

## 지름길을 모르거든 큰 길로 가라

이낙연 더불어민주당 대표의 임기가 끝나갈 무렵인 2021년 2월 7일 문재인 대통령은 당 지도부를 청와대로 다시 한번 초청했다.

"이낙연 대표님이 중심이 되어서 당을 아주 잘 이끌어주신 것에 대해서 정말 매우 감사하게 생각합니다. 지금처럼 당·정·청이 활발한 논의로 한마음을 만들어 안정적인 모습을 보여줄 때가 없었습니다. 집권 여당의 안정적인 위기 대응 능력을 든든하게 생각하며 신뢰를 보내고 있습니다. 역대 가장 좋은 성과를 낸 당·정·청입니다."

"대통령께서는 신년사를 통해 올해를 회복, 포용, 도약의 해로 삼겠다고 말씀하셨습니다. 당도 정부와 함께 방역과 민생 안정, 경제 회복에 총력을 기울이겠습니다. 당은 2월 임시국회에서 가덕신공항특별법 등 지역 현안 법안들을 처리하겠습니다."

이 대표는 약속을 지켰다. 대역사인 '가덕신공항특별법'이 청와대 초청 간담회 이후 2월 국회를 통과했다.

이 전 대표를 대선 주자 반열에 오르게 한 동력으로 '말'과 '글'이 꼽힌다. 그의 언변은 이미 정평이 나 있다. 국회 대정부질문 답변에서 보여준 순발력은 야당 의원에겐 '통곡의 벽'이나 다름없었다. "○○○, △△△ 뉴스를 봤느냐"고 보도 내용을 무기로 따지려는 야당 의원에게 "옛날부터 좀 더 공정한 방송을 보고 있다"고 답변하는 식으로 정중하게 한 방 먹이거나 부드러운 '돌직구'를 날렸다.


지지층이 그를 주목하게 만든 또 하나의 계기가 글이다. 지난 2017년 10월 19일 이 전 대표는 봉하마을의 노무현 전 대통령 묘역에 참배한 뒤 방명록에 이런 짤막한 글귀를 남겼다.

'나라다운 나라로 사람 사는 세상 이루겠습니다. 당신을 사랑하는 못난 이낙연.'

'나라다운 나라'는 문재인 대통령, '사람 사는 세상'은 노무현 전 대통령의 슬로건이다. 이 둘을 그는 한 문장으로 절묘하게 결합했다. 그러고는 방명록에 직책인 '국무총리' 대신 '못난 이낙연'이라고 썼다.

이 전 대표는 노무현 전 대통령이 대선 후보였던 시절에 그의 대변인을 지냈다. 나는 이낙연 대변인을 출입기자로 만났다. 그가 대변인 시절 '후단협(후보 단일화 협의회)' 의원들은 노무현 대통령 후보가 선거대책위원회(선대위)를 발족하는 것까지 반대했다. 합류를 거부하면서 선대위를 띄우면 당이 깨질 것처럼 주장하며 노골적으로 노무현 후보를 흔들었다. 이에 맞서 노무현 후보는 선대위 출범을 강행했다. 당시 노무현 후보 측 이낙연 대변인의 한 줄짜리 논평이 잊히지 않는다.

'노무현 후보 선대위가 개문발차開門發車합니다.'

딱 한 문장으로 모든 미묘한 상황을 압축해서 정리해냈다. '개문발차'란 말은 이후에도 종종 정국 상황을 비유할 때 등장하곤 했는데, 내가 기억하기로는 이 전 대표가 19년 전 처음 비유한 표현이었다. 후단협 의원들에게 다음과 같이 일침을 가한 것도 명논평으로 꼽힌다.

"지름길을 모르거든 큰길로 가라. 큰길을 모르겠거든 직진하라. 그것도 어렵거든 멈춰 서서 생각해보라."

244

# 8    코로나 헌터 이재명과
       문 대통령의 동행

《중앙일보》 신용호 논설위원의 칼럼(2020년 6월 5일 자) 중 한 대목이다.

　얼마 전 여권 핵심 인사와 대화를 나누다 들은 얘기다.
　"항간에 '농사꾼' 박원순과 '사냥꾼' 이재명이란 말이 돌아다녀요."
　순간 손바닥으로 무릎을 탁 쳤다. 그가 얘기를 이어갔다.
　"차근차근 논과 밭에 씨를 뿌리고 나서 여름이 된 거죠. 풍년을 기원하는 농사꾼은 사람들을 모아 기우제를 지내기로 했어요. 기우제 준비가 한창일 무렵, 갑자기 사냥꾼이 나타난 거예요. 그러곤 '저기 멧돼지가 나타났다'고 외친 거죠. 기우제가 어떻게 됐겠어요. 사람들이 모두 사냥꾼 따라가는 거죠.

　칼럼의 내용이 일리 있다고 생각했는지 혹은 재밌었는지, TV 방송과 다른 여러 매체에서도 추종 보도를 했다. 덕분에 이

재명 지사에겐 '코로나 헌터'라는 별명이 하나 더 생겼다. 이재
명 경기도지사의 스타일을 설명하기 위해 칼럼을 인용했다. 고
인이 된 박원순 전 서울시장에게는 송구할 따름이다.

청와대에 있는 동안 이재명 경기도지사의 스타일을 눈으로
직접 확인할 기회가 꽤 있었다. 문재인 대통령과 이재명 경기도
지사가 머리를 맞댄 자리가 적잖았기 때문이다.

### 문 대통령 앞에서 '더 큰 위기 온다'던 이재명

2020년 3월 16일 청와대에서 열린 수도권방역대책회의에 문
대통령과 당시 고故 박원순 서울시장, 이재명 경기도지사, 박남
춘 인천광역시장, 진영 행정안전부장관, 박능후 보건복지부장관
등이 참석했다.

회의는 문재인 대통령의 모두 발언까지만 공개됐고 전체가
비공개였다. 비공개 회의에서는 상황 보고 및 토론이 있었다.

국무회의든 방역 대책 회의든, 대통령 주재 회의에는 자료

수도권방역대책회의에서
만난 문재인 대통령과
이재명 경기도지사(출처:
《연합뉴스》).

가 올라온다. 보고자들은 대체로 자료를 읽는 경우가 많다. 두터운 자료를 충실히 설명하는 것은 당연한 일이다. 하지만 보고 시간이 너무 길면 졸릴 때도 있다.

이날도 대부분의 보고자가 미리 준비한 자료를 읽었다. 하지만 이재명 지사는 경기도 방역 상황과 관련해서는 몇 줄만 요약해서 읽더니 "대통령님, 나머지는 읽어보시면 되니까 그냥 참고하시고요"라면서 자료를 덮었다. 그런 뒤 보고 자료에 없는 이야기를 즉석에서 하기 시작했다. 그런데 내용이 예상치 못한 것이었다.

"……지금 코로나 확진자 절대 수치가 감소하고 있어 안정적이란 생각을 합니다. 하지만 제 생각은 다릅니다. 신천지는 아주 특이한 돌발 변수고, 지금은 전 세계적으로 코로나 초기입니다. 우리나라 확진자 수(74명)에서 (가장 많은 비중을 차지하는) 신천지를 떼어낸다 해도, 나머지 확진자를 봐도 코로나는 '완화' 단계가 아니라 '초기' 단계입니다. 급증할 가능성이 있습니다. 코로나가 잡힌 게 아닙니다. '심리적 면역'을 준비할 때입니다. 전 세계적 파도, 코로나 2차, 3차 파도를 준비해야 합니다. '코로나와 같이 살 수밖에 없다'고 알려야 합니다."

대책 회의가 열린 3월 16일의 코로나 확진자는 74명. 신천지 사태 이후 하루 500명, 1천 명 가까이 치솟았던 때에 비하면 완연한 감소세였다. 지긋지긋했던 신천지의 암흑천지를 막 빠져나오는 시점이었다. 이 지사 앞의 보고자들은 밝은 전망을 주로 얘기했는데, 혼자서 다른 소리를 했으니 별로 귀담아들을 필요가 없는 얘기라고 생각하는 사람도 있었을 것이다. 솔직히 내가 그랬다. 심하게 말하면 1년 반 전에는 졸음을 확 달아나게 하는 소리였다. '깨는 소리' 말이다.

한술 더 떠 그는 코로나 상황의 심각함을 전제로 문 대통령에게 자신의 트레이드마크인 '재난기본소득'을 건의했다. 또한 코로나 진단 검사 시 신속항원검사 방식의 도입도 건의했다. 콧속에 면봉을 넣어 검체를 채취하는 신속항원검사법은 콧속과 목 안 깊이 면봉을 넣어 검체를 채취하는 'PCR 검사'(비인두도말 검사)와 방식이 비슷하다. PCR 검사에 비해 검체 채취와 진단 속도는 빠르지만 정확도는 다소 떨어진다. 그는 진단 검사 횟수를 늘리기 위해 "감염자 진단 및 추적 관리에 변화를 줘야 한다"고 주장하면서 독특한 '코로나 낚시론'을 전개했다.

"고기(감염자)가 많이 모이는 데서 낚시(진단 검사)를 해야 하는데, 지금은 고기가 흩어져 있습니다. 낚시가 아니라 투망을 던져야 합니다. 신속항원검사를 도입하면 대량 사전 조사가 가능합니다. (고기를 잡을 정확도가) 90퍼센트 이상은 아니더라도 70퍼센트는 잡을 수 있습니다. 최소한 고기가 있는지 확인은 가능합니다."

문재인 대통령은 그런 이재명 지사의 발언을 경청했다. 당시에는 뜬금없는 소리처럼 들렸던 그의 주장은 1년 반 이상이 지나자 하나둘 현실이 되었다. 그의 말대로 신천지는 잡았지만 코로나 2차, 3차 대유행이 닥쳐왔다. '재난기본소득'은 여러 논란과 대통령의 고민 끝에 '재난지원금' 형태로 현실화됐다. 그가 주장한 검사법(바이러스 낚시법)이 지금은 보편화됐다. 누구나 선별진료소에서 신속항원검사를 받을 수 있다. '코로나와 같이 살 준비를 해야 한다'는 말은 나중에 문재인 대통령의 연설문에도 등장하기 시작했다.

이 지사가 2020년 3월 16일에 한 진단을 1년 반쯤 지나서 되돌아보니 문재인 대통령과 코로나 헌터 이재명은 이미 동행을 시작하고 있었다.

## 주말 예배 강행, 경기도 적극 조치 지지

2020년 3월 16일(월요일) 수도권방역대책회의에서는 일부 교회의 주말 예배 강행에 대한 대책 토론도 있었다. 당시 신천지에 이어 경기 성남의 한 교회(은혜의 강)에서 무더기로 확진자가 발생한 상태였다. 경기도는 감염병 예방 지침을 지키지 않은 교회 137곳을 대상으로 '집회 제한 행정명령'을 발동한 상태였다. 대책 회의에서 이재명 경기도지사가 "구상권 청구 정도는 지연작전이지 방어 작전이 아니다. 집회 제한 행정명령으로 (지침을 어긴 곳은) 실제로 손해를 보게 만들어야 한다"고 주장하는 걸 들었다. 신천지 교주 이만희가 머물고 있던 가평 '평화의 궁전'으로 직접 쳐들어갔던 이재명 지사다웠다. 이만희와 마주치지는 못했어도 그의 방식은 화제였다. 그는 경기도 과천의 신천지 본부로 가서 대치 끝에 신도 명단도 받아냈다.

수도권방역대책회의 나흘 뒤인 3월 20일(금요일), 문재인 대통령이 부속실 직원을 통해 내게 문장을 하나 내려보냈다. '그대로 발표하라'는 것이 대통령 지시 사항이었다.

"주말을 맞았습니다. 많은 교회들이 협조해주셔서 감사드립니다. 그러나 여전히 예배를 열겠다는 교회들이 적지 않아 걱정입니다. 종교 집회에 대해 박원순 서울시장과 이재명 경기도지사가 취하고 있는 조치를 적극 지지합니다. 중앙정부도 지자체에만 맡기지 말고 지자체의 조치를 적극적으로 뒷받침해주기 바랍니다."

당시 일부 교회의 대면 예배에 대해 대통령 메시지를 내는 것을 두고 내부적으로 반대 의견이 우세했다. 그러나 문재인 대통령은 생각이 달랐다. 언론은 이를 대통령이 이재명 지사 등에 힘을 실어준 것으로 해석했다.

## 이재명 지사식으로 속 시원히

세간에는 이재명 지사를 '비문非文'으로 보는 경향이 있다. 하지만 '친문'이니 '비문'이니 하는 분류법 자체가 낡은 것이다.

2021년 5월 문재인 대통령과 이재명 경기지사는 '눈을 마주치며' 주먹인사를 나눴다. 삼성전자 평택캠퍼스 반도체 생산 현장에서였다. 이날 이 지사는 현장에서 문 대통령을 영접했다. 이어 문 대통령과 이 지사는 'K-반도체 전략 보고'를 함께 청취한 뒤 기념 촬영도 했다. 기념 촬영에선 문 대통령 왼쪽에 이 지사가 섰다. 이 지사는 문 대통령과 반갑게 웃으며 주먹인사를 나누는 사진을 자신의 SNS에 올렸다. '반도체 강국의 현재와 미래, 빈틈없이 준비되고 있습니다'라는 글과 함께였다.

……문재인 대통령님께서 오늘 세계 최고 반도체 강국의 위상을 지키고 새로운 도약의 계기로 만들기 위한 의지와 실천을 발표하셨습니다…… 일이 '되게' 하는 가장 빠른 방법은 간명한 원칙으로 돌아가는 것입니다. 오직 주권자인 국민의 삶을 최우선에 두는 것입니다. 반도체 산업 역시 그 원칙 아래 공정한 성장으로 만들어나가겠습니다.

문재인 대통령이 이재명 경기도지사에 대해 언급한 것이 기억에 남는다.

"언제까지 이런 식으로 마스크 하나 해결 못 하나. 이재명 지사 식으로 속 시원히 해결 못 하고. 지금 같은 긴박한 상황에서는 이재명 지사식의 말과 액션이 필요하다"(2020년 2월).
"이재명 지사 방식이 (국민에게) 메시지가 있는 것이다. 이재명 지사처럼 빨리빨리 액션을 취해야지"(2020년 3월).

코로나 위기를 돌파하는 방식 면에서 문재인 대통령과 이재명 지사는 '케미'가 맞았다. 문 대통령은 당·정과 경기도 간에 이견이 있을 때는 "이재명 지사에게 사람을 보내 설명을 해드리라"고 지시하곤 했다. 한 참모가 "이재명 지사와 통화했는데 '당인인 이상 당의 결정에 따를 것'이라고 하더라"고 전하자 문 대통령은 "참 고마운 자세네요"라고 평가한 적도 있다.

251

## 이재명 지사에게 본 '노무현 데자뷔'

나는 이재명 경기도지사를 2016년 7월 중순께 대면한 적이 있다. 《중앙일보》 정치부장을 할 때였다. 신문사 정치부장 시절 업무적으로 여당과 야당의 정치인들을 고루 만날 수 있었다. 당시 민주당은 야당이었고, 이재명 지사는 성남시장이었다.

그를 만난 뒤 한마디로 '정치 BQ'(brilliant quotient 지능, 행동력 등의 평가 지수)가 뛰어나다는 생각을 했다. 이 지사는 기초단체장이었지만 2017년 대선 가도에서 다크호스로 떠올라 있었다. 광역단체장도 아닌 기초단체장이 대선 주자 반열에 오른 예는 그때나 지금이나 얼른 떠오르지 않는다. 단도직입적으로 비결이 뭔지 물어봤다. 그는 영화 〈웰컴 투 동막골〉의 이장里長 얘기를 꺼냈다.

〈웰컴 투 동막골〉은 강원도 산골의 '동막골'이라는 신비한 마을에 국군, 연합군, 북한 인민군이 동시에 표류해 오면서 벌어지는 사건을 담은 영화다. 동막골은 이념도, 싸움도, 증오도 없는 마을이었다. 인민군 장교 리수화(정재영 분)가 나처럼 동막골 이장(정재진 분)에게 리더십의 비결을 물었다. 동막골 이장이 명언을 남겼다. "뭘 좀 마이 멕여야지."

이 지사는 바로 그 동막골 이장의 대사를 답으로 가름했다. 웃으며 농담처럼 말했지만, 농담만은 아니었다. 그는 호화 청사 건립 예산, 쓸데없는 토목공사 예산을 줄여 재원을 마련한 뒤 '청년 배당'(성남시의 만 24세 청년에게 분기별로 '성남사랑상품권'을 지급) 사업, 무상 교복, 공공 산후조리 지원 등의 정책을 펼친 얘기를 쭉 설명했다.

결국 '복지'가 비결이라는 답이었다. 기본소득을 포함한 '기본 시리즈'가 지금 이재명 지사의 간판 정책인데, 어찌 보면 나는 5년 전에 이미 원시적 구상을 들은 것이나 마찬가지였다.

이재명 지사는 보통의 자수성가형과는 다르다. 흙수저 정도가 아니라 무수저 소년공이라는, 여느 정치인들과는 다른 배경을 가지고 있다. 많이 알려진 얘기지만 그는 고등학교는 고사하고 중학교도 마치지 못했다. 빈농의 9남매 중 일곱째로 태어나 초등학교 졸업한 뒤 바로 공장에 다니면서 돈을 벌어야 했다. 당시 그의 어머니는 공중화장실 앞에서 수금을 했다고 한다 당시에는 공중화장실이 유료인 곳이 있었다.

'금수저' 출신이 아니라는 점, 검정고시를 거쳐 대학에 입학한 뒤 사법시험에 합격한 일, '사이다' 소리를 듣는 거침없는 언행까지…… 노무현 전 대통령이 떠올랐다. 그 자리에서 "'TK 노무현'의 필이 난다"는 얘기를 솔직하게 하고 말았다.

최근 이 지사가 아래처럼 말했다는 보도를 봤다.

"포퓰리즘으로 비난받은 정책을 많이 성공시켜 인정받았다. 무상 교복, 무상 급식, 무상 산후조리 등 온갖 정책들이 다 포퓰리즘이라고 공격받았지만, 지금은 다들 좋아하고 전국적으로 확대됐다. 앞으로도 그냥 포퓰리즘을 하겠다."

기자 시절 자주 취재했던 노 전 대통령의 말을 듣는 것 같았다. 완전 데자뷔였다.

## 설악산과 금강산은 모습이 다르지만 모두 태백산맥이다

문 대통령은 2021년 7월 4일에 "정치의 계절이 돌아왔으나, 청와대와 정부는 철저하게 정치적 중립을 지키라"고 지시했다. 이 말은 대선 후보 경선 과정에서 '문심文心'은 '1/n'(n=후보 수)이라는 뜻이 아닐까 한다.

여야를 통틀어 이 시각 현재(2021년 8월 15일) 여론 지지율 1위인 이 지사를 문 대통령 또한 '여권의 소중한 자산'이라고 생각하고 있을 것이라고 나는 본다. 물론 다른 더불어민주당 대선 후보들도 '여권의 소중한 자산'이다. 당연한 얘기를 굳이 강조하는 이유가 있다.

현재 권력(현 대통령)과 미래 권력(대통령 후보) 간의 정교한 정책 공조는 한국 정치를 위해서나 국민을 위해서나 중요한 문제다. 현재 권력과 미래 권력의 갈등은 늘 정치를 불안하게 만들었다. 더군다나 지금은 국난기다.

문재인 대통령은 이낙연 정세균 전 국무총리와는 일주일에 한 번씩 주례회동을 했다. 대통령과 두 전직 총리와의 원만한 동행에 대해서는 의구심을 가지는 사람이 거의 없을 것이다. 하지만 이재명 지사는 다른 것처럼 바라보는 시선이 있다.

그래서 국민의힘 홍준표 의원은 "문재인 대통령이 요즘 잠이 안 올 것이다. 이재명 경기도지사가 되면 내가 죽는다는 생각을 늘 할 것"이라는 말까지 했다. 막말의 수준을 넘은 발언이었다. 이런 자극적인 말일수록 바이러스성을 지니고 있어 확산되기 쉽다. 청와대에 들어온 뒤 문재인 대통령이 이재명 지사에 관해 언급할 때마다 쫑긋하면서 귀담아뒀다. 바이러스성 가짜뉴스에는 '팩트가 백신'이라고 믿어서다.

첨언하자면, 같은 산맥에서 나온 봉우리라도 모양이 똑같을 순 없다. 설악산과 오대산, 금강산은 서로 모습이 다르다. 하지만 모두 명산名山이다. 모두 함께 태백산맥을 이루고 있다.

# PART 3

## 외교로 팬데믹의 돌파구를 열다

# 25장 금요일 오후,
## 안보실장의 브리핑 폭탄

"'아~' 한 마디에 많은 게 내포됐다. 지난 3일 강민석 대변인이 외교안보 라인 인사를 발표하자 기자들 사이에서 탄식인지 탄성인지 모를 감탄사가 흘러나왔다"(《헤럴드경제》).

"청와대 대변인 입에서 '박지원'이라는 이름이 나왔을 때, 이곳 춘추관에서 취재하던 기자들 사이에서는 낮은 탄성이 흘러나왔습니다. 그만큼 예상치 못한 깜짝 카드였기 때문이겠죠"(〈SBS〉).

2020년 7월 3일 문재인 대통령이 박지원 국가정보원장을 후보자로 지명했을 당시 언론의 분위기는 놀라움이었다. 국정원장 지명 후 박지원 원장이 전화를 걸어왔다. 내가 "박지원 국정원장을 발표하자 기자들에게서 '아~' 소리가 나왔다"고 전하자, 박 원장은 "국정원장 하라는 말을 듣고 나도 '악' 소리를 냈다"고 했다. 박지원 국정원장 인사는 문 대통령의 '탕평+실용' 인사였다.

2020년 9월 25일, 박지원 원장이 청와대를 다녀갔다는 언론 보도가 나왔다. 이날 오전 문 대통령을 수행해서 국군의날 행사에 다녀왔는데, 예정에 없는 일정이 잡혔다. 외교안보 라인 핵심 인사들이 소집 대상이었다. 해양수산부 어업관리단 공무원 피격 사건 때문이었음을 직감했다.

오찬 사흘 전인 2020년 9월 22일 밤, 서해 소연평도 인근 해역에서 어업 지도 활동을 하던 해양수산부 어업관리단 소속 이모 씨가 실종 지점에서 38킬로미터 떨어진 북한 측 해역에서 북한군의 총격에 목숨을 잃었다. 당시 8·15 광복절 집회로 인한 2차 팬데믹의 불길이 가까스로 잡혀가던 시기였다. 그러나 돌발 사건이 일어나면서 정국이 새로운 블랙홀로 빠져들고 있었다.

### 대통령에게 건네진
### 대남통지문

언론 보도 내용은 박지원 원장이 문 대통령에게 A4 용지 한 장을 건네고 돌아갔다는 것이었다. 실제로 문 대통령은 "북에서 통지문이 왔습니다"라고 했다. 가슴이 쿵쿵 뛰었다.

'청와대 앞'으로 되어 있는 '조선로동당 중앙위원회 통일전선부' 명의의 2020년 9월 25일 자 통지문이었다. 통지문에는 사건에 대한 자체 조사 결과와 함께 김정은 북한 국무위원장의 사과 및 재발 방지 약속이 담겨 있었다.

……국무위원장 김정은 동지는 가뜩이나 악성비루스 병마의 위

협으로 신고하고 있는 남녀 동포들에게 도움은커녕 우리 측 수역에서 뜻밖의 불미스러운 일이 발생하여 문재인 대통령과 남녀 동포들에게 커다란 실망감을 더해준 데 대해 대단히 미안하게 생각한다는 뜻을 전하라고 하시였습니다…….

회의에서는 북한의 통지문을 전문 그대로 공개하기로 결정했다. 가슴이 또 한 번 쿵쿵했다. 문 대통령이 남북 간에 오간 정상 친서를 언급해서였다.

2020년 9월 8일에 문 대통령은 김 위원장에게 친서를 보냈고, 김 위원장은 나흘 뒤인 9월 12일 답장을 보내왔다. 문 대통령과 김정은 위원장 간에 친서가 오간 사실을 이날 처음 알았다. 기자 DNA가 남아 있었는지, 특종 할 것도 아니면서 큰 뉴스만 들으면 흥분했다. 문 대통령은 "친서도 공개해버리자"고 했다.

통지문만 해도 빅뉴스인데, 친서까지 공개하면 언론이 체할 것 같았다. 나는 "오늘(금요일)은 통지문만 공개하고 친서는 일요일 무렵에 순차로 공개하는 게 어떻겠느냐"고 건의했으나, 문 대통령은 그냥 오늘 한꺼번에 공개해버리도록 했다. 특전사 출신 대통령다웠다. 통지문과 친서 발표는 사안의 중요함을 감안해 서훈 안보실장이 하기로 했다. 문 대통령이 보낸 친서와 김정은 위원장의 답장의 주요 내용은 다음과 같다.

코로나바이러스로 너무나도 길고 고통스러운 악전고투의 상황에서 집중호우, 그리고 수차례의 태풍에 이르기까지 우리 모두

에게 큰 시련의 시기입니다. 나는 국무위원장께서 재난의 현장
들을 직접 찾아 어려움에 처한 이들을 위로하고, 피해 복구를 가
장 앞에서 헤쳐 나가고자 하는 모습을 깊은 공감으로 대하고 있
습니다. ……우리 8천만 동포의 생명과 안위를 지키는 것은 우리
가 어떠한 도전과 난관 속에서도 반드시 지켜내야 할 가장 근본
일 것입니다. 매일이 위태로운 지금의 상황에서도 서로 돕지 못
하고 있는 현실은 안타깝지만, 동포로서 마음으로 함께 응원하
고 함께 이겨낼 것입니다.

2020년 9월 8일 대한민국 대통령 문재인.

대통령께서 보내신 친서를 잘 받았습니다. 오랜만에 나에게 와
닿은 대통령의 친서를 읽으며 글줄마다에 넘치는 진심 어린 위
로에 깊은 동포애를 느꼈습니다. 보내주신 따뜻한 마음 감사히
받겠습니다.
나 역시 이 기회를 통해 대통령께와 남녘의 동포들에게 가식 없
는 진심을 전해드립니다. 누구도 대신해 감당해줄 수 없는 힘겨
운 도전들을 이겨내며 막중한 부담을 홀로 이겨내실 대통령의
로고를 생각해보게 되었습니다. 대통령께서 얼마나 힘드실지, 어
떤 중압을 받고 계실지, 얼마나 이 시련을 넘기 위해 무진 애를
쓰고 계실지, 누구보다 잘 알 것만 같습니다.
하지만 나는 대통령께서 지니고 있는 국가와 자기 인민에 대한
남다른 정성과 강인한 의지와 능력이라면 반드시 이 위기를 이
겨내실 것이라고 마음속으로 굳게 믿습니다. 어려움과 아픔을

겪고 있는 남녀과 그것을 함께 나누고 언제나 함께 하고 싶은 나의 진심을 전해드립니다.

끔찍한 올해의 이 시간들이 속히 흘러가고 좋은 일들이 차례로 기다릴 그런 날들이 하루빨리 다가오기를 손꼽아 기다리겠습니다.

조선민주주의인민공화국 국무위원회 위원장 김정은.

2020년 9월 12일.

'끔찍한 올해의 이 시간들이 속히 흘러가고 좋은 일들이 차례로 기다릴 그런 날들이 하루빨리 다가오기를 손꼽아 기다리겠다'는, 교착 국면에 있는 남북관계를 감안했을 때 주목할 만한 내용이 들어 있었다. 청와대로 들어온 뒤 처음으로 접한 김정은 위원장의 존재감이었다.

## 가열되는 '대통령의 00시간' 공격과 진화

서훈 안보실장은 북에서 온 통지문과 남북 정상의 친서를 각각 오후 2시, 4시에 순차적으로 발표했다. 서 실장은 남북, 북미 협상에 있어선 산전수전, 공중전까지 다 치른 자타가 공인하는 최고의 베테랑이었다. 북한 김정일 전 국방위원장이 "왜 우리 공화국에는 서훈 같은 사람이 없는가"라고 했다는 일화도 전해온다.

대형 뉴스 폭탄 두 개가 금요일 오후에 2시간 간격으로 연이어 터졌으니 춘추관 기자들에게서 힘들다는 하소연이 나오는 게 무리도 아니었다. 하지만 일부 기자는 내게 전화를 걸어와

서훈 안보실장이 브리핑을 하는 모습(출처: 《연합뉴스》).

"서훈 실장이 침착하고 나지막하게 친서를 발표할 때 울컥했다" 거나 "마음으로 박수를 보냈다"는 얘기를 해줬다.

기자들 반응을 보고 내심 논란이 진정될 것으로 기대했다. 그러나 논란의 진정은 고사하고, 조간신문을 보니 숨이 턱 막혔다.

"만행이라더니…… 김정은 '미안' 한마디에 반색하고 나선 文 정부"(A 신문 1면).
"최초 보고 후 대면 보고 사이…… 靑 '文 대통령 10시간'엔 이틀째 침묵"(A 신문 4면).
"文 대통령 '평화' 6번 강조…… '총살' 언급 없었다"(B 신문 4면).
"국민이 北에 피격당했는데…… '평화'만 6번 언급한 문 대통령"(C 신문 1면).

"'보고'와 '분석'에 허비한 50시간…… 북한 만행 지켜만 봤다"(C 신문).

"세월호 비판한 문 대통령, 47시간 분·초 단위로 밝혀라"(D 신문).

대북통지문 수령 자체를 저자세라고 비꼬거나, 9월 25일 오전 국군의날 기념식에서 대통령의 연설문 속에 '평화'라는 단어가 몇 개 나왔는지 맥락을 무시하고 세어가며 비난했다. 가장 심각했던 건 세월호 참사 당시 '박근혜의 7시간'을 문제 삼듯 '대통령의 ○○시간'이라는 프레임을 거는 보도였다. 해당 사건이 벌어졌을 때 대통령이 어떻게 행동했는지를 밝히라면서 밑도 끝도 없이 '○○시간' 프레임을 씌웠다. 어느 신문은 '대통령의 10시간', 또 어느 신문은 '대통령의 37시간', 다른 신문은 '대통령의 47시간', 또 다른 신문은 '대통령의 50시간'이라고 했다. 김종인 위원장은 "분초까지 공개하라"고 억지를 썼다.

가만히 앉아 있을 순 없었다. 또 한 번 작정하고 컴퓨터 앞에 앉았다. 긴 서면 브리핑을 만들어 정면 대응했다.

'대통령의 시간'은 너무 일러서도 안 되며, 너무 늦어서도 안 되는, 단 한 번의 단호한 결정을 위한 고심의 시간입니다. 특히 한반도를 대결 구도로 되돌아가게 하느냐 마느냐의 분수령이 될 수 있는 안보 상황이 발생했을 경우, 대한민국 대통령이 일차적으로 고심하는 지점은 '위기관리'일 수밖에 없습니다. 어업지도원 피격 사건과 관련하여 문재인 대통령이 보고를 받고, 공식 입장을 표명하고, 관련한 회의를 주재하는 일련의 과정은 바로 한반도의 위기관리를 위한 시간이었습니다.

안타까운 일이지만 당시 상황을 돌아보겠습니다. 마치 우리 군의 코앞에서 일어난 일처럼, 망원경으로 들여다보고 있었던 것처럼 간주하고 비판 보도를 하고 있습니다만, 기본적으로 우리 바다에서 수십 킬로미터(38킬로미터) 떨어진 북한 해역, 우리가 볼 수도 없고 들어갈 수도 없는 곳에서 일어난 사건이었습니다. 우리 군의 눈으로 확인할 수 있었던 것은 멀리 북한 해역에서 불꽃이 감시 장비에 관측됐다는 것 외에는 아무것도 없는 상황이었습니다. 단지 토막토막의 '첩보'만이 존재했던 상황입니다.

북한군이 실종 공무원을 사살한 뒤 불로 태워 시신을 훼손했다는 첩보를 접했을 때 확인이 먼저임은 불문가지입니다. 일단 9월 23일 심야 긴급 관계장관회의에서 정부는 토막토막 난 첩보를 잇고, 그렇게 추려진 조각조각의 첩보로 사실관계를 추론하고, 그 정확성을 확인하기 위해 노력했습니다.

심야 긴급 관계장관회의는 (9월 24일) 새벽 2시 30분에 끝났고, 사실을 확정하지 못한 상태에서 6시간 뒤 (8시 30분) 대통령께 정식 보고됐으며, 대통령은 첩보 또는 정보의 정확성과 이를 토대로 한 사실 추정의 신빙성을 재확인하고, 사실로 판단될 경우 국민들에게 그대로 밝히고 북한에도 필요한 절차를 구할 것을 지시했습니다. 대통령에 따르면 "사안이 너무도 중차대"했습니다. "거듭거듭 신뢰성이 있는 건지, 사실이라고 판단할 수 있는 건지" 확인이 필요했습니다.

충분한 사실관계가 확인이 되어야 국민들에게 투명하게 밝히는 한편 북측의 사과를 받아내고, 재발 방지를 약속받을 수 있는 것이기 때문입니다. 이후의 대응(9월 24일, 문 대통령의 NSC(국가안전보장회의) 소집 지시 → NSC 회의 및 결과 보고 → 문 대통령의 대북 메시지 발표 → NSC 추가 소집 → 문 대통령의 긴급 안보관계장관회의 주재)은 상술을 생략하겠습니다.

문 대통령의 대북 메시지(9월 24일) 이후 김정은 국무위원장의 사과가 담긴 통지문이 이례적으로 신속하게 도착(9월 25일)했습니다. 외신은 "북한 지도자가 특정 이슈에 관해 남측에 사과하는 것은 극히 이례적(extremely unusual)"이라고 보도했고, 미국 국무부(25일) 대변인은 "도움 되는 조치"라고 평가했습니다. 《뉴욕타임스》는 "이번 사과가 남북관계의 또 다른 심각한 위기가 될수도 있었던 일을 막은 것으로 보인다"고 분석했습니다. 반면 일부 국내 언론의 접근을 보겠습니다.

"만행이라더니…… 김정은 '미안' 한마디에 반색하고 나선 文정부"(A 신문, 9월 26일 자 1면).

이와 유사한 국내 언론의 보도가 이어졌습니다.

지난 2015년 8월 4일 '목함지뢰' 도발 사건 때를 되돌아봅니다. 불행한 사건이었습니다. 우여곡절 끝에 북한군의 '유감 표명'이 약 20일 뒤 있었습니다.

> "'사과'란 말 한 적 없던 北, 이번엔 명확하게 "유감 표명하겠
> 다"(A 신문).
> "南北 일촉즉발 위기 속, 朴 대통령 '원칙 고수' 승부수 통했
> 다"(A 신문).
> "북 '지뢰 폭발로 남측 군인 부상 유감'…… 북한 주어로 명시
> 유감은 처음"(B 신문).
> "대화와 타협이 남북한 파국 막았다"(B 신문 사설).

북한 최고지도자의 사과 정도가 아니라 공동 보도문에 '유감'이란 단어가 들어가자 당시 언론이 내린 평가였습니다.

언론 탓을 하려는 게 아닙니다. 남북이 냉전과 대결 구도로 되돌아가야 한다는 것 같은 주장이 서슴지 않고 고개를 들고 있는 것이 우려스러워서입니다.

어떤 언론은 대통령이 북한 통지문 수령 후 시행한 국군의날 기념식에서 '평화'를 몇 번 언급했는지까지 세어서 비난했습니다. 해당 (국군의날) 연설은 물론 이미 국민의 생명과 안전을 위협하는 그 어떤 행위에 대해서도 단호히 대응할 것임을 국민께 약속 (대북 메시지 등)했는데도 말입니다. 대통령께서 오늘 수보회의 (수석보좌관회의) 모두 말씀에서 유족에게 위로를 보내면서 강조

하셨듯이, 일어나선 안 될 일이 일어난 것에 대해 정부는 송구한 마음입니다. 하지만 강한 안보는 물론이고, 그래서 더욱 평화입니다. 문 대통령께서 자주 인용하시는 마하트마 간디의 말을 소개해드리고자 합니다. '평화로 가는 길은 없습니다. 평화가 바로 길입니다.'

당시 장문의 반박 브리핑을 《한국일보》와 《뉴스1》 등이 앞선 리드 문장과 함께 전문을 보도해줬다. 매우 이례적이었다.

"강민석 청와대 대변인이 28일 장문의 서면 브리핑을 냈다. 실종 공무원 피격 사건 전후 대응 과정에서 '문재인 대통령은 어디에서, 무엇을 했나'라는 의혹이 좀처럼 잦아들지 않는데다, 문 대통령이 김정은 북한 국무위원장의 사과를 부각하는 것에 대해 '지나친 저자세'라는 비판까지 거세지자 약 2,700자짜리 장문의 브리핑으로 '정면 반박'한 것이다……"(《한국일보》).

박근혜 정부 시절 일어난 목함지뢰 사건 당시 남북은 고위급 접촉에 나섰다. 우리 측이 황병서 군 총정치국장 등과의 협상에서 얻은 문장은 '북측이…… 유감을 표명하였다'가 전부였다. 유감 표명을 박근혜 대통령의 승부수가 통했다고 쓰던 언론이, 이번 김정은 위원장의 '사과'에 대해서 보인 이중 잣대야말로 유감이자 아쉬운 일이었다. 긴급 브리핑 발표와 추석 연휴가 다가오면서 조금씩 공세는 수그러들었다.

그런데 최근 윤석열 씨가 이모 씨 유족을 만나 "정부가 북한의 비인도적 처사에 강력 항의하고 진상규명과 재발 방지를 강력 촉구해야 하는데, 이를 하지 못하고 있다"고 비난했다는 보도가 있었다.

이번 사건은 모두 북한 측 영토에서 이루어졌다. 국방부와 해경이 내린 공식 결론은 실종 공무원 이모 씨의 월북이었지만 북한군이 비무장 민간인인데다 저항 의사가 없었던 이모 씨를 잔혹하게 총격 살해한 건 용납할 수 없는 행위였다. 그래서 문재인 대통령은 9월 24일 "충격적인 사건으로 매우 유감스럽다. 어떤 이유로도 용납될 수 없다"고 규탄 입장을 밝혔다. "북한 당국은 책임 있는 답변과 조치를 취해야 한다"고도 촉구했다.

NSC 상임위도 "북한은 이번 사건에 대한 모든 책임을 지고, 그 진상을 명명백백 밝히는 한편, 책임자를 엄중 처벌해야 한다. 아울러 반인륜적 행위에 대해 사과하고, 이러한 사태의 재발 방지를 위한 분명한 조치를 취해야 한다"고 성명을 발표했다.

이런 문 대통령의 입장 발표와 NSC의 규탄 성명 발표 하루 뒤 김 위원장의 사과 및 재발 방지 약속이 담긴 통지문이 도착한 것이다. 이걸 알고도 하는 소리인지, 몰라서 하는 소리인지, 그냥 준비가 안 된 것인지 헷갈린다.

PS. 2021년 7월 27일 남북을 잇는 직통 연락선이 전면 복원됐다는 뉴스를 접했다. 판문점과 남북공동연락사무소(서울 사무소)에 설치된 '남북직통전화'가 연결됐고, 군 통신선이 복구됐다.

문재인 대통령과 김정은 국무위원장의 '친서 소통'에 의한 결과라는 청와대 발표가 있었다. 멈춰 섰던 남북 소통의 시곗바늘이 조금씩 다시 돌아가고 있다. 작년 문 대통령과 김 위원장의 친서 교환을 지켜봤던 입장에서 더욱 감회가 새로웠다. 이제 '한반도 평화 열차(프로세스)'의 바퀴도 조금씩 굴러갈 차례가 아닐까 한다.

# 26장 선조들의 꿈을 보라매로 이뤄내다

청와대 대변인 14개월 동안 원 없이 해본 게 헬기 탑승이다. 헬기 타고 가서 공군 2호기로 갈아타고, 다시 차량으로 이동하는 식으로 헬기를 마을버스처럼 타고 다녔다. 청와대 수송관들은 헬기를 '잠자리'라는 은어로 부른다. 잠자리든 헬기든 청와대에 들어오기 전(1번)보다 40배 이상은 많이 탔다. 그만큼 대통령이 현장을 찾는 일이 많았다는 의미다. 지난 14개월 동안 대통령의 동선動線 가운데 지방 방문이 총 45회, 진단키트를 개발한 송파구

문 대통령이 가는 곳엔 인파가
모였다(출처: 《연합뉴스》).

의 '씨젠' 방문처럼 서울에서 치른 일정은 뺀 수치다. 서울 일정을 포함하면 모두 75차례로, 대통령은 한 달에 5~6회, 주 1회 이상 현장을 찾았다.

대통령의 현장 방문은 국민과 직접 소통을 하겠다는 의지의 반영이다. 현장 방문 중 대한민국의 힘과 기술력을 느끼게 해준 세 장면을 꼽아봤다. 모두 '하늘'과 관련이 있다.

### 새해 첫날 문 대통령이 '피스아이'에서 일출을 보다

문재인 대통령은 2021년 1월 1일, 신년 첫날을 '피스아이(E-737)' 초계비행哨戒飛行(적의 습격을 대비해 경계하며 비행함)으로 열었다. 피스아이는 '공중조기경보통제기'다. 공중에서 지휘통제 임무를 수행하는 우리 공군의 핵심 전력이다. 피스아이는 지상 레이더보다 우수한 고성능 레이더를 장착했다. 멀리서 비행하는 적의 항공기를 포착해 지상기지에 보고하고, 우리 군의 전투기를 지휘·통제하는 항공기라서 '공중 전투지휘사령부'라고 불린다.

문 대통령은 새해 첫 아침을 보통 산행山行으로 열곤 했다. 하지만 올해 첫 아침은 고심 끝에 지휘비행 동승을 선택했다. 안보와 국방에 대한 의지를 보여주고, '국민의 군대'에 대한 치하와 격려를 위해서였다. 우리 군은 본연의 안보 임무 외에 코로나 위기에서 재해 재난 극복에도 앞장섰다.

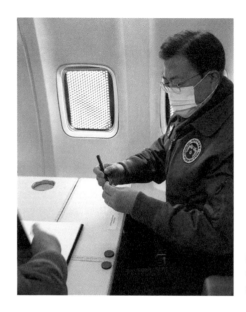

문재인 대통령은 피스아이에
탑승한 우리나라 첫 번째
국군통수권자가 되었다.

이날 오전 6시 30분부터 지휘비행에 나선 문 대통령은 피
스아이를 타고 2시간여 동안 우리 영토 및 영해를 고루 비행했
다. 일망무제一望無際. 피스아이에서 본 하늘엔 눈을 가리는 것이
없었다. 바라보아도 끝이 없이 멀고 멀었다. 지휘비행 도중 문
대통령은 다양한 부대장들과 통화를 했다.

최전방 육군 22사단 GOP대대장, 이지스 구축함인 율곡이
이함 함장, 해병대 연평부대장, 공군작전사령부 항공우주작전본
부장, 그리고 멀리 해외(UAE) 파병 중인 아크부대장 등. 문 대통
령은 부대장들에게 "특이 동향이 있느냐"고 상황을 점검한 뒤
"완벽한 대비 태세를 유지하기 위해 불철주야로 경계 작전을 하
느라 수고가 많다. 고맙고 든든하다"고 격려했다. "장병들에게

도 대통령의 안부를 전해달라"는 말도 잊지 않았다.

문 대통령이 탑승한 피스아이는 F-15K 2대, F-16 2대가 편대비행을 하면서 엄호했다. 문 대통령은 이들 비행편대장과도 통화했다.

문 대통령이 2시간 동안 피스아이에서 영공 영해를 정찰하는 동안…… 해가 떠오르기 시작했다.

"바다에서 뜨는 일출이 아니라, 구름 위에서 뜨는 일출이라…… 일출을 보니 올해는 국민들에게 좋은 일만 있기를 바라는 마음이 간절합니다."

일출을 보며 문 대통령이 한 말이다. 신년 처음으로 떠오르는 태양을 하늘 위에서 보며 문 대통령은 2021년을 출발했다.

피스아이에서 내린 문 대통령은 "평생 살아오면서 작년처럼 모두에게 힘든 해는 처음이었다"면서 "새해 새 아침에는 처음 떠오르는 태양을 하늘에서 보면서 좋은 기운을 듬뿍 받았다"고 기뻐했다.

문 대통령 덕분에 '잠자리' 말고 우리 공군의 핵심 전력인 '피스아이'에도 오를 수 있었다. 문 대통령은 피스아이에 탑승한 첫 국군통수권자였다.

**지축을 울린 한국형 우주발사체
'누리호'**

2021년 3월 25일 문재인 대통령이 전남 고흥군에 있는 고즈넉

한 섬, 외나로도外羅老島에 도착했다. 섬에 있는 나로우주센터에서 '누리호' 종합연소시험(모의발사시험)을 참관하기 위해서였다. 나로우주센터는 우리나라 최초의 우주센터다. 이곳에서 2013년 '나로호' 발사에 성공했다─우리나라는 세계 13번째 우주센터 보유국이다. 외나로도에서 이름을 따온 나로호는 한국의 첫 '우주발사체'다. 우주발사체는 탑재물(위성)을 싣고 지구를 벗어나 우주의 정해진 곳까지 실어 올리는 로켓이다.

인공위성을 지구 바깥 궤도에 진입시키려면 우주발사체, 즉 로켓이 필요하다. 로켓의 앞머리에 위성을 실으면 우주발사체가 되고, 폭탄을 실으면 '미사일'이 된다.

우주발사체 개발을 놓고 각국은 치열한 경쟁을 벌이고 있다. 2013년 나로호 발사 성공으로 한국은 세계에서 11번째 우주발사체 발사 성공국이 됐다. 다만 러시아의 도움을 받아서 성공이 가능했으니 절반의 성공이었다.

이번에 문 대통령이 참관한 '누리호'는 우리 기술로 만든 '한국형 우주발사체'다. 발사체는 대개 로켓을 2~3개(단) 연결한 모양이다. 각 단은 독립적 엔진을 가진 로켓이다. 큰 로켓 위에 작은 로켓을 올려놓는 구조다. 나로호는 2단 로켓, 누리호는 3단 로켓이다. 우리 기술로 만든 발사체 누리호가 훨씬 대형이다.

누리호는 지상 600~800킬로미터 위 지구궤도에 1.5톤급 실용위성을 실어 나를 수 있다. 1단 로켓에는 75톤급 액체엔진 4개, 2단 로켓에는 75톤급 1개, 3단 로켓에는 7톤급 액체엔진이 추진력을 낸다. 로켓엔진을 가동시킬 연료는 등유(액체)를 사용

누리호 1단 종합연소시험. 엔진에 전화하자 엄청난 양의 수증기가 발생했다. 시험은
성공이었다(출처: 《연합뉴스》).

문재인 대통령이 연소 시험을 보면서 기립해서 박수를 보내고 있다(출처: 《연합뉴스》).

한다.

2단, 3단 연소시험은 이미 성공했다. 마지막 남은 1단 로켓의 최종 시험을 이날 한 것이다. 가장 큰 로켓인 1단 연소시험이기 때문에 가장 어려운 관문이었다.

"점화 26초 전, 10초 전, 엔진 점화." 굉음과 함께 발사대 왼편으로 엄청난 양의 수증기가 뿜어 나왔다. 125.5초 후 굉음이 멈추었다. 엔진에서 연료가 연소되는 125.5초 동안에는 지축이 흔들릴 정도였다.

굉음이 그치면서 엔진 연소가 정상적으로 끝났다. 시험이 깨끗이 성공했다. 이제 우리나라도 세계 일곱 번째로 발사체를 자기 힘으로 발사할 수 있는 나라가 됐다. 김대중 전 대통령이 우주발사체 개발을 결정한 지 20년 만에 이룬 쾌거였다. 이제 실제 발사만 남았다. 두어 달 뒤인 2021년 10월 '누리호'는 '더미(시험) 위성'을 탑재해서 우주로 떠날 예정이다.

엔진이 연소되는 시간 내내, 문재인 대통령은 기립해서 박수를 치면서 쾌거를 축하했다.

## 우주가 우리에게 왜 중요할까

"칠흑 같이 어두운 밤에 내비게이션에 의존하여 자동차로 길을 찾아가고 있을 때, 갑자기 GPS 서비스가 중단되는 황당한 상황, 생각해보셨습니까? GPS는 내비게이션, 금융 거래 등과 같이 국민 실생활에서 뗄 수 없는 다양한 서비스를 실시간으로 제공합니다. GPS가 멈춰버리면 국민 실생활이 멈추게 되는데, 정말 그럴 수 있을까요? 예, 그렇습니다. 왜냐하면 지금 우리는 독자 시스템 없이 남의 것에 의존하고 있기 때문입니다." 나로우주센터에서 열린 우주전력보고대회 당시 한 전문가의 설명이었다.

이제는 인공위성으로 길을 찾고, 환경과 국토까지 관리하는 시대다. 한국은 그동안 17기의 인공위성을 우주로 보냈다. 9기는 임무를 종료했고, 8기가 지금도 지구궤도에서 방송·통신부터 미세먼지 관측, 국토 정밀 관측 등의 다양한 임무를 수행하고 있다.

그런 인공위성을 우리 발사체로 쏘아 올릴 수 있다면 우주산업을 선도할 수 있다.

모건 스탠리는 글로벌 우주산업 시장이 2040년 1조 달러(1,200조 원)까지 폭발적으로 성장할 것으로 예상했다. 성장 잠재력이 매우 높은 분야이며, 감시·정찰 같은 국가 방위나 국격 제고 측면에서도 매우 중요하다. 우주사업은 기술이전을 받기 어려워 해외에 의존할 수 없는, 자립이 필요한 영역이기도 하다.

문재인 대통령은 "오늘 '누리호' 1단부 연소시험 성공을 지켜본 우리 아이들은 달을 넘어 화성으로, 그 너머 광활한 우주로 나아갈 것"이라며 "우리가 밤하늘의 별을 바라보면서 우주로 향한 꿈을 멈추지 않고 나아간다면 항공우주 분야에서도 반드시 선도국가로 도약할 수 있을 것"이라고 격려했다.

## 한국형 전투기 '보라매'의 비상

누리호 연소시험 성공 보름쯤 뒤인 지난 4월 9일 경남 사천의 한국항공우주산업(KAI). 한국형 전투기(KF-X) 시제기(대량 생산에 앞서 제작한 최초의 항공기) '보라매'의 출고식이 열렸다. 문재인 대통령과 인도네시아(공동 개발국) 국방장관 등 내빈 앞에 우리가 독자 개발한 한국형 초음속 첨단 전투기 'KF-21' 시제기 '보라매'가 늠름한 위용을 드러냈다. 전투기에서 조종사 양윤영 공군 대위가 내려와 문 대통령에게 거수경례를 했다. 문 대통령도 거수경례로 답하고, 감격의 연설을 시작했다.

"우리도 드디어 따라잡았습니다."

문 대통령은 'KF-21' 시제기 출고를 이끈 20명의 개발진 이름을 일일이 호명하면서 감사를 표했다.

"100여 년 전 도산 안창호 선생을 비롯한 선각자들과 대한민국임시정부는 광복군에 공군을 창설하는 꿈을 꾸었습니다. '우리 손으로 우리 하늘을 지키자'는 선조들의 꿈을 오늘 우리가 이뤄냈습니다. 참으로 가슴 벅찬 일이 아닐 수 없습니다."

항공산업은 우주산업처럼 다양한 분야의 첨단기술이 모여야 한다. 역시 선진국들이 기술이전을 해주지 않기 때문에 진입장벽이 매우 높은 산업이다. 지금까지 소수의 세계 상위 국가들만 전략적으로 육성할 수 있었다. 그런데 이제 세계 여덟 번째로 독자개발한 첨단 전투기를 가질 수 있게 됐다. 국군통수권자로

문재인 대통령이 보라매 앞에서 연설을 하고 있다(출처: 《연합뉴스》).

서의 감회가 남다른 이유였다.

이 사업 또한 누리호처럼 2001년 김대중 대통령 시절 첫발을 뗐다. 김 전 대통령이 첨단 국산 전투기 개발의 비전을 제시한 이래 20년 만의 쾌거였다.

당초 미국으로부터의 전투기 핵심기술 이전 도입이 박근혜 정부에서 좌절됐다. 우리 기술력만으로는 어렵다는 회의론도 많았다. 하지만 20명의 개발진이 기어코 핵심기술을 장착한 국산 전투기를 만들어냈다.

핵심기술 중 대표적인 것은 전투기의 '눈'이라고 할 수 있는 '에이사AESA'(다기능위상배열레이다) 레이더다. 공중전과 지상표적에 대한 정밀 타격을 가능하게 하는 첨단장치다. 다음은 '적외선 탐색 추적 장비'다. 에이사 레이더와 함께 적기와 미사일을 빠르게 포착할 수 있다.

지상의 물체를 정밀하게 조준할 수 있는 '전자광학 표적추적장비', 적의 레이더 탐색을 교란하는 '통합 전자전 시스템' 등의 기술도 개발 과정에서 획득했다.

시제기 출고 이후 본격적인 '보라매'의 양산에 들어가면 2028년까지 40대, 2032년까지 모두 120대를 실전에 배치한다. 문 대통령은 "앞으로 'KF-21, 보라매'가 우리 공군의 중추가 될 것"이라고 했다.

첨단 국산 전투기 개발 효과는 경제적으로도 엄청나다. 한국항공우주산업㈜ 안현호 대표는 "정부와 연구기관, 협력 업체들이 한마음으로 만들어낸 KF-21은 안보자산인 동시에 산업자산"이라고 했다. 'KF-21'에는 3만 개가 넘는 세부 부품이 들어간다. 대기업부터 중견기업, 중소기업까지 700개 이상의 국내 업체가 참여하고 있다, 개발 과정에서만 1만2천 개의 좋은 일자리가 만들어졌는데, 양산 단계에 들어가면 10만 개의 일자리가 추가로 생기고, 5조9천억 원에 달하는 부가가치가 창출될 것이란 분석이다. 수출까지 활발히 이뤄진다면 그 효과는 더욱 커진다.

외교·안보라는 게 그런 것 같다. 당장 손에 잡히는 결실이 나오기는 힘들다. 씨를 뿌리고 정성껏 가꿔야 한다. 감나무 밑에 드러누워 입만 벌리고 있으면 절대 감은 떨어지지 않는다.

# 27장   일본은 '이르면 3월', 한국은 '빨라야 2월'이라고?

이제 코로나 팬데믹이 시작된 이후 지난 1년여간 가장 정치적으로 악용되었던 백신 공급과 개발에 대한 이야기를 시작하려 한다.

문재인 대통령은 코로나 초기부터 백신의 공급과 개발에 힘을 기울여왔다. 이종구 전 질병관리본부장 등의 조언대로 코로나 초기 상황에선 일단 백신 '개발'에 드라이브를 걸었고(4월 9일부터), 다른 한편으로는 글로벌 제약사로부터 백신을 확보하도록 독려했다.

"우리나라가 백신을 자체 개발하고 있고, 코박스와 협력하고 있지만, 미국의 민간 제약회사가 먼저 백신을 개발하고, 그것을 한국이 확보 못 하면 난리가 날 수 있다. 잘 챙겨보도록 하라."

2020년 8월 7일 내부 회의에서 지시한 사항이다. 이런 지시를 시작으로 "코박스, 글로벌 제약사를 통해 충분한 양의 백신을 확보하라"(9월 15일), "최선을 다해서 (해외 백신을) 확보하라"(11월 24일), "과하다 할 정도로 확보하라"(11월 30일)고 백신 확보를 독려해왔다.

　대통령 지시에 따라 우리나라가 2020년 연말까지 확보한 백신 물량은 4,400만 명분. 결코 부족하다고는 할 수 없는 상태였다. 코로나 '게임 체인저' 또는 '게임 클로저'가 될 수 있는 백신이다 보니 어떻게 물량을 확보할지 언론의 관심이 쏠리는 것은 당연했지만, 이런 보도까지 나올 줄은 예상치 못했다.

　"'잠깐만요'…… 文 대통령에게 백신 직언 2번, 소용없었다"(A 신문, 2020년 12월 22일 자 1면 톱).
　"'백신 확보 몇 번을 말했나' 文, 뒤늦게 참모진 질책"(B 신문, 같은 날 1면).

　A 신문 기사의 내용은 이종구 전 질병관리본부장이 2020년 2월과 6월 청와대 회의에 참석해 '백신의 중요성'을 제안했는데, 문 대통령이 뭉갰다는 것이었다. B 신문은 기사 본문은 그리 무리가 없었으나 제목에 '뒤늦게'라는 표현을 넣어 문 대통령이 안이하게 대처해놓고 참모들에게 책임을 떠넘기고 있는 것처럼 보도했다. 야당은 두 신문의 1면 기사를 보고, 벌떼처럼 들고 일어나 대통령의 질책이 '유체이탈' 화법이라며, 사과하라고 압박했다. 하루 지나 잠잠해질 얘기 같으면 그냥 넘겼을 것이다. 하지만 백신은 아니었다. 야당이 '대통령 사과' 카드를 들고 나온 이상 문 대통령이 사과할 때까지 계속 논란을 이어가면서 '백신 무능'이란 낙인을 찍을 게 뻔했다.

언론과는 루비콘강을 건너더라도 할 말은 해야겠다고 마음 먹었다. 팩트에는 자신이 있었다. 문재인 대통령은 이미 오래전 부터 여러 차례 청와대 내부 회의에서 백신 물량 확보를 지시해 왔다. 청와대 들어온 지 열 달 만에 지나간 수첩을 펼쳤다. 어느 덧 수첩이 80권 정도 쌓여 있었다. 정오쯤부터 점심을 거르고 수 첩을 뒤졌다. 열 달도 짧지 않은 시간이었는지 내 글씨를 알아볼 수 없는 부분이 많아 시간이 걸렸다. 2시간 30분 정도 뒤졌더니 10여 건을 찾을 수 있었다. 그렇게 찾은 내용으로 브리핑을 만들 어 2020년 12월 22일 또 한 번 긴 서면 브리핑을 배포했다. 다 음은 브리핑 요지다.

## 백신 확보에 관한 진실을 알리다

'백신의 정치화'를 중단해주시길 간곡히 호소합니다. '문재인 대 통령에 백신 직언 두 번, 소용없었다'거나 '뒤늦게 참모진을 질책 했다'는 일부 언론 보도가 나오자 야당 인사들이 '유체이탈' 운운 하고 있습니다. 문 대통령이 마치 백신 확보에 손을 놓고 있었던 것처럼 과장하고 왜곡하면서 국민의 불신을 증폭시키고 있기 때 문에 일부 참모회의에서 있었던 공개되지 않은 대통령 메시지를 포함해 그동안 문 대통령이 어떤 행보를 해왔는지 사실관계를 밝히고자 합니다.

"과하다고 할 정도로 물량을 확보하라." 지난 11월 30일 참모회 의에서 나온 문 대통령의 지시였습니다. 이날 문 대통령은 '적극

행정' 차원에서라도 백신 물량을 확보해야 한다고 강조했습니다. 이런 지시는 11월이 처음이 아니었습니다. 이하는 문 대통령의 백신 행보와 메시지를 요약 정리한 것입니다.

1. 경기도 성남시 한국파스퇴르 연구소 방문(4월 9일)해 '코로나 치료제·백신 개발 산학연병합동회의' 주재. '산학연병'에 '정'까지 포함한 범정부적 상시 지원 체계 지시. 백신 개발 2,100억 원 투자 약속.

2. 빌 게이츠 이사장(빌&멜린다 게이츠 재단)과 4월 10일 전화 통화, 코로나19 백신 및 치료제 개발 협력 확대 합의.

3. 문 대통령 지시로 코로나 치료제 백신 개발 범정부지원단(4월 12일) 구성 발표.

4. 국무회의(4월 14일)에서 "백신과 치료제 개발에 속도 내야 한다"고 독려.

5. 수석보좌관회의(7월 20일)에서 "스마트 대한민국 펀드가 백신과 치료제 등을 지원하는 역할을 하라"고 주문.

6. 내부 참모회의(7월 21일)에서 SK바이오사이언스의 아스트라제네카(AZ) 백신 위탁생산 보고받고 "충분한 물량 공급" 당부.

7. 국무회의(9월 8일), 질병관리청 승격에 맞춰 백신 치료제 개발 독려.

8. 내부 참모회의(9월 15일)에서 "코박스, 글로벌 제약사 등을 통해 충분한 양의 백신 확보하라"고 주문.

9. 코로나 백신 개발 기업인 경기도 성남시 SK바이오사이언스를

방문(10월 15일)해 개발 현황 점검.

10. 인천 송도 이오산업 행사(11월 18일)에 참석해 삼성바이오
로직스 등의 역할을 평가하며 독려.

11. 내부 참모회의(11월 24일)에서 "백신 최선을 다해서 확보하
라"고 주문.

12. 문 대통령이 홍남기 경제부총리 보고(12월 8일)에서 "재정
부담이 커도 백신 물량 추가 확보를 지원해주도록 하라"고
재차 지시.

이상은 대통령의 백신 관련 행보를 '최소한'으로 정리한 것입니
다. 대통령 지시로 정부는 백신 주권 확보를 위해 2,186억 원의 예
산(3차 추경 1,936억 원 포함)을 지원해왔습니다. 또한 4,400만 명
분의 해외 백신을 확보했습니다. 소아나 청소년은 백신 임상 대
상이 아니었기 때문에 4,400만 명분이면, 전 국민 대상의 백신
물량을 확보한 것이라는 전문가 의견에도 귀를 기울여주십시오.

대통령의 8월 7일 지시 사항("미국 민간 제약회사 백신을 확
보 못 하면 난리가 날 수 있으니 잘 챙겨볼 것")은 브리핑 직후 다시
수첩을 검토하다 찾은 것이다. 그만큼 당시 다급하게 브리핑을
했다. 문 대통령은 다음 날 다른 참모들 앞에서 "백신의 정치화
가 답답해서 결국에는 대변인까지 말하게 된 것"이라고 설명했
다. 대통령의 설명대로 당시 한 언론은 '일본은 이르면 내년 3월
접종 시작'이라고 쓰면서, '한국은 빨라야 2~3월'이라고 했다.

'이르면'과 '빨라야'는 바로 일부 언론의 이중적 잣대와 접근, 정치화를 보여주는 제목이었다.

브리핑과 별도로, 이종구 전 질병본부장은 A 신문 보도와 관련해 공식으로 입장문을 냈다.

"백신 개발의 중요성에 대해 질의를 (청와대에서) 받았습니다. 백신과 치료제 '개발이 중요함'을 강조한 바 있었습니다. 기사에서 '대통령에게 직언을 하였다', '소용없었다'라는 표현은 사실과 다릅니다. 현재의 위중한 코로나 상황에서 팩트에 기반하지 않은 언론 보도로 진실이 왜곡되는 현실에 깊은 우려를 표합니다. 특히 이런 보도는 국민의 신뢰가 생명인 정부 방역 정책, 백신 수급 정책을 근본부터 뒤흔들어 결과적으로 국민의 피해를 유발할 수 있다는 점에서 그 심각성이 더욱 크다 할 것입니다."

이종구 전 질병본부장의 조언 이후 문재인 대통령은 일단 백신 '개발'에 드라이브를 걸었고(4월 9일부터), 다른 한편으로는 글로벌 제약사로부터 백신을 확보하도록 독려했다.

## 대통령이 직접
### 1천만 명분 백신 추가 확보

물량 확보 지시에 그치지 않고 문재인 대통령은 직접 백신 확보전에 뛰어들었다. 문 대통령은 2020년 12월 29일 스테판 방셀 모더나 CEO와 밤 9시 53분부터 10시 20분까지 심야 영상통화를 했다. 언론은 물론 청와대 내부에도 철저하게 보안을 유지한 일정이었다.

모더나는 당초 한국에 1천만 명분(2천만 도즈)의 백신을 공급키로 합의한 상황이었다. 그러나 27분간의 통화에서 문 대통령과 방셀 CEO는 우리나라에 2천만 명분(4천만 도즈)의 백신을 공급하기로 합의했다. 당초 잡아놓았던 물량보다 두 배로 늘어났다.

백신 공급 시기도 앞당기기로 했다. 모더나는 원래 2021년 3/4분기(7~9월)부터 물량을 공급키로 했으나 2/4분기(4~6월)부터 시작하기로 했다. 이상의 내용에 합의한 뒤 문 대통령은 "모더나 백신이 거두고 있는 성공과 긴급사용 승인을 축하하며, 코로나 극복의 희망이 되고 있는 것에 대해 대한민국을 대표해서 감사드린다"고 했다.

방셀 CEO도 "따뜻한 말씀과 우리 백신에 대한 높은 평가에 매우 감사드리며, 조기 공급이 이루어지도록 최선을 다하겠다"고 화답했다. 방셀 CEO는 특히 "한국 정부가 빠른 계약 체결을 원하면 연내에도 계약이 가능할 것"이라며 "한국 국민에게 희망이 되는 소식이었으면 한다"고 했다.

이날 문 대통령이 제약회사 CEO와 직접 통화하면서 우리나라가 확보한 백신은 4,400만 명분에서 5,600만 명분—모더나 외에 얀센과의 협상으로 200만 명분 백신 추가 확보—으로 늘어났다.

다음 날인 12월 30일 오전, 언론에 심야 영상통화로 백신 확보 물량이 1천만 명분 늘어났다는 빅뉴스를 발표했다. 거의 전 언론이 톱 내지 메인뉴스로 기쁜 소식을 전했다. 백신 확보 물량이 크게 늘어나면서 야당 등의 백신 무능 공세도 한동안 수그러들었다.

# 28장　백신 외교 선봉에 선 문 대통령의 의지

2021년 1월 20일, 문재인 대통령은 백신 위탁생산 능력을 갖춘 안동 SK바이오사이언스를 방문했다. 이 자리에서 문 대통령은 스탠리 어크 노바백스 대표이사와 깜짝 영상 통화를 했다.

"백신이야말로 전 세계인들이 코로나에 맞설 가장 큰 희망이 되고 있습니다. 노바백스도 조만간 좋은 성과를 낼 예정이라는 반가운 소식을 들었는데 현재 어떻게 진행되고 있습니까?"

문재인 대통령의 질문에 스탠리 어크 대표는 이렇게 대답했다.

"지금은 임상시험의 마지막 단계에 이르러 3상을 남아프리카공화국, 미국, 영국 등 3개국에서 진행 중입니다. 수주 내 효과성을 입증할 수 있을 겁니다. SK바이오사이언스와의 관계 덕분에 여기까지 올 수 있었습니다."

당시 SK바이오사이언스와 노바백스는 '기술이전' 방식의 백신 공급을 추진 중이었다. 기술이전 계약이 완료되면 SK바이오사이언스는 기존의 노바백스로부터 위탁받아 생산하는 것과는 별도로 추가적인 물량을 생산할 수 있다. 정부는 기술이전을 통해 생산되는 백신을 모두 선구매해서 국내에 공급하기로 했다. 위탁생산과 기술이전 계약에 따라 정부가 선구매하는 물량은 2천만 명분이다―SK와 노바백스의 기술이전 계약은 완료됐으나 미국 내 백신 긴급승인 절차가 지연되면서 노바백스 백신의 국내 도입 시기는 아직 미정이다.

노바백스 2천만 명분이 추가되면서 우리나라는 총 7,600만 명분의 백신 물량을 확보하게 됐다. 여기까지 오는 동안 문 대통령이 직접 선두에서 뛰었다. "과하다고 할 정도로 물량을 확보하라"고 한 문 대통령의 지시는 허언이 아니었다. 정부는 2021년 4월 24일에 화이자와 2천만 명분의 백신 추가 계약에 성공했다. 이로써 7,600만 명분에서 1억 명분 가까이까지 백신 확보 물량이 늘어났다.

이에 더해 2021년 5월 문재인 대통령은 바이든 미국 대통령과의 회담에서 백신 55만 명분의 무상 지원을 이끌어냈다. '미군과 주기적으로 접촉하는 55만 명의 한국군'이 대상이었다. 사실상 한국군 전체에 백신을 제공하겠다는 뜻이다. 바이든 행정부가 외국군 전체를 대상으로 백신을 주겠다고 밝힌 것은 이번이 처음이다.

"한국군과 미군 모두의 안녕을 위한 것"이라는 바이든 대통령의 말처럼 굳건한 명분 아래 양국이 '백신 동맹'을 맺은 것은

백신 외교의 큰 성과였다. 2021년 7월 23일 현재 총 도입 물량
은 1억 명분을 넘었다.

## 백신 접종률을 높이기 위한 총력전

우리 인구 두 배의 백신 물량을 확보하기까지 정부도 구사할 수
있는 다양한 전략을 동원해 백신 총력전을 펼쳤다.

① 백신 스와프: 이스라엘 정부와 '백신 교환'(스와프) 협약을 맺
어 물량을 확보했다. 이스라엘이 보유한 화이자 백신 가운데 유
효기간이 7월 31일까지인 제품을 한국에 보내고, 한국은 같은
물량의 화이자 백신을 9·11월 이스라엘 정부에 반환하는 방식
이었다. 백신 스와프로 이스라엘에게서 공급받은 화이자 백신은
7월 23일 현재 총 78만2천 회분(39만1천 명분)이다.

② 최소 잔여형(LDS) 주사기 개발: 우리나라 중소기업인 풍림파
마텍과 신아양행, 두원메디텍 등이 최소 잔여형 백신 주사기를
개발한 것이 백신 증산 효과를 냈다. 이에 문 대통령이 전북 군산
의 풍림파마텍으로 직접 가서 업체 대표들을 만나 "자랑스럽다"
고 격려하기도 했다.

최소 잔여형 주사기를 쓰면 백신 잔량을 최소화해 1병당 최소 1
명 이상 더 접종할 수 있었다. 2021년 7월 23일 현재 잔여 백신
접종 횟수는 555만1,300회였다.

최소 잔여형 주사기는 '쥐어짜는 주사기'로 불리며 접종 효율을

**2021년 백신 도입 현황 및 계획**

| 백신 종류 | | 도입 확정(4.16) | | 도입 확정(7.12) | |
|---|---|---|---|---|---|
| 계 | | 1억3,200만 회 | 6,900만 명 | 1억9,300만 회 | 1억 명 |
| 코<br>벡<br>스 | 아스트라<br>제네카 | 2,000만 회 | 1,000만 명 | 2,000만 회 | 1,000만 명 |
| | 화이자 | | | | |
| 아스트라제네카 | | 2,000만 회 | 1,000만 명 | 2,000만 회 | 1,000만 명 |
| 화이자 | | 2,600만 회 | 1,300만 명 | 6,600만 회 | |
| 모더나 | | 4,000만 회 | 2,000만 명 | 4,000만 회 | 2,000만 명 |
| 얀센 | | 600만 회 | 600만 명 | 700만 회 | |
| 노바백스 | | 2,000만 회 | 1,000만 명 | 4,000만 회 | |

높이는 데 크게 기여했다. 정부는 마스크 대란 진화 때와 같이 잔여 백신을 신청할 수 있도록 알리는 앱을 만들어 알뜰살뜰하게 백신 접종을 늘려나갔다.

③ 백신 1차 접종률 높이기: 문 대통령이 백신 접종의 선후관계를 수정하도록 지시한 것도 백신 접종 효율을 높이는 효과가 있었다. 가령 AZ 백신은 1차 접종 8주 뒤 2차 접종을 한다. 당초 방역 당국은 1차 접종자의 2차 접종을 위해 AZ를 비축해놓았다. 그러나 문 대통령은 AZ 추가 공급이 가시화되고 있는데, 2차 접종을 위해 굳이 8주간 물량을 쌓아두고 썩힐 필요가 있느냐고 판단했다. 2차 접종을 위해 비축해놓은 물량을 1차 접종에 먼저 사용하고, 추가로 들어오는 AZ을 2차 접종에 활용하라고 지시했다. 그래서 일단 더 많은 사람이 1차 접종을 받을 수 있도록 했다.

1차 접종만으로도 방역 효과가 있기 때문에 내린 결정이었다.

청와대를 떠난 뒤 모더나 백신 수급에 차질이 예상된다는 뉴스를 접했다. 모더나 측이 8월에 공급하기로 한 물량을 제때 주기 어렵다고 해서 정부가 항의단까지 파견했다. '정말 백신에는 변수가 많구나'라는 생각을 하지 않을 수 없었다. 하지만 당초 11월까지 국민 70퍼센트가 백신을 2차까지 접종해 집단면역을 달성한다는 목표까지 흔드는 변수까지는 아닌데, 모더나 측이 9월 조기 공급에 최선을 다하겠다고 약속했다니 그래도 다행스럽다. 어쨌든 백신 접종률은 꾸준히 올라가고 있다.

내가 청와대를 떠날 당시(2021년 4월 16일)만 해도 '백신 쥐어짜도 세계 111위, 르완다보다 접종 속도 늦다', '예방접종 꼴찌', '백신 거북이 접종' 같은 기사가 봇물을 이뤘다. 4월 중순까지 백신 접종률이 낮은 건 사실이었지만, 정부가 계약한 물량이 어디로 가는 것도 아닌데 '르완다' 운운하면서 비난한 언론 보도는 지금 생각해도 도가 지나쳤다.

당장 75세 이상 접종이 시작된 5월 15일 이후 주요 국가들의 백신 접종률 그래프를 보면 한국은 다른 어느 나라보다도 급격하게 접종자가 늘어났음을 알 수 있다. 또 한 번 한국의 '빨리빨리' 문화는 주목을 받았다. 특수 주사기를 활용한 '+1 접종'까지 성공시키며 접종률이 수직 상승했다. 하지만 지난 4월 르완다보다 한국의 접종이 늦다고 조롱하던 언론은 이런 사실은 보도하지 않았다.

2021년 8월 28일 현재 한국의 백신 접종률은 55.2퍼센트 (1차, 2차는 27.9퍼센트)다. 1차 접종자가 국민 절반을 넘어섰다. 문 대통령은 지난 8·15 경축사에서 오는 10월까지 국민 70퍼센트가 2차 접종을 완료하게끔 할 것이라고 다짐했다. 집단면역 형성의 목표 시점을 11월에서 한 달 앞당긴 것이다. 앞으로 두 달 동안 집중적으로 속도를 낸다면 불가능하지 않을 것이라 믿는다.

## 백신 주권을 향해

'백신의 정치화'를 중단해달라고 호소한 청와대 브리핑 바로 다음 날 일부 언론은 이렇게 지면을 통해 반박했다.

"해외 백신 도입 9월에야 지시한 대통령, 11월에 발동 건 공무원"(2020년 12월 23일 자 1면).
"文, 해외 백신보다 '국내 개발' 강조······ 첫 단추부터 잘못 꿰다"(2020년 12월 23일 자 4면).

일단 9월에야 해외 백신 도입을 지시했다는 건 팩트부터 틀렸다. 앞에서도 밝혔지만 이미 8월 7일 참모회의에서 문 대통령은 "우리나라가 백신을 자체 개발하고 있고, 코박스와 협력하고 있지만, 미국의 민간 제약회사가 먼저 백신을 개발하고, 그것을 한국이 확보 못 하면 난리가 날 수 있으니 잘 챙겨보도록 하라"

고 지시했다. 물론 이것도 내가 알고 있는 제한적인 범위 내에서 확인한 사실일 뿐이다.

8월이든 9월이든 사실 지엽적인 문제다. 대통령이 백신 주권 차원에서 국내 개발을 독려한 것이 과연 첫 단추를 잘못 꿴 것인가? 아직 개발도 되지 않은 해외 백신을 기다리며, 코로나 발생 초기부터 국내 개발은 지원할 생각도 하지 말란 말인가? 이종구 전 질병본부장까지 '백신 개발'의 중요성을 2월부터 강조한 상황인데?

분명한 건 대통령은 일찌감치 해외 백신 구입과 국내 개발을 투 트랙으로 병행 추진해왔다는 점이다. 문 대통령은 2020년 4월 9일 파스퇴르 연구소를 방문해 일본의 '소재-부품-장비' 수출 규제에 따른 위기를 극복했을 때와 유사한 총력 체제를 갖출 것을 정부에 지시했다.

'산학연병(산업계·학계·연구소·병원)'뿐 아니라 정부까지 참여해 아예 상시적인 협의 틀을 만들어 그 틀을 통해 규제 때문에 생기는 문제들이 신속하게 해소되도록 하라는 내용이었다.

문 대통령은 배석한 장관들을 향해 "행정 지원도 아끼지 마시고, 돈도 아끼지 마시라"고 했다. "과감하고 통 크게 구상을 하라. 이 부분만큼은 끝을 보라"면서였다.

2020년 10월에도 문 대통령은 SK바이오사이언스 연구소(경기도 성남시 판교 소재)에서 '코로나19 백신 및 치료제 개발 현장 간담회'를 열고 이렇게 말했다.

"다른 나라가 먼저 백신을 개발하고 우리가 수입하게 되더라도, 나아가 코로나가 지나간다고 하더라도, 끝까지 성공해야한다. 백신 주권을 확보하기 위해서도, 정부는 모든 지원을 다하겠다. 반드시 끝을 보자.”

2021년 8월 10일 김강립 식품의약품안전처장은 SK바이오사이언스가 개발한 코로나 백신(GBP 510) 3상 임상시험을 승인한다고 발표했다. 백신 주권을 향한 중요한 걸음이었다. 앞선 임상시험에서 안전성이 검증됐고, 극저온에서 보관이 가능한 다른 백신과 달리 상온에서 보관 운반까지 가능해 가격도 낮출 수 있다고 한다.

김 처장의 발표를 들으면서 ‘아……’ 하는 탄성이 저절로 나오는 것을 어찌할 수 없었다. 문 대통령이 두 차례나 “끝을 보자”고 독려하면서 ‘산학연병정’의 틀을 만들어 지원해온 우리 백신 개발이다. 2020년 4월 9일에 문 대통령이 성남시 한국파스퇴르연구소를 방문해 국내 백신 개발의 드라이브를 걸기 시작했을 때, 경기도 성남과 경북 안동의 SK바이오사이언스를 두 번 찾았을 때 나는 모두 현장에 있었다. 당시 “끝을 보자”고 했던 대통령의 결연한 의지를 문장으로 만들어 대외적으로 공개한 입장에서 마음이 담담할 수만은 없었던 것 같다.

물론 아직 끝을 보진 못했다. 그런데 이제 저 너머 끝자락은 보이기 시작했다. 마지막 한 계단만 오르면 된다. 물론 남은 한 계단의 높이가 낮지는 않다. 국내외에서 3상 시험 대상자(3,990명)를 모을 수 있느냐가 관건이다. 예상 못 한 변수도 있을 것이다.

하지만 어느 경우에도 정부는 총력 지원을 한다는 각오다. 내년 상반기 상용화가 목표라는 구체적인 시기까지 언론 보도를 통해 나오고 있다. 샴페인을 미리 준비하자고 언론 보도를 인용하는 게 아니다. 말 그대로 기도하는 마음으로 염원하는 것이다.

비틀거리면서도 백신 보릿고개를 넘어 여기까지 왔는데, '백신아리랑'을 부르면서 대미를 장식해야 하지 않겠는가.

# 29장   트럼프 대통령과의
진단키트 외교

문재인 대통령에게는 지난해 세계 각국 정상들의 통화 요청이 쇄도했다. 내가 배석한 정상통화만 50차례 이상이었다. 문 대통령은 정상통화를 통해 각국과 '방역 외교'에 시동을 걸었다. 2020년 문 대통령에게 세계 각국 정상들의 러브콜이 쇄도한 이유 중 하나는 진단키트에 있었다. 냉정한 외교 무대에서 문재인 대통령은 어떻게 교통정리를 했을까.

"외국에서 진단키트 요청이 많습니다. 일단 도움 줄 사람들로는 한국전쟁 참전 용사, 참전국, 이런 쪽을 앞세워주시고, 다음은 국익과 관련 있는 나라를 앞세워주세요."

문 대통령은 한국전쟁 참전국을 먼저 생각하고 에디오피아 등에 인도적 지원을 지시했다. 다음으로는 미국처럼 국익에 절대적인 국가였다. 미국의 경우 정상통화에서 당시 트럼프 대통령에게 직접 요청을 받아 문 대통령이 지원을 약속했다.

문 대통령은 진단키트 생산 업체를 직접 방문해 생산을 독

려하면서 힘을 실어주기도 했다. 진단키트는 우리 국민 귀국용
으로도 활용됐다. 한국산 진단키트를 가지러 한국에 온 사우디
아라비아 특별기편에 귀국을 희망하는 우리 국민을 탑승시킨
것이 한 예다.

마스크 외교도 활발했다. 진단키트처럼 한국전쟁 참전 용
사와 유가족에게 마스크를 보냈다. 결과는 큰 감동으로 되돌아
왔다. 마스크를 받은 세계 각국 참전 용사들은 "한국을 절대 잊
지 않을게요!"라며 뜨거운 감사를 전했다.

## 미국을 향한
## 방역 외교와 방역 경제

2020년 3월 24일 밤 10시, 청와대 대통령 관저로 한 통의 전화
가 걸려왔다. 도널드 트럼프 대통령이 걸어온 것으로, 문재인 대
통령은 코로나 방역 관련해서 그와 첫 번째 통화를 했다. 트럼프
대통령은 통상적으로 정상들끼리 나누는 덕담이나 의전 절차는
대폭 생략한 채 바로 본론으로 들어갔다. 우리 측 통역 얘기가
다 끝나지도 않았는데 도중에 말을 자르고 들어왔다. "페이스 마
스크, 방호복 등의 의료장비를 지원해줄 수 있습니까"라고 하면
서. 문 대통령은 차분하면서도 분명하게 답변했다.

"마스크와 방호복은 한국도 국내 여유분이 없습니다. 앞으
로 여유분이 있으면 최대한 지원하겠습니다."

들어줄 수 없는 요청은 단번에 자르는 대신 문 대통령은 바

로 제3의 카드를 꺼냈다.

"진단키트라면 지원할 수 있을 것 같습니다."

그러자 트럼프 대통령은 "땡큐"를 연발했다. 다만 진단키트가 뭔지 잘 모르는 것 같았다. 문 대통령에게 추가 설명을 요구했다. 문 대통령은 '실시간 유전자증폭 검사법'(RT-PCR)에 대해 자세히 설명했다. 트럼프 대통령은 "그럼 언제 보내주실 수 있으세요?"라고 물었다.

"당장이라도 보내드릴 수 있지만, 미국 FDA 승인 절차가 필요해 미국 내에서 시간이 걸릴 수 있습니다."

그러면서 미국 의회에서 한 의원이 한국의 'RT-PCR'과는 다른 '항체검사법'을 'RT-PCR'로 오해해 FDA가 미국에서 쓰기 부적절하다는 반응을 보였다고 소개한 언론 보도를 상기시켰다.

"오, 이런 일이. 오브라이언!"

트럼프 대통령은 최측근 오브라이언 안보보좌관을 찾더니 "방금 문 대통령의 놀라운 얘기 들었지요?"라고 하곤 FDA가 신속하게 조치를 내리도록 지시했다. 이어 문 대통령에게 장담했다.

"오늘 중으로 (빠른) 승인이 될 수 있도록 즉각 조치하겠습니다. 몇 시간이면 FDA 승인이 날 겁니다."

방역물품에 대한 대화가 끝나자마자 트럼프 대통령은 "한국이 굉장히 잘하고 있습니다"라고 코로나 대응을 칭찬한 뒤 전화를 끊었다. 23분 통화를 듣고 보니 폭풍우가 하나 급하게 지나간 느낌이었다. 트럼프 대통령과의 통화 후 문 대통령은 이렇게 소감을 말했다.

"방역물품 지원 요청을 받았을 때 정말로 자랑스러웠습니다. 한미통화스와프로 미국의 도움을 받았는데, 거꾸로 (세계 최강대국 미국에) 도움을 줄 수 있으니까요. 트럼프 대통령도 우리 제품이 우수하다는 사실을 인정한 것이죠. 우리는 확진자가 나오지 않았을 때 진단키트 개발에 착수했고, 질본과 식약청은 긴급사용 승인으로 발 빠르게 대응했습니다."

2020년 4월 18일 밤 10시, 트럼프 대통령이 첫 통화 이후 한 달도 안 되어 두 번째로 통화를 요청해왔다.

사업가 출신이어서일까, 트럼프 대통령은 선명한 통화 목적이 있었다. 올해 첫 통화에서 방역물품 지원을 요청했는데, 이번에는 또 뭘 요구하려나 싶었다. 두 번째 통화 요청 이유도 목적은 한가지였다. 그런데 예상이 빗나갔다.

"백악관 참모들한테 '내 친구 문재인 대통령' 선거 어떻게 됐느냐고 물었더니 '이겼다'고 했습니다. 그래서 '얼마나 이겼냐'고 하니 '아주 크게 이겼다'고 했습니다. '아주 잘됐다'고 하고 통화를 요청한 겁니다. 오늘은 오직 축하하려고 전화한 것입니다."

그는 '내 친구 문재인 대통령'이란 표현을 쓰며 아주 친근감을 보였다. 심지어 주미 한국대사관에 사진 두 장을 제공하겠다고 했다.

하나는 정상통화 전 트럼프 대통령이 백악관 내 '오벌 오피스Oval Office에서 마이크 펜스 부통령, 로버트 오브라이언 안보보좌관 및 각료들 앞에서 친필로 무언가를 적는 모습이었다.

또 하나는 한국의 총선 후 정당별 의석 배정을 보여주는 그

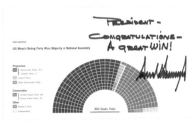

도널드 트럼프 전 대통령이 보낸 사진.     도널드 트럼프 전 대통령이 보낸 그래픽 사진.

래픽 사진이었다. 그래픽 사진에는 트럼프 대통령의 친필 서명이 담긴 'President, Conglaturations, A great win!(대통령님, 큰 승리를 축하드립니다)'라는 글귀가 있었다.

　이어 양 정상은 한국의 진단키트 지원, 현재의 굳건한 한미 동맹 관계 등에 관해 좋은 얘기를 나눴다. 통화를 마치려고 마무리 인사를 나누던 중이었다.

　시종 선거 승리를 축하하던 트럼프 대통령이 묻지도 않은 미국 대선 얘기를 꺼냈다.

　"나도…… 잘될 것 같기는 한데…… 잘 모르겠습니다."

　그는 "하, 하, 하" 너털웃음을 터뜨리면서 "굿나잇!" 하곤 수화기를 놓았다. 오늘 통화는 1차 때보다 더 늘어난 30분 걸렸다. 그는 외부에 알려진 모습과는 전혀 다른 모습을 문 대통령에게는 보였다. 살짝 고민스러운 모습을. 약간의 페이소스까지 느껴지도록 말이다.

　2020년 6월 2일, 트럼프 대통령과 문 대통령의 세 번째 통화는 15분 내외였다. 이번에도 뚜렷한 목적을 가지고 트럼프 대통령이 통화를 요청해왔다.

"다시 통화해서 매우 기쁩니다. 코로나가 다시 고개를 들었으나 잘하고 계신다고 들었습니다. 잘 계십니까?"

문 대통령은 "안부를 물어 주셔서 감사합니다"라면서 미국의 첫 민간 유인 우주선 '크루 드래건호<sup>Crew Dragon號</sup>'의 발사 성공을 축하했다.

"땡큐. 나도 그 자리에서 목격했는데 대단했습니다. 거의 완벽했습니다."

그러고는 트럼프 대통령이 본론을 꺼냈다

"한 가지 의견 여쭤보겠습니다. 지금 G7이 의미가 없습니다. 무용지물입니다. 호주, 한국, 러시아, 인도, 브라질을 다 합쳐서 G11이나 G12로 하면 어떻겠습니까?"

"(트럼프) 대통령님 말씀에 전적으로 공감합니다. G7 체제는 전 세계적인 문제에 대응하는데 한계가 있습니다. G11 또는 G12 체제로 전환해나가는 것을 적극 모색할 필요가 있습니다."

"브라질을 포함하는 것은 어떻게 생각하십니까."

"인구도 많고 큰 나라에 거대한 경제 규모를 가지고 있기 때문에 좋다고 생각합니다."

"네, 나도 그렇게 생각합니다. 문 대통령께서 브라질을 수락한다면 초청 리스트에 넣으려 합니다."

"브라질은 남미 대표성도 있습니다. (G11 또는 G12 체제는) 포스트 코로나로 넘어가는 이정표가 될 것이라고 생각합니다."

"굿 아이디어! 그런 방향으로 노력해보겠습니다. 안 된다

해도 좋은 시도입니다."

"저는 대단히 환영합니다. 한국이 함께 참여하는 것은 큰 기쁨입니다."

"좋습니다. 이 통화를 대외적으로 언급하시고, 아이디어를 긍정적으로 발표하십시오."

"그렇게 하겠습니다. 한국 국민들도 기뻐할 것입니다. (트럼프) 대통령님과 올해만 세 차례 통화했습니다. G7을 계기로 직접 뵙기를 기대합니다."

"다시 한번 직접 만나기를 바랍니다. 잘하고 계십니다. 앞으로도 잘 하시길."

아쉽게도 이날 대화는 현실이 되지는 못했다. 코로나 상황으로 인해 2020년 G7 정상회의 자체가 무산이 됐기 때문이다.

하지만 문 대통령은 닷새 뒤인 11월 11일 영국 보리스 존슨 총리에게 다시 G7 참석 제안을 받았다. 영국은 2021년 G7 의장국(2020년은 미국)이었다. 존슨 총리는 정상통화를 요청해서 2021년 G7 정상회의에 문재인 대통령을 공식 초청했다. 2020년, 2021년 의장국인 미국과 영국 정상에게 연이어 G7 정상회의에 초청을 받은 것이다. 국제사회에서의 한국과 문 대통령의 위상을 확인할 수 있었던 순간이었다.

PS. 문 대통령은 마침내 2021년 6월 영국에서 열린 G7 회의에 참석했다. 이번 G7 정상회의 초청은 한국의 코로나 대응과 경제 선방, '탄소중립 2050' 선언 등에 대한 국제사회의 평가를 반영하고 있다.

G7은 선진국 협의체다. 당초 한국이 G20에 가입한 것만도 외교적 경사라는 평가를 받았다. 그런데 이제는 G20을 넘어 글로벌 리더인 G7 국가들과 어깨를 나란히 하면서 세계의 질서를 이끄는 리더국 중 하나로 한국은 올라서 있다.

# 30장 문 대통령을 향한
바이든 대통령의 신뢰

지난해 세 차례나 트럼프 대통령과 통화하며 '방역 외교'를 벌였는데 백악관 주인이 바뀌었다. 국익을 위해선 바이든 미국 대통령과 새로운 관계 설정에 들어가야 했다. 국내 일각에선 미국 민주당 정부와의 관계에 대해 우려하는 목소리가 나왔다. 하지만 문재인 대통령은 바이든 정부와 '코드'가 잘 맞을 것이라고 예상을 하고 있었다. 양국 모두 민주당 정부로서 가치 지향이 맞을 것이라고 판단했다. 2021년 2월 4일, 문재인 대통령은 조 바이든 미국 대통령과 첫 한미 정상통화를 했다. 예상대로 두 정상은 코드가 잘 맞았다.

## 교황으로 코드 맞춘
## 문 대통령과 바이든 대통령

통화는 웃음으로 시작했다. 문 대통령이 "취임 직후 분주하신 가운데 전화를 주셔서 감사하다"고 인사하자 바이든 대통령은 "한 국 대통령과 통화 못 할 정도로 그렇게까지 바쁘지는 않다"고 답례해 웃음이 나왔다.

문 대통령과 바이든 대통령은 모두 한국과 미국의 두 번째 가톨릭 신자 대통령이었다—양국 첫 번째 가톨릭 신자 대통령 은 김대중 전 대통령과 존 F. 케네디 전 대통령이다.

"문재인 대통령이 가톨릭 신자시니, 당선 직후 프란시스코 교 황께서 축하 전화를 주신 기억이 납니다. 당시 기후변화, 민주주 의 등에 대해 다양한 이야기를 했는데 오늘 문 대통령과 같은 주 제를 이야기해 보니 우리 두 사람이 견해가 비슷한 것 같습니다."

"저도 프란시스코 교황과 대화한 일이 있습니다. 교황께선 동북아 평화 안정, 기후변화 등을 걱정하셨습니다. 자신이 직접 역할을 하실 수도 있다는 말씀도 하셨습니다."

프란시스코 교황은 지난 2018년 문재인 대통령을 만났을 때 방북 의사를 밝힌 적이 있다.

교황청 성직자성 장관으로 임명된 유흥식 라자로 대주교는 교황 방북 가능성이 어느 때보다 높다고 밝히고 있어 두 정상과 교황의 한반도 평화를 위한 소통이 가시화될 수도 있다.

이날 통화의 핵심은 '업그레이드된 한미동맹'이었다. 문 대 통령이 "전례 없는 도전을 이겨내고 희망으로 가득 찬 미국 이 야기를 완성하겠다는 대통령의 의지를 느낄 수 있었다"고 하자 바이든 대통령은 "그 희망의 하나가 한국"이라고 했다.

양 정상은 한미가 '핵심 동맹'임을 재확인하고, 가치를 공유하는 '책임 동맹'으로서, 한반도와 인도-태평양 지역 협력을 넘어 민주주의·인권 및 다자주의 증진에 기여하는 '포괄적 전략 동맹'으로 한미동맹을 계속 발전시켜 나가기로 했다. 그동안 미국은 한국을 동북아 지역에서의 '린치핀'(핵심 축)에 비유해왔다. '린치핀'이란 수레의 바퀴가 빠져나가지 않도록 단단히 고정하는 축이지만 이제는 수레바퀴를 린치핀으로 고정한 정도가 아니라, 수레 위에 한미동맹이 같이 올라타 있는 동맹으로 업그레이드됐다.

북핵 문제에 대해서도 바이든 대통령은 "한국과 같은 입장이 중요하다"고 했다.

한미 대면 정상회담에 대한 합의도 있었다. 바이든 대통령은 "서로 눈을 마주 보며 대화하는 만남의 중요성"을 얘기하면서 "꼭 직접 만나서 협의하길 기대한다"고 했다. 문 대통령도 "직접 만나 대화를 하게 된다면 한미 양국, 한미 양국 국민에게 '특별한 시간'이 될 것"이라고 화답했다.

이날 두 정상은 30분 이상 폭넓은 대화를 나눴다.


**바이든의 등장**
**업그레이드된 한미동맹**


문 대통령은 첫 정상통화 석 달여 뒤인 2021년 5월에 미국을 방문했다. 바이든 대통령이 말한 서로 눈을 맞춰보는 대면 정상회담이 성사된 것이다. 회담 후 두 정상은 공동 기자회견을 했다.

한미 공동기자회견장의 문재인 대통령과 바이든 대통령(출처: 《연합뉴스》).

석 달 전 정상통화에서 나왔던 내용이 더 구체화된 성과로 나타
났다. 다음은 두 정상의 공동 기자회견문 요지다.

**바이든 대통령:** 오늘 저는 이 백악관으로 문 대통령을 모실 수 있
는 영예를 안았습니다. 그리고 저희 공식 시간 그리고 사적인 시
간을 가지며 서로를 알게 됐습니다. 정말 큰 기쁨이었습니다.
……오늘 우리는 굉장히 다양한 이슈에 대해 진전을 보았습니
다. 우리는 북한 문제에 대한 우리 공동의 접근 방식을 보았고,
나의 팀은 굉장히 긴밀하게 문 대통령의 팀과 대북 정책 전 과정
을 통해서 조율해왔습니다. 우리 양국은 북한을 외교적으로 포
용하고자 하는 그런 의지를 가지고 있습니다. 그리고 긴장을 완
화시키기 위한 실용적인 조치를 취할 것입니다. 한반도의 비핵

화라는 목표를 위해서 힘써나갈 것입니다.

그리고 오늘 나는 문재인 대통령님께 같이 협력하여 백신을 공급하고, 효과적으로 빠르게 백신을 승인하고, 국제적인 백신 공급망에 대해서도 협력할 것을 약속했습니다. ……한미 간에 협력을 통해서 앞으로 신흥 기술에 대해서 방향을 같이 만들어나가기로 했습니다. 한국 기업은 미국에 투자할 것입니다. 250억 달러에 달하는 투자를 삼성, SK, 현대 등에서 하기로 약속했습니다. 이것은 반도체나 전기차, 배터리 분야의 공급망을 강화할 수 있게 될 것입니다.

그리고 오늘 저는 새로운 법에 사인했습니다. 코로나19에 관련된 증오범죄 처벌법입니다. 아시아계 미국인들이 지금 길거리에서 증오 폭행을 당하고 증오범죄의 피해자가 되고 있죠. 오늘 문재인 대통령이 이 자리에 계시는 이 와중에 우리는 이러한 증오범죄를 처단하고 중단할 것입니다. ……오늘 문재인 대통령께서 백악관에 오셔서 회담해주신 것에 대해서 감사합니다. 문재인 대통령님, 발언해주시기 바랍니다.

**문재인 대통령:** 바이든 대통령님과 해리스 부통령님, 특별한 환대에 깊이 감사드립니다. 바이든 대통령님과 나는 여러 시간을 함께하는 동안 오랜 친구처럼 진솔한 대화를 나누었습니다. 이번 미국 순방을 통해 바이든 대통령님과 나 사이에 쌓인 신뢰는 양국 국민의 우정을 깊이 다지고, 한미동맹의 지속적인 발전을

굳게 뒷받침하는 기반이 될 것이라 확신합니다.

양국이 함께 이루어야 할 가장 시급한 공동 과제는 한반도의 완전한 비핵화와 항구적 평화입니다. 싱가포르 공동성명 등 과거 합의를 토대로 현실적이고 실용적인 접근을 통해 북한과의 외교를 모색하겠다는 바이든 정부의 대북 정책 방향을 환영합니다. 검토 과정에서 양국이 빈틈없는 긴밀한 공조를 이룬 것을 높이 평가합니다.

바이든 대통령님과 나는 남북 간, 북미 간 약속에 기초한 대화가 평화로운 한반도를 만들어가는 데 필수적이라는 믿음을 재확인했습니다. 아울러 바이든 대통령님은 남북 대화와 협력에 대한 지지도 표명했습니다. 미국과의 긴밀한 협력 속에서 남북 관계 진전을 촉진해 북미 대화와 선순환을 이룰 수 있도록 노력할 것입니다. 북한의 긍정적인 호응을 기대합니다.

오늘 정상회담에서 바이든 대통령님과 나는 새로운 분야의 협력을 확대해나가기로 했습니다.

첫째, 미국의 선진 기술과 한국의 생산 역량을 결합한 포괄적인 한미 백신 글로벌 파트너십을 구축하기로 했습니다. 바이든 대통령의 한국군에 대한 백신 공급(55만 명분) 발표에 감사의 말씀을 전합니다. 미국의 발표는 한미동맹의 특별한 역사를 보건 분야로까지 확장한 뜻깊은 조치라고 생각합니다.

둘째, 반도체와 전기차, 배터리, 의약품을 비롯한 첨단 제조업 분야의 안정적 공급망 구축을 위해 긴밀히 협력해가기로 했습니다.

셋째, 기후 위기를 해결하기 위한 한미 간 공조를 더욱 공고히 할 것입니다.

오늘 바이든 대통령님과 나의 만남, 미국과 한국의 만남은 새로운 시대를 향한 양국 협력의 새로운 이정표가 될 것입니다.

김형진 국가안보실 2차장에 따르면 백악관의 고위 실무자가 정상회담 후 우리 측에 "바이든 대통령이 회담에 대해 매우 만족했다(satisfied very much)"고 알려왔다고 한다. 특히 문 대통령의 "진솔한(straightforward) 모습이 인상적이었다(really really impressive)"고 평했다.

문 대통령이 "매우 믿을 수 있는데다(so credible) 매우 진실(so genuine)해서 감사했다"고도 말했다고 한다. 문 대통령도 회담 후 '최고의 순방, 최고의 회담이었다'고 SNS에 적었다. 바이든 대통령도 '문재인 대통령을 초청하게 돼서 영광이었다. 한미동맹이 그 어느 때보다도 강하고, 동북아 인도-태평양 지역과 세계 평화·안정·번영의 핵심 축'이라는 글을 트위터에 올렸다.

# 31장    좋은 이웃은
## 금으로도 바꾸지 않는다

청와대 대변인을 맡은 후 처음 배석한 정상통화 자리가 문 대통령과 시진핑習近平 중국 국가주석과의 통화(2020년 2월 20일)였다. 통화는 오후 5시 28분부터 6시까지 32분 걸렸다. 14억 인구를 대표하는 중국 주석의 목소리가 수화기로 들릴 때 자못 긴장도 했다.

코로나 초기 상황에서의 통화였다. 통화는 문 대통령이 요청했다. 기존 양국 현안 외에 코로나 대응까지 산적한 문제가 있었다. 문 대통령은 "중국의 어려움이 우리의 어려움"이라고 위로하면서 중국 내 한국민 보호 및 우리 진출 기업의 활동에 협조해달라는 당부를 했다.

시 주석은 "중국의 어려움이 우리의 어려움"이라는 문 대통령의 말에 감사하며 "어려울 때 친구가 진정한 친구이며 그런 친구는 서로를 살피는 것"이라고 강조했다. 그러면서 양국 관계를 '수망상조守望相助'(어려울 때 서로 협조하여 대응)와 '동주공제同

舟共濟'(같은 배를 타고 내를 건넌다)라고 표현했다.

시 주석이 말한 수망상조는 왕이 중국 외교부장도 그해 11월 강경화 외교부 장관을 만났을 때 되풀이했다. '전략적 협력 동반자' 관계를 의미하는 말이다. 동주공제는 한마음으로 협력해 함께 곤경을 헤쳐 나간다는 뜻으로, 중국 전한의 종실 유안劉安이 저술한《회남자淮南子》등에 나오는 말이다.

2020년 5월 13일의 두 번째 통화와 2021년 1월 26일의 세 번째 통화는 모두 시 주석이 통화를 요청했다. 두 번째 통화에서 시 주석은 "한국의 코로나 상황이 문 대통령님의 강력한 리더십으로 효율적으로 통제되면서 성과를 내고 있어 축하한다"면서 "양국이 좋은 이웃으로서 국제 방역 협력의 모범이 되고 있다"고 평가했다. 시 주석은 통화 때마다 어록을 남겼다. 이번에는 "좋은 이웃은 금으로도 바꾸지 않는다"고 했다.

## 작년 한중 교역액 278조

양국은 정상통화를 할 때마다 코로나 보건 협력 등을 비롯해 많은 합의를 이뤘다. 특히 신속통로제 신설에 합의한 것은 의미가 컸다. 양국은 기업인들의 입국 절차를 간소화하기로 한 뒤 5월 1일부터 시행해 들어갔다. 문 대통령이 드라이브를 걸었던 기업인 예외 입국 조치의 제도화였다. 이 제도를 활용해 많은 우리 기업인들이 중국에 입국해 현지에서 출근했다.

2021년 1월 18일 문 대통령은 신년 기자회견에서 "우리에겐 한미 관계, 한중 관계 모두 중요하다. (중국은) 우리나라 최대의 교역 국가이고, 한반도 평화 증진을 위해서 협력해나가야 할 관계"라고 설명했다. 문 대통령의 설명대로, 무역협회 자료에 의하면 2020년 기준으로 한중 간 교역액은 2,414억3천만 달러 (278조 원)다. 2위 미국이 1,316억 달러이니 중국이 우리 경제에 차지하는 비중은 굳이 설명할 필요도 없을 것 같다.

한반도 정세와 관련, 대화를 통한 문제 해결에서도 중국의 역할은 중요하다. 문 대통령과 시 주석의 세 번째 통화에서 시 주석은 "남북-북미 대화를 지지한다"는 입장을 밝혔다. "중국은 정치적 해결을 위한 한국의 역할을 중시한다"고도 했다.

그런데도 한미, 한중 정상통화 외교가 진행되는 동안 국내에서는 미중 사이 양자택일을 해야 한다는 듯한 접근법이 고개를 들었다. 위험할 뿐 아니라 가능하지도 않은 의견이다.

"미중 관계는 '경쟁'과 '협력'과 '적대'라는 세 가지 측면이 있는 복잡한 관계다. 한중 관계도 복잡한 측면이 있다는 것을 이해한다."

앤서니 블링컨 미 국무장관이 2021년 3월 19일 청와대로 문재인 대통령을 예방했을 때 한 말이다. 바이든 대통령조차 문 대통령과의 회담에서 "중국과 대결이 아니라 경쟁을 원한다"는 입장을 밝혔다. 굳건한 한미동맹을 기반으로 한중의 전략적 협력 동반자 관계가 조화롭게 발전될 수 있도록 한다는 것이 우리 정부의 일관된 입장이다.

## 세계 최대 자유무역협정
## RCEP이 열리다

모든 정상외교가 의미가 크지만, 작년 '역내포괄적경제동반자협정(RCEP)' 서명식을 빼놓을 수 없다. RCEP은 세계 최대 규모의 자유무역협정이다. 동남아시아국가연합 10개국과 한·중·일 3개국, 호주·뉴질랜드·인도 등 16개국이 참여하고 있다. RCEP 협상 개시 이후 8년 만의 결실이었다.

2020년 11월 15일, 역사적인 서명식에서 유명희 통상교섭본부장이 문재인 대통령의 자리에 앉아 협정문에 서명했다. 잠시 대통령 의자를 내준 문 대통령은 곁에 서서 유 본부장이 서명하는 장면을 지켜봤다. 그러고는 유 본부장이 서명을 마치고 사인한 협정문을 정면으로 들어보이자 박수로 환영했다.

RCEP 협정 정상회의에서 발언하는 문재인 대통령(출처: 《연합뉴스》).

문재인 대통령은 RCEP 정상회의에서 의제발언을 "존경하는 정상 여러분, 역사적 순간입니다"라는 말로 시작했다. 다음은 의제발언 요지다

오랜 노력이 결실을 맺었습니다. 코로나의 도전과 보호무역 확산, 다자 체제의 위기 앞에서 젊고 역동적인 아세안ASEAN이 중심이 되어 세계 최대 규모의 자유무역협정을 체결하게 됐습니다. 우리는 자유무역의 가치 수호를 행동으로 옮겼습니다. 이제 역내 무역장벽은 낮아지고, 사람과 물자, 기업이 자유롭게 이동하게 될 것입니다. 상품과 서비스 시장을 함께 열고, 투자 자유화에도 속도를 낼 것입니다. 원산지 기준을 통일하여 공급망이 살아나고, 이를 토대로 가장 빠르게 경제를 회복하는 지역이 될 것입니다.

그러면서 문 대통령은 "코로나 이후 시대를 선도하는 상생 번영의 공동체가 될 수 있도록, 항상 함께하고 먼저 행동하겠다"고 약속한 뒤 의제발언을 마무리했다.

세계 최대 메가 FTA 협상 타결로 인해 경제 영토 확대, 이로 인한 역내의 교역과 투자 확대, 또한 그로 인한 경제 회복을 도모할 수 있게 됐다. 구체적으로는 주요 수출품에 대한 관세 인하, 단일 원산지 기준으로 인한 기업 편의성 제고, 우리 기업의 지적재산권 보호 등이 예상되고 있다. RCEP 회의에 참가한 정상들 역시 RCEP이 경제 회복을 위한 중요한 이정표가 될 것이라는 데 견해를 같이했다.

대변인 재직 중 지켜본 문재인 대통령의 정상통화 외교(순서는 통화순)

**2020년**
**2월(1회):** 중국 시진핑 주석.
**3월(12회):** 이집트 압둘 파타흐 알시시 대통령, 아랍에미리트 왕세제, 터키 레제프 에르도안 대통령, 프랑스 에마뉘엘 마크롱 대통령, 아랍에미리트 정상(진단키트 수출), 스페인 페드로 산체스 총리, 사우디아라비아 무함마드 빈 살만 왕세제, 미국 도널드 트럼프 대통령, 캐나다 쥐스탱 트뤼도 총리, 리투아니아 기타나스 나우세다 대통령, 이디오피아 아비 아머드 알리 총리, 불가리아 보이코 보리소프 총리.
**4월(15회):** 콜롬비아 이반 두케 마르케스 대통령, 덴마크 메테 프레데릭센 총리, 베트남 응우옌쑤언푹 총리, 페루 마르틴 비스카라 대통령, 호주 스콧 모리슨 총리, 폴란드 안제이 두다 대통령, 인도 나렌드라 모디 총리, 우크라이나 볼로디미르 젤렌스키 대통령, 우즈베키스탄 샵카트 미르지요예프 대통령, 부탄 체링 톱게 총리, 미국 도널드 트럼프 대통령, 인도네시아 조코 위도도 대통령, 핀란드 사울리 니니스퇴 대통령, 남아프리카공화국 시릴 라마포사 대통령, 오스트리아 제바스티안 쿠르츠 총리.
**5월(3회):** 아일랜드 리오 버라드커 총리, 중국 시진핑 주석, 벨기에 필립 레오폴트 로데베이크 마리아 국왕.
**6월(8회):** 미국 도널드 트럼프 대통령, 스페인 펠리페 6세 국왕, 온두라스 후안 오를란도 에르난데스 대통령, 터키 레제프 에르도안 대통령, 스위스 시모네타 소마루가 대통령, 뉴질랜드 저신다 아던 총리, 호주 스콧 모리슨 총리, 투르크메니스탄 구르반굴리 베르디무함메도프 대통령.
**9월(2회):** 일본 스가 요시히데 총리, 러시아 블라디미르 블라디미로비치 푸틴 대통령.
**10월(11회):** 독일 앙겔라 메르켈 총리, 브라질 자이르 보우소나루 대통령, 우즈베키스탄 샵카트 미르지요예프 대통령, 말레이시아 무히딘 야신 총리, 룩셈부르크 그자비에 베텔 총리, 이탈리아 주세페 콘테 총리, 이집트 압둘 파타흐 알시시 대통령, 덴마크 메테 프레데릭센 총리, 인도 나렌드라 모디 총리, 카자흐스탄 카심조마르트 토카예프 대통령, 캐나다 쥐스탱 트뤼도 총리.

**11월(1회):** 영국 보리스 존슨 총리.

**12월(1회):** 프랑스 에마뉘엘 마크롱 대통령.

## 2021년

**1월(3회):** 코스타리카 카를로스 알바라도 대통령, 중국 시진핑 국가주석, 우즈베키스탄 샵카트 미르지요예프 대통령(화상정상회담).

**2월(1회):** 미국 조 바이든 대통령.

**4월(1회):** 인도 나렌드라 모디 총리.

## 다자회담

### 2020년

G20 화상특별정상회의(3월 26일), 한-EU 화상정상회담(8월 18일), 한-메콩 정상회의(11월 13일), 아세안+3 정상회의(11월 14일), 동아시아정상회의(EAS, 11월 14일), 역내포괄적경제동반자협정(RCEP) 정상회의 및 협정 서명식(11월 15일), APEC 정상회의(11월 20일), G20 정상회의 1일 차(11월 20일), G20 정상회의 2일 차(11월 23일).

**2021년:** 세계경제포럼(WEF) 특별연설.

## 국제기구 외

• 세계보건기구 사무총장, 빌 게이츠 이사장, 방셀 모더나 CEO 등.

## 접견

• 영국 테레사 메이 전 총리, 중국 왕이 국무위원 겸 외교부장, 디지털협력포럼 참석 중남미 4개국 장관, 인도네시아 수비안토 프라보워 국방장관.

## 서신

• 프란시스코 교황, 록밴드 U2 리더 보노, 마이크로소프트 사티에 나델라 CEO.

# 32장 실사구시적 협상가
## 문재인 대통령

미국의 권위 있는 시사주간지 《타임》의 2017년 5월 15일자 표지에 문재인 당시 민주당 대선 후보가 표지 모델(커버스토리)로 등장했다.

'THE NEGOTIATOR(협상가)'라는 타이틀과 함께였다. 《타임》은 김정은 위원장과의 협상이라는 측면에서 문재인 대통령을 바라봤다. 문 대통령을 협상가로 조명하고 접근한 건 《타임》이 처음이었던 것 같다. 코로나와 싸우는 대장정 중 여러 차례 '네고시에이터 문재인'의 면모를 볼 수 있었다. 협상가로서 문 대통령의 면모를 보여주는 가장 단적인 일이 한미방위비분담금 협상을 꼽을 수 있다.

### 배짱, 뚝심, 강단, 긴 호흡

트럼프 미국 전 대통령은 한국 정부에 2020년의 주한미군 주둔에 대한 분담금을 50억 달러(약 6조 원) 가까이 늘리라고 요구했다. 우리나라는 1991년 맺은 '한미방위비분담금특별협정(SMA, Special Measures Agreement)'에 따라 주한미군의 주둔 비용(방위비) 중 일부를 부담한다. 2019년은 1조389억 원이었는데, 5배 가까이 올려달라고 한 것이다.

일반적인 협상 전략은 '첫째, 크게 요구한다', '둘째, 선제적으로 제시한다'이다. 트럼프 대통령 입장에서는 정석에 가까운 전략이었으나 우리 입장에선 당연히 받아들일 수 없는 요구였다. 양측은 수많은 협상 결렬 끝에 마침내 2019년보다 13.6퍼센트 오른 수준에서 잠정 합의했다. 2020년 3월쯤이었다. 양국 장관도 오케이 했다. 하지만 트럼프 대통령이 뒤집었다. 주한미군이 고용한 한국인 노동자들을 '무기한 무급 휴직'시키면서까지 추가적으로 압박해왔다.

협상 교착 시의 일반적 원칙은 '중간을 찾는 것'이다. 서로 '조금 버티다 말겠지' 하고 생각하며, '데드라인'을 염두에 두고 조금이라도 유리한 중간 지점에서 협상을 타결하려 한다.

그러나 이번에는 문 대통령이 이런 일반 원칙을 깼다. 아예 '협상 중단'을 지시해버렸다. 미국을 상대로 말이다. 문 대통령은 주한미군 노동자 문제에 진심으로 걱정하고 있음을 미국 측에 알리고, 협상 장기화 태세를 갖추라고 지시했다. "몰려서 협상하지 말라"는 가이드라인도 줬다. 데드라인은…… 지워버렸다. 해가 넘어가도 문 대통령은 초조해하거나 뒷걸음질하지 않았다. 오히려 미국 트럼프 대통령이 당혹스러웠을 것 같다.

문 대통령과 트럼프 대통령은 방위비 분담금을 놓고 줄다리기가 이어지는 와중에 세 차례 정상통화를 했다. 트럼프 대통령은 한국 여당의 총선 승리를 축하했고, 문 대통령은 트럼프 대통령의 진단키트 같은 방역물품 지원 요청에 응했다. 트럼프 대통령은 다시 한국을 G11 체제에 편입하는 제안까지 해왔다. 세 차례 정상통화에서는 방위비의 '방' 자도 나오지 않았다. 과거사·현안 이슈·미래지향적 문제를 연계하지 않고 분리해서 접근하는 두 정상의 협상 내공에 현란함을 느꼈다. 문 대통령은 한일 과거사 문제와 양국 협력 사안에 대해서도 이처럼 분리해서 접근해야 한다는 입장이다. "때때로 생겨나는 문제로 미래지향적으로 발전해야 할 양국 관계 전체가 발목 잡혀선 안 된다. 그것은 그것대로 해법을 찾고 미래지향적 발전 관계를 위한 대화 노력은 별도로 계속해야 한다"는 것이다. 문 대통령과 트럼프 전 대통령이 바로 그런 식으로 과제를 분리해서 처리해왔다. 일본 정부도 곰곰이 생각해보았으면 한다.

　　방위비 분담금 협상은 결국 바이든 정부 출범 후 타결이 됐다. 무려 1년 6개월만이었다. 5년짜리 장기합의였다. 매년 협상할 필요가 없으니 5년간 시간을 벌었다. 올해 2021년 한국 측 분담금은 13.9퍼센트 인상하기로 했다. 하지만 앞으로 4년 동안은 한국의 국방 예산 인상률에 준해서 올린다. 2022년 분담금의 경우 올해 국방비 증가율인 5.4퍼센트다.

　　다만 주한미군이 고용한 한국인 노동자 임금의 85퍼센트 이상을 반드시 분담금에서 쓰도록 했다. 그간 주한미군 방위비

분담금 중 미군이 한국에서 고용하는 노동자의 인건비로 쓰는 건 약 40퍼센트였다. 그런데 85퍼센트로 두 배 이상 올라가도록 명문화했으니 분담금 증액분의 상당 부분은 다시 국내로 환원된다. 한미 양측이 협상 공백이 생기면 임금 선先지급을 우리 노동자에게 하도록 명문화한 것도 성과였다.

종합적으로 '윈윈'이었다고 할 수 있다. 문 대통령은 초강대국을 상대로 밀리지 않았다. 강단 있게 긴 호흡으로 합리적 결과를 도출했다. 협상 타결을 서두르지 않은 것은 미국 대선이란 변수까지 감안한 것 아닌가 한다. 협상가라기보다는 전략가다운 면모였다.

## 물러날 땐 유연하게
### 집착은 없다, 신축적이다

문재인 대통령이 그렇다고 무조건 고집스럽게 원칙이나 첫 입장만 고수하는 스타일이냐……

2020년 9월, 4차 추가경정예산안을 둘러싸고 여야가 협상을 벌일 때였다. 더불어민주당이 약속한 '13세 이상 전 국민 통신비 2만 원 지원'에 국민의힘이 반대하면서 협상이 교착에 빠졌다. 코로나로 스마트폰을 포함해 통신비 부담이 증가한 상황에서 4인 가구 기준 8만 원을 지원한다면, 적지 않은 도움이 될 수 있다. 문재인 대통령과 이낙연 더불어민주당 대표가 논의 끝에 합의한 사안이었으나 야당의 반대가 완강했다.

나는 문 대통령이 뒤로 물러서지 않을 줄 알았다. 하지만 예상과 달랐다.

"이것 때문에 추경이 가로막힌다면 통신비에만 목매달 수는 없다. 야당의 양보가 없을 사안이면 상처는 있겠지만 B 플랜이 필요하다. B 플랜을 내리려면 빨리 내는 게 상수上手다."

결국 통신비는 전 국민이 아니라 '선별' 지원으로 타결이 됐고, 추경안은 적기에 통과시킬 수 있었다.

중앙정부와 서울시의 재난지원금 부담 비율('중앙 5/서울 5'냐 아니냐)이 논란이 될 때 이런 협상 지침을 제시한 것도 인상적으로 남아 있다.

"기재부가 서울시와 협상을 해보되, 정부안을 '관철해내겠다'고 협상하지 마라. 신축적으로 하라." 대신 문 대통령은 "서울시가 다양한 사업을 할 게 많으니 잘 들어보고, 기재부가 양보를 하게 되면, 서울시는 (절약한 돈으로) 그만큼 추가적인 일자리 고용 사업을 더 하도록 논의해달라"고 했다.

양보는 정확한 상황 판단을 전제로, 달성해야 할 목적이나 목표가 분명할 때 나와야 한다.

문 대통령은 상위목표와 하위목표를 정확히 구분하고 있었다. 상황 판단도 빨랐고, 집착하지 않았다. 그리고 신축적이었다.

협상의 순간을 몇 개 돌아봤지만 문 대통령을 협상가로만 설명하는 건, 너무 좁은 틀이란 생각이 든다. 협상가란 사전적으로는 '이견을 조정하고 협의하는 일에 유능한 사람'을 말한다. 〈프롤로그〉에서 나는 '전략가 문재인'을 언급했다. 무無전략으로

미증유의 위기를 돌파해나갈 수 없는 것은 분명하지만, 그저 가볍게 작전을 잘 짠다는 차원에서 한 말은 아니었다. 정확히는 '경략가經略家'(나라를 경영하여 다스리는 이)란 뜻으로 한 말이었다. 다만 일반적으로 쓰는 말이 아니어서 전략가란 표현을 썼다.

경략가라면 문 대통령은 어떤 경략가인가. 일단 '실용적'이라 평하는 청와대 동료들이 많았다. 하지만 검은 고양이든 흰 고양이든 쥐만 잘 잡으면 된다는 의미는 아니었다. 물론 '꿩 잡는 게 매'임을 문 대통령도 간과하진 않는다. 그건 기본이다. 실용이란 철학의 한 방법론이지만, 한국에서는 도그마 또는 진영 논리에 집착하지 않을 때, 이데올로기적 편견이나 고정관념이 없을 때 자주 인용하는 말이다. 그런 점에서 문 대통령은 충분히 실용적이었다. 문 대통령을 진영 논리에 사로잡혔다고 보거나, 반기업 내지 심지어 불그죽죽하다고 보는 색깔론적 시각은 단언컨대 틀렸다. 과거의 불합리한 눈으로 합리를 재단하는 것일 뿐이다.

사소하다고 할지 모르겠지만, 2020년 상반기에 문 대통령이 기업인을 만나 코로나 극복을 위한 간담회를 하기로 했다. 그런데 당시 현대차 정의선 회장을 비롯해 주요 대기업 총수 몇 명이 출장 중이었다. 한 참모가 "기업 쪽에서 총수가 출장 중 귀국해야 할지, 부회장이 대참해도 될지 궁금해한다"고 보고했다.

"부회장이면 어때요. 꼭 회장이 올 필요 없습니다."

그러면서 문 대통령은 어떤 상황인지 잘 알겠다는 듯이 한마디 더 보탰다.

"이건 앞으로도 마찬가지입니다!"

대통령의 생각은 단순히 번문욕례<sup>繁文縟禮</sup>(번거롭고 까다로운 규칙과 예절)에 얽매이지 않겠다는 것 이상이었을 것이다. 그동안 정상적이지 않을 때가 많았던 대통령과 재벌 기업 회장과의 건강한 관계 설정을 염두에 둔 듯했다.

문재인 대통령은 2021년 3월 31일 최태원 대한상공의소 회장을 제48회 상공의날 기념식에서 만났다. 기념식에 앞서 환담을 나누는 자리에서 문 대통령은 유영민 비서실장과 이호승 정책실장에게 "기업인들과 (공개적으로) 활발하게 만나서 대화하라"고 지시했다. "과거에 음습하게 모임이 이뤄지면서 정경유착해버리는 것이 잘못이지, 공개적으로 기업의 애로를 듣고 정부의 해법을 논의하는 것은 함께 힘을 모아나가는 협력 과정"이라고 강조했다.

**명분 없는 실리와 실리 없는 명분 NO**
**명분 있는 실리 OK**

2020년 민주노총이 대통령과의 소통 창구를 요구해온 일이 있다.

"경사노위를 무력화한 민주노총이 원하는 걸 얻으면, '경사노위'에서 열심히 하는 한국노총은?"

문 대통령의 문제 제기였다. 비공식 소통 창구를 열어주면 얻는 것(실리)이 있을지 모른다. 그러나 경사노위(경제사회노동위원회)라는 대통령 직속기구는 껍데기만 남게 될 게 분명하다.

문 대통령은 "법을 운영하는 입장에서 받아들일 수 없는 요구"라고 잘랐다. '친노동, 반기업' 혹은 '친기업, 반노동' 같은 도그마에 갇혀 있지 않음을 보여주는 접근법 아닌가 한다. 어떤 판단과 결정을 앞두고 명분만큼은 선행해서 생각하고 있음을 보여주는 일화이기도 하다.

명분 중시 사례는 또 있다. 2020년 야당 인사들이 개인적으로 긴급재난지원금 문제 등과 관련해 "대통령 긴급재정경제명령권을 발동하라"고 주장한 적이 있었다. 문 대통령은 "발동 안 하면 하라고 말하겠지만, 야당 요구를 받아서 하겠다고 하는 순간 '경제쿠데타'라고 할 게 뻔하다. 누가 한마디 했다고 발동할 수는 없다"고 일축했다. 그러면서도 문 대통령은 "총선 이후에 계속 표류한다면, 그때는 명분이 된다고 본다"고 했다. 명분 먼저 생각하는 것을 목격한 사례 중 하나다.

다행히 앞 장에서 설명했듯이 긴급재난지원금은 다소 국회 통과에 시간은 걸렸지만 여야 합의로 처리됐기 때문에 긴급재정경제명령권을 쓸 필요가 없었다.


"문제 해결이 목표지, 강경 대응 자체가 목표는 아니다."

2020년 8월 하순, 의료계 집단 파업 당시 한 말이다. 당시 각종 여론조사는 코로나 상황에서 의료 현장을 이탈한 전공의들에 대해 비판적이었다. 강경 대응을 해도 될 정도로 명분은 축적돼 있었다. 하지만 강경 대응이 문제 해결에 어떤 결과를 가져올지는 속단키 어려웠다. 문 대통령은 본질적인 문제 해결을 원

했다. 당시 갈등이 근본 문제를 풀 '의정협의체' 발족으로 나가게 된 배경이다.

명분과 실리가 균형을 이루지 못하면 게도, 구럭도 다 잃을 수 있다. 문 대통령은 명분 없는 실리는 취하지 않았다. 실리 없는 명분도 마찬가지였다.

명분과 실리가 일치할 때는 물론 결정을 주저하지 않았다. 긴급재난지원금 지급 결정을 비롯해 수많은 국정 행위가 두 가지 조건을 충족하며 진행돼왔다.

### '대통령의 촉'과 국정 경험
### 역사…… 주류의식

실용은 '원칙'과는 반대개념으로 쓰이기도 한다. 문 대통령이 원칙적이지 않다고 말할 수는 없다. 코로나 대응이나 복지 정책을 비롯해 수많은 국정 행위를 실용으로만 설명할 수도 없다.

나는 문 대통령이 결정이나 판단을 내리는 스타일을 보면서 실용보다는 실사구시實事求是(객관적 사실을 통하여 정확한 판단과 해답을 구함)적이었다고 생각했다.

"대통령님 촉觸이 맞더라." 노영민 비서실장이 코로나 초기 국면에서 한 말이었다. 문 대통령이 "각국은 양적완화에 들어갈 것"이라고 예상했는데, 맞아 떨어지더라면서 한 얘기였다. 양적완화는 기준금리 수준이 이미 너무 낮아 금리 인하를 통한 효과를 기대할 수 없을 때, 중앙은행이 경기부양을 위해 다양한 자산을 사들여 시중에 통화공급을 늘리는 정책임은 앞서 설명했다.

나는 대통령의 촉이 어디서 오는 건지 조금 이해할 것 같았다. 이 말이 기억나서였다.

'우리가 코로나 방역에 잘 대응할 수 있었던 것은 메르스를 겪었기 때문이다. 외국은 글로벌 금융위기를 세게 겪었기 때문에 경제 대책에 발이 빠를 수 있다. 양적완화가 자동적으로 나오고, 각종 조치가 쉽게 의회에서 합의되는 것도 경험에서 비롯된 것이다. 그러니 정책실은 경제위기에 대응하는 외국 사례를 잘 살펴보라.'

미국이나 유럽의 대책을 잘 벤치마킹하라면서 한 말이었다. 한국이 방역에서 성과를 낸 것이 메르스를 겪었기 때문이라는 말이 쏙 들어왔다. 사실 그렇다. K-방역이 하늘에서 뚝 떨어진 건 아니다.

문 대통령이 2020년 4월 총선 승리 후 "2004년 노무현 대통령 탄핵 후의 총선을 거울삼아야 한다"고 말하는 걸 들은 기억도 있다. 2004년 열린우리당은 노무현 대통령 탄핵에 대한 역풍에 힘입어 과반을 확보했다. 총선 이후 당에 '개혁파'가 득세했고, 국가보안법 등 4대 개혁 드라이브를 걸다가 망해버렸다.

문 대통령은 당시를 회상하며 "포스트 코로나를 맞아 지금은 개혁을 해야 한다는 말은 맞는데, 현실성은 있는지 봐야 한다"고 했다. 그러면서 "국민은 정부에 위기 극복의 권능을 준 것인데, 이 선을 잘 지켜야 한다"고 강조했다. 문 대통령은 "선을 넘으면 또 다른 혼란과 갈등이 벌어질 것이고, 국민이 실어준 힘을 엉뚱한 데 낭비하는 결과가 되는 것"이라면서 "모든 노력이 위기 극복에 맞춰져야 한다"고 했다. 비슷한 얘기를 이해찬 더불어민주당 대표도 그 무렵 했다. 메시지를 두 분이 서로 맞춘 것은 아니었던 것으로 안다. 경험에서 우러나온 공유된 인식에 가까웠다고 본다. 그래서일까, 지금의 더불어민주당은 2004년 열린우리당과는 비할 수 없을 만큼 안정적이고 여당스럽다.

2020년에 더불어민주당에서 청와대와 국회, 남아 있는 정부 부처의 세종시 이전론이 나왔을 때도 문 대통령은 신중한 입장을 취했다. 문 대통령은 자타가 공인하는 지방분권주의자이지만 과거의 천도遷都 논란, 서울 민심, 현실적 가능성 등을 종합적으로 고려했다. 문 대통령은 "못 박으면 외길이 되는 것"이라면서 여러 길을 모색했다. 결국 "세종시 완성을 위해 국회 분원 설치를 우선 검토하겠다"는 선에서 결론을 냈다.

문 대통령의 여러 판단과 결정, 그리고 '촉'에는 노무현 전 대통령 시절의 '국정 경험'과 지난 '역사'가 차지하는 비중이 결코 작지 않다고 나는 생각한다. 다만 경험이 깊이 체화돼 있고, 지난 역사를 꿰뚫고 있다는 점이 실사구시적으로 나라를 이끌 수 있는 배경이라고 나는 본다.


국정 경험과 역사에 대한 인식이 있으면 누구라도 자각自覺을 하게 된다. 자각하는 이에게는 '주류의식'이 있다.

"늘 보면, (평론가들은) 정권 교체도 이전 정부가 잘못해서 우리가 반사이익을 얻은 것처럼 말하고, 선거도 우리가 이기면 우리가 잘해서가 아니라 저쪽이 못해서인 것처럼 말합니다. 우리(청와대) 안에서도 그런 사고를 합니다. 우리에게 주류의식이 약하고 '주류 엔티'라는 의식이 있는 겁니다. 그렇지 않습니다. 우리가 잘하면 이기는 거고, 못하면 지는 겁니다. 우리가 잘하면 성공하는 거고, 못하면 실패하는 겁니다."

너무도 공감해 생생히 기억하고 있는 말이다. 주류의식이야 말로 문 대통령의 중심을 지탱하는 정신이라고 본다.

코로나 국면에서 문 대통령은 간과했던 마스크 위기의 심각성을 누구보다 빨리 감지하고, 청와대와 정부를 독려해 대란을 잠재워 K-방역 성공의 토대를 구축했다. 백신도 바이든 대통령과의 백신 외교로, 글로벌 제약사 CEO와의 세일즈 외교로 직접 확보 전에 나섰고, 결과가 나오고 있다.

비상경제회의를 직접 주재하면서 기업과 소상공인 자영업자의 삶을 지키는 대책을 마련했다. 무엇보다 전대미문의 위기 속에서 고용을 지켰다. 다른 나라에서 대통령이 직접 경제비상기구를 운영해나가며 위기 대응 최선봉에 섰다는 얘기는 과문한 탓인지 들어보지 못했다. 결과적으로 우리 경제는 2020년 세계에서 가장 선방한 결과를 기록했다. 패배 의식이나 다름없는 비주류 의식에 절어 있어서는 결코 전례 없는 일을 해가며 위기를 이겨낼 수 없다. 대통령 혼자 이룬 일이라고 말하는 게 아니다. 하지만 대통령의 리더십과 애민 철학을 빼고 여기까지 어떻게 왔는지를 말할 수는 없다.

협상가, 전략가, 경략가 앞에 어떤 수식을 하든 변함없는 사실은 문 대통령이야말로 코로나와의 전쟁에서 승패를 좌우하는 결정적인 역할을 해왔다는 점이다.

아직 코로나와의 전쟁은 끝나지 않았고, '델타 변이 바이러스'와의 전투가 치열하게 벌어지는 중이다. 이 전투를 포함해 남아 있는 싸움의 승패도 결국은 문재인 대통령에게 달려 있다.

승패의 결정자를 우리는 '승부사'라고 부른다. 이 책의 제목을 '승부사 문재인'으로 수정한 이유였다.

# 청와대 이야기 Ⅲ

# 9 　　대통령이 비서들과 같이 일하고
　　　　매일 '티타임'을 주재한다고?

"그게 정말이야?"

전영기《시사저널》편집인의 눈이 동그래졌다.

"대통령이 비서들과 함께 근무한다고? 비서들과 회의를 매일 주재하고 있다고?"

청와대를 떠난 뒤《중앙일보》편집국장 출신의《시사저널》전영기 편집인이 "고생했는데 얼굴이나 보자"고 전화를 걸어와서 만났다. 청와대 24시가 대화의 주제였다. 그런데 그는 대통령 집무실이 여전히 '청와대 본관'에 있는 줄 알고 있었다. 매일 참모들과 토론회의(티타임)를 한다는 사실은 전혀 모르고 있었다.

전영기 편집인과 나는《중앙일보》시절(2002년) 청와대 공간에 관한 기획기사를 공동 취재해 쓴 적이 있다. '청와대 본관'의 대통령 집무실을 비서들이 근무하는 곳으로 옮겨야 한다는 내용이었다. 그런데 대통령 집무실이 이미 비서들 있는 곳으로 옮겨져 있고, 더군다나 대통령이 매일 회의까지 주재하면서 국정을 챙긴다니…… 전영기 편집인은 "청와대 출입기자들이 보도 책임을 방기한 것"이라고 흥분했다.

꼭 그렇지만은 않다. 문재인 정부 출범 직후 대통령이 집무실을 옮겼다는 기사는 꽤 나왔다. 하지만 출입기자들이 똑같은 얘기를 4년 내내 반복해 쓰긴 어렵다. 기자들은 다 아는 얘기라고 해서 보도를 안 하고, 그러니 일반인은 물론 전영기 편집인 같은 중견 언론인조차 시간이 지난 뒤엔 실상을 전혀 모르고, 모르니 청와대 공간 등에 대해선 관심이 없고, 기자들은 더욱 기사를 쓸 이유가 없어지고. 이렇게 '무심'과 '모름'이 '뫼비우스의 띠'를 만들고 있었다.

기본적인 청와대 공간 구조와 대통령의 일상을 한번 정리해서 알려야 할 필요를 그때 느꼈다.

## 청와대의 공간 구조

### 청와대 본관

'청와대' 하면 떠오르는 건물, 방송사가 청와대 뉴스를 전할 때 전경을 비추는 곳이다. 청와대 지붕의 청기와는 무려 15만 장. 이 건물 2층에 '대통령 집무실'이 있다. 대통령 집무실 출입문에서 대통령이 앉아 있는 책상까지는 15미터쯤. 이명박 전 대통령이 "테니스를 쳐도 되겠다"고 말했다는 일화가 있다. 박근혜 전 대통령까지 청와대 본관의 대통령 집무실을 썼다. 다만 박 전 대통령은 일과 시간에도 본관 집무실 외에 '관저'에 머문 일이 많

청와대 본관 전경(출처: 《연합뉴스》).

왔다고 보도됐다.

문재인 대통령은 업무 시 본관의 대통령 집무실을 사용하지 않고 비서동(여민관興民館)으로 이사했다. 청와대 본관은 G20 특별화상정상회의, 국무회의, 외교사절 및 외빈 접견, 신임장 또는 임명장 수여식 등 주로 행사를 할 때 찾았다.

### 여민관

청와대 원경 사진 속에서 뒤쪽 푸른 기와가 보이는 곳이 청와대 본관이다. 맨 왼쪽 건물이 경호처, 가운데 건물이 여민 2관, 맨 오른쪽 상단 베이지색 건물이 대통령이 일하는 곳인 여민 1관, 맨 오른쪽 하단 창 많은 건물이 여민 3관이다. 사진으로 봐도 청와대 본관과 여민관은 멀리 떨어져 있다.

청와대 비서들이 근무하는 공간인 여민관은 이처럼 여민 1관, 여민 2관, 여민 3관으로 구성되어 있다. 여민 1관에 대통령 집무

청와대 본관과 여민관 모습이 함께 담긴 원경 사진(출처: 《연합뉴스》).

실이 자리 잡았다. 여민 1관에는 대통령 집무실 외에 대통령 비서실장실, 부속실, 국정상황실, 정무수석실 등이 있다. 여민 2관에는 정책실, 여민 3관에는 국가안보실과 국민소통수석실 직원들이 근무한다.

'여민'은 '여민고락與民苦樂'에서 따온 이름으로 '대통령과 비서진이 국민과 기쁨과 슬픔을 함께하는 곳'이라는 의미다.

### 상춘재

대통령의 외빈 접견이나 비공식 회의 및 오찬 장소 등으로 쓰이는 한옥이다. 고故 노무현 대통령 서거 10주년 추도식 참석차 방한한 조지 워커 부시 전 미국 대통령 등도 상춘재를 다녀갔다.

문재인 대통령과 조지 부시 전 대통령이 상춘재 앞에서 찍은 사진(출처: 《연합뉴스》).

### 대통령 관저

대통령과 가족이 생활하는 공간으로 전통 한옥이다. 미국이나 중국 정상과의 통화가 시차 문제로 밤늦게 또는 아침 일찍 열리게 되면 관저에서 진행되곤 한다.

문재인 대통령과 가족들이 생활하는 대통령 관저 모습.

### 청와대 춘추관

청와대 프레스센터. 대통령의 기자회견, 대변인·부대변인 브리핑 등이 열린다. 출입기자들의 기사 송고실로도 사용한다. 청와대에 등록한 국내외 언론사 기자는 300여 명이

청와대 프레스센터 역할을 하는 춘추관 모습(출처: 《연합뉴스》).

넘는다. 이 중 100명 이상이 춘추관에 상주. 역사 기록을 맡아보던 관아인 고려의 춘추관, 조선의 예문춘추관에서 비롯된 이름이다.

지금의 '청와대靑瓦臺'라는 이름은 4·19혁명 후 윤보선 전 대통령이 개명한 것이다. 초대 이승만 전 대통령 시절에는 '경무대景武臺'란 이름이었다. 지금의 본관(연면적 2,564평)과 대통령 관저, 춘추관 등이 1991년 노태우 전 대통령 때 완공되어, 이승만 전 대통령 시절의 경무대(586평)보다 네다섯 배 커졌다. 박정희 전 대통령 시절에는 옛날 황제가 노란 옷을 입었고, 왕궁이 노란

기와였다는 이유로 '황와대黃瓦臺'로 개명하자는 건의가 있었으나, 당시 박 전 대통령이 '킬' 했다.

## '공간'의 정치, 긴급 상황에서 대통령이
## 비서들 곁에 없다면……

대통령의 집무 공간은 왜 중요할까.《중앙일보》2002년 신년기획으로 전영기 편집인과 내가 쓴 기사의 일부다.

김영삼 전 대통령은 육중한 '대통령 집무실' 책상 건너편에 사람을 세워놓고 보고받는 때가 많았다고 한다. 당시 공보수석이었던 한나라당 윤여준 의원은 "보고를 마치고 뒤돌아 설 때마다 '내가 등을 보이면서 나가면 무례를 범하는 게 아닌가' 하는 생각을 떨쳐버릴 수 없었다"고 말했다.

당시 정무비서관이었던 박진 씨는 "대통령 책상에서 수십 걸음을 뒷걸음쳐 물러 나오다 다리가 꼬여 넘어진 장관도 있었다"고 기억했다. 청와대 비서실장과 수석비서관 등은 대통령을 만나기 위해 차를 타고 들어간다. 걸어서 대통령 집무실까지 가려면 10분쯤 걸린다. 대통령 집무실 문만 열고 나가면 바로 비서실장실, 부통령실, 안보담당보좌관실이 다닥다닥 붙어 있는 미국의 백악관과는 사정이 다르다. 건축가 승효상 씨는 "인간은 스스로 만든 공간에 지배당한다"면서 "지금의 청와대는 건물이 사람을 압도한다"고 지적했다.

청와대 본관 집무실. 문재인 대통령이 지난해 '2050 대한민국 탄소중립 비전'을 선언하는 연설을 마친 뒤 퇴장하면서 중계진에게 박수를 보내고 있다(출처: 《연합뉴스》).

《중앙일보》는 2014년 5월 24일 자 사설로 다시 집무실 이전을 촉구했다. 사설 제목은 '대통령 집무실 개조해야, 각방 부부 같은 대통령과 참모들'이었다.

국민은 세상과 긴밀히 소통하는 지도자를 원한다. 그런데 박근혜 대통령은 그 점에서 많이 부족하다…… 밤에 대통령은 깊은 관저에서 고독에 갇힌다. 대통령의 '고립과 단절'은 낮에도 심각하다. 아침에 대통령은 본관 2층으로 출근한다.
본관은 경복궁 근정전 같은 대궐이다. 화려하고 웅장하다. 대통령은 근무 시간에 이 넓고 한적한 곳에서 혼자 지낸다. 비서실장, 국가안보실장, 수석과 비서관은 400~500미터 떨어진 건물에 있다. 대통령을 만나려면 사무실에서 걸어 내려와 차를 탄다. 이런 구조는 두 가지 심각한 문제를 안고 있다.

대통령의 고립과 소통의 비효율성이다. 대통령과 참모가 멀리 떨어져 있는 건 부부가 각 방을 쓰는 것과 같다. 대통령은 사람 냄새를 맡으며 일을 해야 한다. 언제든 신속하게 얼굴을 보면서 협의를 해야 사안의 본질에 정확하게 접근할 수 있다. 비효율도 큰 문제다. 언제든 급변 사태나 도발이 터질 수 있다…… 선진국은 이렇게 어리석게 하지 않는다. 대통령의 고립을 막고 소통을 극대화하기 위해 대통령·총리와 참모들을 다닥다닥 붙여놓는다. 대통령과 참모가 노타이 차림으로 이 방 저 방에 모여 커피를 마시며 나랏일을 논한다. 국가 개조를 위해선 대통령 집무실을 개조해야 한다.

기사와 사설에 공감할지 여부는 독자의 판단에 달렸다. 하지만 문재인 정부에서 이 사설만큼은 다시 쓰여야 한다. 문재인 대통령은 공간 구조 자체가 중압감을 느끼게 한다는 청와대 본관 집무실이 아니라 '여민 1관'으로 출근한다.

앞서도 말했지만 문 대통령이 집무실을 옮긴 여민 1관에는 대통령 집무실 외에 비서실장실과 정무수석실 등이 입주해 있다. 유영민 비서실장이 문 대통령을 만나려면 계단 한 층만 올라가면 된다. 여민 1~3관은 서로 마주 보고 있다. 여민 2관, 여민 3관의 참모들이 대통령에게 보고할 것이 있으면 바로 옆 건물인 여민 1관까지 1~2분만 걸어가면 된다.

긴급 상황에서 대통령이 참모들과 떨어져 있으면 무슨 일이 벌어질까? 2014년 4월 16일 세월호 참사 당일, 당시 김장수

국가안보실장은 박근혜 전 대통령이 어디에 있는지 몰라 '대통령 관저'와 '청와대 본관 집무실' 두 곳에 세월호 서면 보고를 했다. 박 전 대통령의 세월호 대응은 굳이 언급하지 않겠다.

그런 일 따위는 이제는 일어날 수 없다. 문재인 대통령은 '청와대 본관 집무실'과 '관저', 어디에도 없다. 여민 1관에서 사람 냄새를 맡으며 일하고 있다.

10      티타임 마지막 말이
        "경제수석, 하실 말씀 없습니까"인 이유


이명박 전 대통령이 '테니스를 쳐도 될 정도'라고 했다는 청와대
본관의 대통령 집무실을 나는 딱 한 번 들어가봤다.

2020년 2월 20일이었다. 문재인 대통령은 사상 최초로 아
카데미 작품상과 감독상 등을 수상해 코로나 국면에서 국민들
에게 자부심을 안겨준 영화 〈기생충〉 제작진을 청와대로 초청
했다. 봉준호 감독, 배우 송강호 씨 등 영화 제작팀과 청와대 본
관에서 오찬을 하고 난 뒤 문 대통령은 본관 집무실을 공개했다.

"현준이, 대통령 책상에 앉아봐."

문재인 대통령이 환히 웃으며 아역배우 정현준 군에게 대통
령 의자를 내줬다. 현준 군이 대통령의 의자에 털썩 주저앉았다.

"와!"(봉 감독 등 일동).

"너 정말 출세했다"(배우 송강호).

탄성이 나오자 문재인 대통령이 청와대 본관에 대해 설명
했다.

"건축가 승효상 씨가 내 친구(경남고등학교 동창)입니다. '건물이 사람을 규정하는데, 청와대 본관은 너무 권위적'이라는 겁니다. (전등을 가리키며) 저기, 신라 금관 모양으로 한 것도 상징적이죠. 청와대 본관 집무실이 비서동(여민관)과 떨어져 있어서 나는 비서동 쪽으로 집무실을 옮겼습니다."

대통령의 설명이 끝나자 봉준호 감독과 출연 배우인 송강호, 이선균, 조여정, 장혜진, 최우석 씨 등이 줄줄이 사진 촬영을 요청했다. 대통령은 흔쾌히 응했다. 즉석에서 서로 폰을 꺼내 대통령과 사진을 찍었다.

본관 집무실을 직접 보니 크긴 크다는 생각이 들었는데, 솔직히 위압적이라는 느낌까지는 아니었다. 공간이 인간의 의식에 영향을 줄 순 있지만 결정적이진 않을 수 있다. 위압적인 느낌을 받았으면 조여정 씨 등이 문 대통령에게 사진을 찍자고 했을까? 결국은 '방 주인'이 누구냐에 달린 것이 아닐지.

문재인 대통령은 청와대 본관 집무실 외에도 곳곳을 직접 안내해줬다. 상춘재 앞에 이르자 김정숙 여사에게 바통을 넘겼다.

"그럼 상춘재 안내는 당신이……."

기생충 일행과 작별 인사를 나눈 문 대통령은 '여민 1관' 집무실로 걸음을 옮겼다.

**백신 맞고 돌아와 티타임부터 주재,**
**대통령은 매일 현안을 챙긴다**

대통령의 집무 공간이 여민 1관으로 바뀌어서일까. 공간이 바뀐 뒤 청와대 문화 자체가 달라진 건 사실이다.

우선 대통령과 참모들의 티타임이 매일 열린다. 이미 정부 출범 후 티타임에 대한 보도는 여러 번 있었다. 티타임은 대통령이 아침 9시 20분에 참모들과 차를 마시며 나랏일을 논의하는 문재인 정부의 독창적인 청와대 회의체다.

티타임에 대통령은 맨 마지막에 입장한다. 회의 참석자들은 앉아 있다가 기립한다. 그러면 문 대통령은 꼭 두 팔을 벌려 서 있는 참모들에게 앉으라는 제스처(손등을 하늘로 향하게 놓는 것)를 취하곤 했다. 그냥 앉아도 되는데 언제나 양팔로 '앉으시오'라고 권유하는 자세를 반드시 취했다. 사소하다면 사소할 수도 있지만 '대통령의 매너'로서 기억에 남는다.

문 대통령은 존칭을 썼다. 국무총리에게는 '총리님', 당 대표에게는 '대표님', 티타임에서는 '3실장'(비서실장, 정책실장, 안보실장)에게 꼬박꼬박 '님' 자를 붙였다. 수석이나 비서관에게는 '님' 자까진 안 붙여도 말을 낮추지 않았다. 노타이 회의가 많았다는 것도 특징이었다.

내가 근무했던 14개월 동안 티타임에서는 실로 다양한 논의가 오갔다. 지구를 구하는 우주적 문제에서부터 아이들 돌봄 문제까지. 문재인 대통령은 회의 때 자주 이호승 경제수석(현 정책실장)을 콕 집어 "경제수석, 더 하실 말씀 없습니까?"라고 묻곤 했다. 이 수석이 더 할 얘기 없다고 하면 회의가 끝났다. 나중에는 "경제수석, 더 하실 말씀 없습니까?"라는 말이 회의 종료를 알리는 휘슬 소리가 됐다. 티타임에서 가장 많이 오간 토론 주제가 역시 경제 살리기였음을 보여준다. 물론 코로나 방역은 기본이었다.

문재인 대통령은 해외 순방 때를 제외하고는 티타임을 4년여 동안 단 한 번도 거르지 않았다. 제주 4·3 추념식이 열린 날에도 제주에서 돌아와 티타임을 했고, 백신을 접종한 날에도 휴식을 취하지 않고 돌아오자마자 바로 티타임을 진행했다.

티타임은 보통 1시간 이상, 길어질 때는 2시간을 넘긴다. 티타임을 마치고 나면 청와대 안에서 열리는 '공식·비공식 일정'(월요일에는 국무총리와 정례 주례회동 및 당일 오후 수석보좌관회의, 화요일에는 국무회의, 그 밖에 수시로 하는 공개·비공개 업무보고 등)을 시작한다.

청와대 바깥 행사도 일주일에 한 번은 거의 반드시 했다. 대통령의 외부 행사는 국민과 직접 소통한다는 의미가 있다. 그러니 대통령의 24시, 한 주는 상당히 타이트했다.

대통령이 정책 상황을 파악·점검한다고 해서 '청와대 정부'라고 오해하진 않았으면 한다. 사실 '청와대 정부'라고 비판하면서 온갖 문제에 대해서 청와대 입장 표명을 요구하고, 입장 낼 일이 아니라면 '침묵하는 청와대'라고 압박하는 것이 현실이다. 단언컨대 티타임은 미주알고주알 부처를 제약하고 통제하는 회의가 아니다. 청와대가 나서야 할 일, 정부가 해야 할 일, 당이 맡아야 할 일, 협업이 필요한 일을 교통정리해서 국정의 시너지를 내게 하려는 것이다. 그러려면 당·정·청이 하는 일과 그날의 현안을 파악하고 알아야 한다.

대통령이 대한민국에서 일어나는 주요한 국정 현안을 매일 매일 파악·점검하는 것은 정부의 경쟁력이지, 제왕적 제도를 반영하는 것은 아니라고 생각한다. 전대미문의 코로나 위기 상황에서 대통령은 어느 길로 항해를 해야 할지 큰 방향을 정하는 선장 역할을, 청와대는 컨트롤 타워 역할을 하고 있을 뿐이다.

당나라 시인 이상은李商隱은 어느 시에서 이렇게 말했다.

촛불은 재가 되어서야 비로소 눈물이 마른다(蠟燭成灰淚始乾).

'촛불 정부'의 땀과 눈물이 티타임 아닌가 한다.

2020년 2월 중하순경 문재인 대통령이 아침 회의 도중 나와 윤
도한 홍보수석에게 물었다.

"왜 국무회의 토론 내용을 공개하지 않았나요?"

"……."

하루 전 국무회의에서는 정책 현안을 둘러싸고 활발한 토
론이 벌어졌다. 당시 대통령 생각은, 알려져서 혼선을 빚어 국익
에 해롭지만 않다면, 국무회의 토론 내용은 적극적으로 공개할
필요가 있다는 것이었다.

대통령의 지적 이후 국무회의에서 어떤 일이 벌어지는지
상당히 자세히 메모해서 언론에 공개한 적이 있다—언론이 크
게 관심을 보이진 않았다.

오늘 국무회의에서 문재인 대통령은 수시로 국무위원에게 질문
을 던졌습니다. 총 여섯 명의 장관이 대통령의 즉석 질문을 받았

습니다.

## 첫 번째 질문: 중소기업 기술 탈취 예방

대기업의 기술 탈취로 인한 중소기업의 피해액이 매년 1천억 원 이상이라는 통계가 있습니다. 이에 박영선 중소벤처기업부 장관이 수탁기업(중소기업)이 위탁기업에 기술 자료를 제공하는 경우 비밀유지계약 체결을 의무화하고, 중소기업의 권리 구제를 위해 징벌적손해배상제(손해 시 피해 기업에 3배 이내 배상 책임) 도입 등을 골자로 하는 '대·중소기업 상생협력 촉진에 관한 법률 개정안'을 설명했습니다. 이견이 없어 안건을 의결하려는 순간, 문 대통령이 "질문 있습니다"라고 손을 들었습니다.

**문재인 대통령:** 손해액의 3배를 배상하게 돼 있는데, 기업의 손해액은 어떻게 정해지나요?

**박영선 장관:** 기술 탈취의 정도에 따라 정해집니다.

**문재인 대통령:** 아마 기업이 피해액을 입증하는 데 애로가 많을 겁니다. 피해 입은 기업이 쉽게 배상받을 수 있게 입법과 시행령을 만드는 과정에서 충분히 고려해주십시오.

**박영선 장관:** 세심히 신경 쓰겠습니다.

## 두 번째 질문: 군 사격장 소음 피해 마련

서욱 국방부 장관이 오늘 군용 비행장 및 군 사격장 주변 지역 주민을 대상으로 '소음 피해 보상금 지원 제도'를 도입하는 내용의 시행령 안을 설명했습니다. 그동안 소음 피해에 대한 보상을 받기 위해서는 소송밖에 방법이 없었습니다. 그러나 소송 없이 보상을 받을 수 있는 법률이 제정됐고, 소음 영향도 조사를 통해 피해 지역 실거주자로 인정되면 매월 3만~6만 원의 보상금을 받게 되는 내용의 시행령 안을 상정한 것입니다. 문 대통령이 다시 "질문 있습니다"라고 발언을 신청했습니다.

**문재인 대통령:** 시행령 대상의 군 사격장에 주한미군도 포함됩니까?

**서욱 장관:** 예, 그렇습니다.

**문재인 대통령:** (포항의) 아파치 헬기 사격장 문제도 시행령으로 해결이 가능합니까?

**서욱 장관:** 소음 피해 지역은 해당이 됩니다.

문 대통령은 다시 "소음 피해 문제는 시행령으로 보상 근거를 마련할 수 있다는 뜻인가요?"라고 재차 확인한 뒤 고개를 끄떡였습니다. 이어서 안건이 의결됐습니다.


**세 번째, 네 번째 질문: 유해물질 관리와 수돗물**

조명래 환경부 장관은 문 대통령에게 두 개의 질문을 받았습니다. 조 장관은 '유해물질 사용 제한' 제품(전기전자제품 재활용을 촉진하기 위해 제품 생산 시 납, 수은 등 유해물질의 함유 기준을 지키도록 제한)에 제습기, 러닝머신, 공유기 등 23종을 추가하는 내용의 시행령을 제안 설명했습니다.

또 수돗물 사고 신속 대응을 위해 사고 현장에 지방환경청장을 현장수습조정관으로 파견하는 내용의 시행령도 설명했습니다.

문재인 대통령: 유해물질 사용 제한 제품에 이번에 23종이 추가됐는데 시행령 이전에는 어떻게 처리됐습니까? 공백 상태였던 건가요? 이건 성문법주의의 문제입니다. 끊임없이 새로운 제품이 개발되어 애용되고 있는데, (법이 없으면) 유해물질 사용 제한 제품임에도 여러 해 유통되어 왔으면 문제 아닌가요?

조명래 장관: 유통량을 관리해왔습니다.

문재인 대통령: 몇 년간 축적했다가, 이번에 한꺼번에 포함시켰는데…… 어쨌든 실기失機하지 않는 게 중요합니다.

조명래 장관: 신제품 등의 경우 신속히 관리 기준을 만들도록 하겠습니다.

문재인 대통령: 속도가 점점 빨라질 것입니다. 뒤쫓아 가서 규정을 만들고, 그때까진 공백 상태로 있어선 안 됩니다. 유해물질 사용 제한제를 적용할 제품은 시행령 제정 전이라도, 어떻게 하면 제도 내에서 공백 상태를 막을 수 있는지 고민해주세요. 그리고 일부 지자체에서 수돗물 유충 또는 붉은 수돗물이 나온 적이 있는데 이번 시행령이 그런 문제의 해법이 됩니까?

조명래 장관: 노후 상수관 관리 대책은 별도로 발표했습니다.

문재인 대통령: 그간 지자체의 수돗물 사고는 지자체만으로 대응하니 해결하는 데 긴 시간이 걸린 것입니다. 환경부도 지원해서 해결 시간을 단축하고, 더 효율적으로 대응할 수 있을 것입니다.


**다섯 번째 질문: 아파트 단지 교통안전**

김현미 국토교통부 장관은 아파트 단지 내 교통안전시설 설치를 의무화하는 대상(300세대 이상 공동주택 단지, 150세대 이상 주상복합건물 등)과 시설물(과속방지턱, 도로반사경, 어린이안전구역표지 등)을 규정하는 교통안전법 시행령 개정안을 설명했습니다.

**문재인 대통령:** 이것도 질문이 있는데요. 이번 시행령에 의해 교통안전시설이 의무화됐는데, 이 시행령은 오로지 안전시설 설치에 관해서만 규정을 하는 겁니까?

**김현미 장관:** 안전시설 설치에 대해 규정하고 있으며, 도로교통법규가 적용되기 때문에 단속 처벌도 할 수 있습니다.

**문재인 대통령:** (단지 내) 교통사고 자체에 대해서요?

**김현미 장관:** 예. 도로교통법규가 적용되는 경우도 있기 때문에 그렇습니다.

**문재인 대통령:** 네, 됐습니다.


**여섯 번째 질문: 긴급재난지원금**

홍남기 경제부총리가 '긴급재난지원금'에 대해 제안 설명을 했습니다. 지난 8월 말 신청 및 지급이 끝난 전 국민 대상 긴급재난지원금의 경우 미신청액이 2,508억 원으로 나타났습니다. 미신청액은 기부로 간주하는 '의제기부금'입니다.

**문재인 대통령:** 국민들의 귀중한 기부금인데, 고용보험기금에 편입되고 나면 어떤 목적과 용도로 사용됩니까?

**이재갑 고용노동부 장관:** 고용유지장려금, 고용촉진장려금 등으로 쓰입니다.

**문재인 대통령:** 이미 정해진 용도로만 사용되는 것입니까?

이재갑 장관: 법령에 정해진 용도로만 사용됩니다.

문재인 대통령: 의제기부라고 할지라도 국민이 기부한 소중한 돈입니다. (홍 부총리, 이 장관 등에게) 국민에게 감사를 표해주시고, 좋은 목적으로 사용될 것이라는 점을 잘 알려주십시오.

**일곱 번째 질문: 코리아세일페스타**

안건 의결이 끝난 뒤 성윤모 산업통상자원부 장관이 '코리아세일페스타' 성과에 대해 보고했습니다. 홍 부총리가 "전반기의 대한민국 동행 세일에 이어 후반기 코리아세일페스타가 위기 극복과 경제 활력을 되찾는 데 도움이 됐다"고 평가했습니다.

문재인 대통령: 수고했습니다. 성과가 많았습니다. 질문 하나 하겠습니다. 보고서 속에 '지역화폐'라는 용어를 사용했는데, 공식으로 사용하는 용어인가요?

성윤모 산업통상자원부 장관: 공식 용어는 아닙니다.

홍남기 경제부총리: 예산상 공식으로 쓰는 명칭은 '지역사랑상품권'입니다.

이에 문 대통령은 "(정부는) 공식 용어를 쓰는 게 바람직해 보인다"는 의견을 냈습니다.

국무회의는 헌법기관이다. 행정부 내 '최고심의기관'이란 지위를 갖고 있다. 국무회의 의장은 대통령, 부의장은 국무총리가 맡는다. 헌법이 규정한 국무회의의 심의 사안은 실로 방대하다. 헌법개정안, 국민투표안, 조약안, 법률안 및 대통령령안, 대통령의 긴급명령·긴급재정경제처분, 계엄과 그 해제, 정당해산 제소 등등. 하지만 내가 본 것은 법률안 및 대통령령안에 대한 심의 위주였다. 정치부 기자들에겐 영양가 없는 회의로 통한다. 국무회의 안건이 이미 부처 단계에서 뉴스로 나온 것들이 대부분이기 때문이다.

그러나 뉴스성 여부는 차치하고라도 국민 삶에 영향을 미치는 많은 결정이 국무회의에서 이뤄지고 있다. 이 과정에서 토론도 활발하다. 지루하고 졸린 형식적 회의체가 아니었다. 문 대통령이 국무회의에서 민생과 관련한 안건은 하나하나 세밀히 점검 확인하고, 당부하는 바람에 보통 회의는 1시간 이상 걸리곤 했다. '질문하는 대통령'의 모습은 이례적이라기보다는 일상적인 것이었다.

# 12 대통령의 기쁨(喜)

나라에는 흥망성쇠興亡盛衰가 있고, 사람에겐 희로애락이 있다. 14개월 동안 대통령이 주재하는 회의에 자주 참석했다고는 하지만, 대통령의 희로애락에 대해 말하는 것이 무리라는 것을 안다. 하지만 대통령의 낯빛에서, 말 속에서, 인간 삶 속의 보편적 감정이 스쳐 지나가는 걸 본 것도 사실이다. 그런 장면만을 모아 봤다.

앞에서 세상 사람보다 가장 먼저 걱정하고, 세상 사람보다 늦게 즐거워한다는 말이 문 대통령에게 어울린다고 했다. 그래서인지 희로애락의 네 가지 감정 중에 '대통령의 기쁨'을 엿볼 장면을 찾는 건 쉽지 않았다. 일단 문 대통령이나 주변 참모들 사이에 웃음이 나왔던 순간만을 복기해봤다. 허탈해서 웃는 것 말고는 대체로 기쁠 때 웃음이 나온다.

"문재인 대통령은 유머가 없다."

"문재인 대통령은 재미없는 사람이다."

이렇게 말한다면 잘못 알고 있는 것이라고 감히 말하고 싶다. 왜냐하면 각종 회의에서 대통령 때문에 폭소가 터지는 일이 많았기 때문이다. 대통령은 충분히 유머러스했다. 문 대통령의 유머는 '아재 개그'나 '썰렁 개그' 같은 것과는 달랐다. 한번 맥락을 생각해야 하는, '반전反轉 유머'가 많았다.

**1**

2020년 3월 30일 문재인 대통령은 제3차 비상경제회의에서 '국민 70퍼센트 긴급재난지원금 지급'을 공식 선언했다. 그러고 나서 재난지원금 70퍼센트 지급에 반대해온 홍남기 경제부총리, 김상조 정책실장을 보며 이렇게 말했다.

"어쨌든 이번에 경제부총리와 정책실장이 아무런 이견이 없이 같았다는 것은 좋았던 점입니다."

한 3초 정도 지난 뒤 좌중에 웃음이 일었다. 웃음이 다소 늦게 나온 이유는 웃어도 되는지 하는 미묘함 때문이었을 것이다. 전임자인 장하성 정책실장과 김동연 경제부총리가 의견 충돌이 잦았다는 것은 세상이 다 아는 얘기다. 대통령 언급 중에 이 얘기는 한마디도 들어 있지 않았지만 누구나 비교해서 생각할 수밖에 없다. 과거 팀과의 차이점을 살짝 떠올리면서 대통령의 결정(70퍼센트 지급)과는 다른 주장(50퍼센트 지급)을 했던 김 실장과 홍 부총리의 체면을 세워주고, 앞으로의 당부까지 내포한 고급 유머였다.

## 2

같은 날(3월 30일) 또 한 번 대통령 때문에 웃음이 나왔다. 한 참모가 야당 측이 주장했던 내용에 대해 과하다고 보고했다. 문 대통령은 혼잣말하듯이 말했다. "야당 좋은 게 그거죠."

이때도 웃음이 나왔다. 특정 정당 얘기가 아니라 말을 쉽게 할 수 있는 야당의 일반적 특성을 설명한 것이었다. 문 대통령도 야당 대표를 지냈다. 무시하는 발언이 아니라 야당에 대해 누구보다 잘 알고 있기 때문에 한 말이었다. 말을 쉽게 할 수 없는 여권의 입장도 담겨 있는 발언이었다.

## 3

4월 하순 삼청동 인근의 한 곰탕집. 문재인 대통령이 모처럼 청와대 밖으로 나와 참모들과 오찬을 했다. 총선도 끝났고, 이제는 코로나로 절벽 상태였던 소비를 독려하는 차원에서 청와대 인근 삼청동의 식당을 찾았다. 이 자리에서 문 대통령은 옛날 얘기를 풀었다. 골프에 얽힌 얘기였다. 알려진 대로 문 대통령은 '특전사'에서 군 복무를 했다.

"(특전사 복무 중) 골프장 몇몇 군데에 홍수로 지뢰가 유실됐다는 첩보가 들어왔습니다. 매주 일요일, 지뢰탐지기로 골프장 수색하러 특전사가 새벽에 출동했지요. 그런데 수색 방법이 원시적인 게, 부대가 일렬(횡대)로 서서 철근 토막(지뢰탐지기)으로 땅을 짚는 겁니다. 일렬로 곳곳을 찌르고 다니니……."

특전사 요원들이 일렬로 서서 막대기로 골프장을 찌르고

다니는 장면을 연상하곤 몇몇이 웃었다. 문 대통령이 정색하고 말했다.

"웃을 일이 아니라니까. 무지막지한 거지. (골프장에 지뢰가 있었다면 일렬로 밀집해서 섰던 병사는) 당하라는 소리나 마찬가지인데."

듣고 보니 그랬다.

"노무현 대통령은 골프를 잘한 건 아닌데 좋아했고 나는 환경보호 차원에서 반대했지요. 옛날에는 변호사들이 판검사 챙겨주는 코스가 술 사주고, 골프나 마작 하는 거였는데 우리 같은 사람(인권변호사)은 일체 접대 안 했습니다."

문 대통령은 빙그레 웃으면서 말했다.

"그런데 나이 들면서 골프에 대해서는 생각이 달라졌습니다. 산을 해치는 것보다는 간척지에 생기고, 점점 대중화됐고…… 요즘은 존중합니다."

그러면서 참모들에게 말했다.

"골프야 뭐, 좋아하시는 분들은 하시고, 아니면 말고."

당시 청와대에는 '아니면 말고' 쪽이 압도적이었던 것 같다. 나도 '아니면 말고파'다.

2020년 4월은 돌아보면 짧았지만 가장 여유로울 때였다. 코로나 확진자도 줄어들고 있었고, 총선 결과도 압도적이었으니 노변정담爐邊情談이 나왔다.

**4**

문 대통령이 행정 용어 사용에서 쉬운 말을 강조하고 있다는 점은 앞에서 언급했다.

"가급적 쉬운 말로 합시다. '언택트'는 '비대면'으로, AI는 가급적 '인공지능,' 그리고 'BTS'는 '방탄소년단'……. 이건 어쩔 수 없겠네요." 슬며시 말을 거둬들이는 걸 듣고 웃은 기억이 난다.

〈기생충〉의 오스카상 수상과 함께 BTS의 쾌거(한국 최초로 '빌보드 핫 100' 1위)는 문 대통령의 기쁨으로 꼽을 수 있겠다.

당시 문 대통령은 BTS에게 'K-팝의 새 역사를 썼다'고 축전을 보냈다. 이에 BTS도 '문재인 대통령님, 이번에도 따뜻한 축하의 말씀 주셔서 감사합니다. 어려운 시기이지만, 저희 노래가 조그만 위안과 긍정의 에너지를 들릴 수 있으면 좋겠습니다'고 화답했다.


**5**

2020년 7월 증권시장 활성화 문제를 놓고 토론을 벌일 때였다. 문재인 대통령은 사실상 증권거래세 인하, 주식양도소득세 부과에 반대하는 '동학개미'들 쪽에 섰다. 경제 참모들을 설득하는 어조가 다소 격했다.

"바람이 어느 정도 이상 거세면 져야죠! 옳은 길이니 따르라! 이럴 수는 없습니다. 옳냐 그르냐의 문제가 아닙니다. 못 이기면 지는 것입니다. 조세 선진화와는 별개 문제입니다!"

그러더니 김상조 실장을 보며 이렇게 말했다.

"방금 내 얘기, 택도 없는('턱없다'의 사투리) 얘기입니까?"

문 대통령의 급회전에 폭소가 나왔다. 가열된 분위기가 조금 누그러졌다. 이후 한국 증시는 주가 3000포인트를 찍었다. 대통령의 응원 이후 새 시대가 열렸으니 대통령의 기쁜 장면으로 놔도 손색이 없지 않을까.


**6**

이호승 경제수석이 문재인 대통령에게 2020년 6월 하순경 국제기구와 외국 신용평가 기관 등의 코로나 위기 속 한국 경제 전망을 보고했다.

"IMF, OECD, 세계은행 모두 선진국들은 8퍼센트 가까이 성장률이 떨어질 것으로 전망하는데 한국은 여전히 선방하고 있다고 평가하고 있습니다."

"코로나에 대한 방역 성과 더하기 우리가 조기에 내놓은 경제 회복 대책이 긍정 평가를 받는 거네요. 정확히 뭐라 표현했나요?"

문 대통령의 물음에 김상조 실장이 답했다.

"어드밴스드 이코노미advanced economy, 한국인만 모르는 한국입니다."

'어드밴스드 이코노미'는 '선진 경제'라는 뜻인데, 김 실장이 조크를 했다. 이에 문 대통령도 웃으며 화답했다.

"지금은 우리가 스스로 개도국이라 주장해도 먹히지도 않겠군요."

당시 회의 분위기가 매우 훈훈했다. 넉 달쯤 지난 뒤인 10월 하순에 우리나라 3분기(7~9월) GDP 성장률이 플러스로 전환됐다(1, 2분기는 마이너스)는 보고가 있었다. 이때만큼은 문 대통령도 "그 자체로 대단하다"며 기쁨을 드러냈다.

2021년 초 4사분기(2020년) GDP 성장률 속보치가 1.1퍼센트를 기록했다는 보고를 받았다. 연간 GDP 성장률이 −1.1에서 −1.0으로 상향 조정됐다. 당초 한국은행의 4사분기 예상치는 0.5퍼센트였다. 현실은 이를 두 배 뛰어넘었다. 문 대통령은 "우리 정부 기관이나 한은이나, 다들 어찌 그리 신중하냐"며 웃었다. 그러면서 "좋은 소식이네요. 기쁜 소식이네요"를 연발했다.

**7**

김상조 정책실장이 올해 초 주요한 국제 행사 하나를 보고했다. 내년(2022년)에 우리나라에서 열리는 데 날짜가 '5월 2일에서 5월 6일까지'였다. 김 실장은 "날짜를 조정하지 못해 송구하다"면서 미안한 표정으로 "개막식 스피치를 해주셔야 할 텐데……"라고 말했다. 퇴임일(5월 9일)에 임박해서 큰 행사의 연설을 하게 된 점을 미안해한 것이다. 문 대통령이 담담히 말했다.

"잘됐네요. 끼어 있지 않아서."

퇴임일이 행사 기간(5월 2~6일)에 들어 있지 않아 다행이란 말이었다. 역시 시차를 두고 폭소가 터졌다. 만약 행사가 '5월 2~6일'이 아니라 '5월 6~10일'이었다면? 현직 대통령이니 총회 개막식에 나가 연설하고, 행사 기간 중 대통령 퇴임식을 하고, 총회 도중 전직 대통령 신분이 되는 그런 복잡한 상황은 피했다는 뜻이었다. 짧은 순간에 문 대통령은 여러 가지를 동시에 생각했다.

분명한 건 지금 상황에서는 코로나 극복이 문 대통령에게 가장 큰 기쁨이 될 것이다. 2021년 올해, '설맞이 국민과의 영상 통화' 도중 문 대통령은 "코로나가 극복이 되면 정말로 마스크 벗어 던지고 '만세' 하고 한번 불러보고 싶다"고까지 했다.

13 　　　대통령의 분노(怒)

분노는 흔한 감정이다. 원초적이고 강렬하다. 그러나 더러는 분노를 모르는 사람도 있다. 분노를 모르는 사람은 어리석다고 오래전 주자朱子까지 말했다. 청와대에서 문재인 대통령이 분노하는 모습을 종종 목격했다. 거의 모두 정의가 불합리와 부조리에 눌릴 때 표출했던 '이유 있는 분노'였다.

**없는 사람은 라면 한 박스 훔쳐도 징역인데…… 백몇십만 장?**

2020년 2월 8일 중수본(중앙사고수습본부)이 150만 장의 마스크 매점매석 행위를 적발했다. 이 내용을 보고받은 대통령의 목소리 끝이 가볍게 떨리면서 올라갔다. 문 대통령의 분노가 폭발한 것이다. 마스크가 부족해 아우성인데 마스크를 쌓아놓고 가격이 오르기를 기다리다니. 문 대통령이 지적한 대로 지난 2017년 비빔면과 짜장 라면 등 시가 1만6천 원 상당의 라면 24개를 훔친 혐의로 재판에 넘겨진 28살 남성에게 징역 10개월의 실형이 선

고된 적이 있다. 배고파서 라면을 훔친 장발장은 실형이고, 꼼수를 부린 마스크 김선달은 과징금이라면 법을 잘 모르는 내가 봐도 공정과 정의가 아니었다.

문 대통령은 매점매석 행위 자체에도 분노했지만, 제도적 미비에 보다 문제의식을 느꼈다.

"매점매석은 국민 안전과 관련한 반사회적인 행위인데, 그게 엄청난 짓이란 경각심이 없고, 법도 유하잖아요. 좀 더 단호한 행정처분이 필요해 보입니다."

법이 유하다는 말은 기획재정부의 '마스크·손소독제 매점매석 행위 금지 등에 관한 고시告示'를 지적한 것이다. 고시 위반으로 적발되어도 얼마 안 되는 과징금 정도 물게 될 게 분명했다.

문 대통령은 그렇게 되면 매점매석 행위를 근절할 수 없을 것이라는 점을 직감하고, 단호한 행정처분을 요구했다. 이에 경찰이 대대적 단속에 나섰다. 대통령의 분노 이후 약 한 달 후에 이런 언론 보도가 나왔다.

……경찰청은 전국 지방경찰청과 경찰서에 '마스크 유통 질서 교란 행위' 특별단속팀을 운영한 결과 5일까지 매점매석 행위 등과 관련해 151명(72건)을 검거했다고 밝혔다. 적발 사례를 보면 경기남부청 지능범죄수사대는 식품의약품안전처와의 합동 단속에서 폭리를 노리고 마스크 367만 장을 인천공항 물류 단지 내 창고에 보관한 46개 판매 업체 대표들을 검거했다. ……경찰 단속 과정에서 확보된 마스크 782만 장은 공적 판매처 등을 통해

신속히 유통됐다.

경찰이 대대적 수사에 나서면서 매점매석 행위는 그 이후로 더는 크게 벌어지지 않았다.

## 지금 밥이 맛이 있냐 없냐니, 한심할 정도네요

문재인 대통령이 그야말로 개탄했다. 코로나 2차 대유행을 촉발시킨 2020년 8·15 광화문 집회에 참석했다가 사흘 뒤 코로나에 확진된 유명 보수 유튜버라는 이가 페이스북과 유튜브 방송을 통해 이렇게 주장했다.

"아침에는 커피 주고, 점심에는 초밥 주고, 저녁엔 돈가스 줬다. 당신의 부모가, 당신의 아들이 만약에 이런 병에 걸렸다면 (이렇게 주는 것이) 맞는가."
"여기서 주는 싱겁고 밍밍한 음식들, 그것만 먹으라는 건가. 택배는 안 된다는데 과일을 먹고 싶으면 내 돈이라도 과일을 먹어야 하는 것 아닌가."

정말로 뻔뻔한 반찬 투정이었다. 대통령뿐 아니라 나도 분노를 느꼈다. 이런 걸 공분公憤이라고 하는 것 같다—당시 한 신문은 기사 첫 문장이 '지난 15일 광화문 집회 참석 후 코로나에 확진된 인사들이 국가 지정 격리 병상 등에 입원한 이후에도 유튜브 방송을 진행하며 각종 돌출 언행으로 화제를 모으고 있다'

였다. 이게 화제를 모으는 거라고?

문 대통령의 분노 게이지가 더 올라갔다.

"입원해가지고 마치 호텔이라도 들어온 것처럼 비아냥거리는 놀음을 하다니…… 세상이 상식 있게 돌아가야지."

대통령이 분노하지 않을 수 없었던 이유가 더 있다.

"사회적 거리두기 2단계로 격상한 이후 통행량이 17퍼센트 줄었습니다. 고위험 시설을 안 가는 정도가 아니라 '집콕' 인증을 돌릴 정도로 열심히 한 겁니다. 그런데 몇 명이 깽판 쳐서 많은 사람 노력이 물거품이 되게 하다니요."

실제로 광화문 집회는 방역은 물론 경제에 엄청난 손실을 끼쳤다. 당시 《뉴시스》 보도다.

지난 8월 코로나19 재확산은 두고두고 아쉬움으로 남을 전망이다. ……코로나19 재확산으로 사회적 거리두기가 강화되면서 힘겹게 살린 경기회복의 불씨에 찬물을 끼얹었다. 한껏 부풀었던 V자 반등의 기대가 수포가 된 것은 물론, 70조 원 가까운 막대한 재정을 투입한 효과도 반감되는 등 엄청난 손실을 끼쳤다고 볼 수 있다.

정부와 지자체는 사회적 거리두기 강화를 초래해 자영업자를 포함해 전 국민에게 어마어마한 불편과 재산상 손해를 끼친 사랑제일교회에 구상권 청구 소송 등을 진행 중이다.

## 'n번방 사건'과 문 대통령의 불같은 분노

'n번방 사건'이란 2018년 하반기부터 2020년 3월까지 텔레그램 등의 메신저 앱을 이용해 피해자들을 유인한 뒤 협박해 성착취물을 찍게 하고 이를 유포한 디지털 성범죄, 성 착취 사건이다. 피해자가 880명(2020년 11월 경찰 발표)에 달하는 대형 사건이었다.

피해자 가운데는 중학생 등 미성년자들이 16명 들어 있어 충격을 줬다. 범인들이 미성년자 몸에 노예 문신까지 새겼다는 엽기적인 보도까지 나왔다.

"이게 도대체…… 참…… 진짜 비열합니다. 세상에……."

3월 23일 아침 회의에서 문 대통령은 연신 말을 잇지 못했다. 당시 노영민 비서실장, 김상조 정책실장 등 양 실장이 '대통령 메시지' 발표를 건의했고, 문 대통령은 당연히 수용했다. 나는 회의에서 나온 내용을 정리해 강력한 대통령의 의지를 다음과 같이 기자들에게 전했다.

"문재인 대통령은 이번 'n번방 사건' 가해자들의 행위는 한 인간의 삶을 파괴하는 잔인한 행위이며, 청와대 청원 게시판에 순식간에 300만 명 이상이 서명한 것은 이런 악성 디지털 성범죄를 끊어내라는 국민들의, 특히 여성들의 절규로 무겁게 받아들인다고 밝혔습니다. 문 대통령은 경찰이 n번방 운영자 등에 대한 조사에 국한하지 말고, n번방 회원 전원에 대해 조사할 필요가 있다고 강조했습니다."

대통령 지시 이후 경찰은 디지털 성범죄 특별수사본부를

구성해 강력한 수사에 나섰고, 다른 한편으로 정부는 근절책을 마련했다. 2020년 12월 수사 종료 시점에서 경찰은 3,757명을 검거해 245명을 구속했다. 정부는 불법 촬영물의 배포·판매·임대·제공만 처벌 대상으로 삼았다가 소지·구입·저장·시청한 사람까지 처벌하도록 하는 내용의 성폭력처벌법 개정안을 비롯해 'n번방 방지법' 4개 안을 국회에 제출했다.

　　문재인 대통령이 '격노'한 세 가지 사례는 모두 사태 해결 또는 제도를 진전시키는 결과를 동반했다. 정의가 불합리와 부조리에 눌릴 때는 정의 안에 있던 분노가 표출되어야 한다. 대문호 빅토르 위고는 《레 미제라블》에서 말했다.
　　"정의 안에는 분노가 있다. 정의의 분노는 진보의 한 요소다."

## 14    대통령의 슬픔(哀)

슬픔은 가장 인간적인 감정이다. 그래서일까. 슬픔에서 파생되는 감정은 많다. 아픔, 그리움, 안타까움…… 다양한 수많은 감정이 슬픔과 앞서거니 뒤서거니 한다.

14개월 동안 광주 5·18민주화운동 기념식장에서, 제주 4·3 사건 희생자 추념식에서 마음으로 슬퍼하는 대통령의 모습을 봤고, 진정으로 희생자와 피해자 들을 위로하는 연설을 들었다. 그러던 중에 정말로 불의의 사건이 발생했다. 박원순 당시 서울시장의 행방이 묘연해졌다가, 누구나 아는 결말이 있었다.

**박원순 전 서울시장이 숨진 채 발견된 다음 날,
문재인 대통령이 말한 것을 잊을 수 없다**

"나는 박 시장하고 (인연이) 오래됐습니다. 사법연수원 동기였죠. 조영래 선배(작고)하고 박원순 시장, 나, 이렇게는 (연수원 동기이자 인권변호사) 3인방이었습니다."

문 대통령의 고시 동기는 쟁쟁하다. 일단 대통령을 배출한 데다가 박 전 시장 외에도 박시환 전 대법관, 송두환 전 헌법재판관, 이귀남 전 법무부 장관, 천성관 전 검찰총장 후보자, 박정규 전 청와대 민정수석, 조배숙·함승희 전 국회의원 등과 고시 3개(외시, 행시, 사시)에 합격해 '공부의 신'이라 불린 고승덕 전 국회의원 등이 있다. 《전태일 평전》을 쓴 고 조영래 전 변호사가 대통령과 사시 동기인 줄은 처음 알았다.

"(나와 박 전 시장은) 오랜 세월 비슷한 활동을 쭉 해오기도 했습니다. 개인적으로 아픕니다. 정말로 인생무상, 허망하고. 안 좋은 일로 돌아가셨으니 더욱 그렇고요. (피해자에게) 목숨으로 책임진 건데, 내가 할 수 있는 게 아무것도 없네요."

이날 문 대통령은 조화를 보내고 조문은 노영민 비서실장이 청와대 대표로 다녀왔다. 그날 노 실장이 조문을 갔다는 얘기를 듣고 '2차 가해 논란 때문에 참모들이 만류한 것 같은데, 조문을 가시지 못했을 대통령은 얼마나 슬펐을까. 참으로 상황이 얄궂다'고 생각했다. 2021년 신년 기자회견 때 박 전 시장에 대한 질문이 다시 나왔다.

기자 1: 고 박원순 서울시장의 성추행 혐의가 법원에서 인정됐습니다. 고 박 시장 혐의 인정에 대한 입장이 있으신지 여쭤보고 싶고요.

문 대통령: 박원순 시장 사건은 여러모로 안타깝습니다. 우선 피해자의 피해 사실에 대해서도 대단히 안타깝고, 그 이후에 여러

논란의 과정에서 이른바 2차 피해가 주장되는 그런 상황도 안타깝게 생각합니다. 한편으로는 박원순 시장이 왜 그런 행동을 했으며, 왜 그런 극단적인 선택을 했는지도 대단히 안타깝게 생각하는 바입니다.

## 문재인 대통령에게, 인생에서 지울 수 없는 동지 한 명을 굳이 꼽으라면 누구든 노무현 전 대통령을 떠올리지 않을까 한다

한 신문에 '노무현 전 대통령'을 '노무현 전 개통령'이라고 적은 칼럼이 실렸다. 필자는 진중권 씨였다. 나도 신문사에서 28년 일한 사람이다. 신문사마다 차이는 있겠지만 외부 원고라 해도 '필자-논설위원실(또는 해당 지면 담당부서)-교열기자-편집 최종책임자' 등 네 단계를 거쳐 신문에 싣는 게 보통이다. 이해가 안 가는 실수였다. 하지만 사람이 하는 일인 이상 실수는 있을 수 있다. 신문 측은 오타라고 해명하고 노 전 대통령 유가족에게 사과했다. 그러나 정작 필자는 아직까지 아무런 말이 없다. 사실 사과는 신문사가 아니라 필자가 해야 하는 것이라 생각한다.

어쨌든 신문사의 사과가 있기 전에 문 대통령은 상당히 분노했다. 문 대통령은 지난 2017년 5월 23일 대통령 신분으로는 마지막으로 봉하마을에 가서 노 전 대통령을 추도하면서 이렇게 다짐했다.

"이제 우리는 다시 실패하지 않을 것입니다. 우리는 이명박, 박근혜 정부뿐 아니라 김대중, 노무현 정부까지 지난 20년 전체를 성찰하며 성공의 길로 나아갈 것입니다."

그래서 문 대통령은 또 하나의 다짐을 했다.

"노무현 대통령님, 당신이 그립습니다. 보고 싶습니다. 하지만 저는 앞으로 임기 동안 대통령님을 가슴에만 간직하겠습니다. 반드시 성공한 대통령이 되어 임무를 다한 다음 다시 찾아뵙겠습니다."

가슴에 그리움으로 묻었던 노 전 대통령을 전 국민 앞에 내놓은 신문에 '개통령'이라고 했으니 문 대통령이 분노했던 건 당연하다. 다만 앞 장에서 예로 든 분노와는 조금 결이 다르다고 본다. 마음 깊은 곳에 있는, 슬픔에서 파생된 감정의 표출이 아니었을까 나는 생각한다.

PS. '개통령'이란 글자가 어떻게 쳐야 나올 수 있을지 컴퓨터 키보드로 한 자씩 쳐봤다. '대통령'이란 글자를 타이핑할 때 사용하는 왼쪽 손가락은 '중지(대)-검지(통)-약지(령)' 순이다. '개통령'을 칠 때 쓰는 왼손의 손가락은 '검지(개)-중지(통)-검지(령)'다. 서로 쓰는 손가락이 다르다. 자판에 익숙한 손가락을 굳이 다르게 놀려 오타를 만들기가 어찌 보면 더 어렵다. 사실 오타였는지 아닌지는 별 관심이 없다. 결과에 대해서 진솔한 사과가 있었어야 했다는 당위를 말하는 것이다. 잘못을 하고도 고치지 않는 것, 그것을 바로 잘못이라고 한다(過而不改是謂過矣).

즐거움과 기쁨의 경계는 모호하다. 더욱이 국정에 바쁜 대통령의 즐거움을 볼 수 있는 기회는 정말로 제한적일 수밖에 없다. 역시 이번 장도 한계가 있음을 인정한다. 그냥 어렴풋이 대통령의 얼굴이 환해지던 장면만을 모아봤다.

**2021년 2월 11일 오전 10시 55분, 청와대 대통령 관저**
문 대통령이 설 연휴를 맞아 국가대표 여자 축구선수 지소연 씨, 안광훈 신부, 배우 이소별 씨, 강보름·신승옥·김예지 학생, 자영업자 양치승 씨, 배우 겸 환경운동가 류준열 씨(이상 통화 순서) 등과 영상통화를 막 마친 뒤였다. 설 연휴가 시작된 터라 통화에는 제한된 인원(신지연 제1부속실장과 탁현민 의전비서관, 그리고 나)만 배석했다.

　행사가 끝난 뒤 나는 찬스 쓰듯이 문재인 대통령에게 '질문권'을 하나 썼다.

"대통령님, 설 연휴 뉴스가 없을 때 통신사《뉴스1》에서 마루, 찡찡이, 토리, 봄이, 송강이 얘기를 쓰겠답니다. 저한테 대신 대통령님을 취재해달라는 요청을 받았는데 혹시 해주실 말씀이 있으신지요."

대통령의 표정이 환해졌다.

"다들 나이가 많아요. 찡찡이가 설 지나면 17살 되거든. 사람으로 치면 내보다 나이가 많은 거죠. 마루가 15살. 토리도 유기견 보호센터에서 구조된 개라서 정확한 나이는 모르겠으나 꽤 됐어요. 점점 활동이 줄어들고 있어서 안쓰럽죠. 그래서 시간이 나는 대로 산행도 시켜주고 합니다."

퍼스트독, 퍼스트캣의 나이가 저렇게 많은 줄 이날 처음 알았다.

"대통령님, 혹시 마루 등을 만지시는 모습을 제가 사진을 좀 찍어도 되겠습니까?"

이때 영상통화 행사장 바깥에서 대기하시던 김정숙 여사까

---

**문 대통령 관저의 동물 가족**

찡찡이: 유기묘. 양산 사저에서부터 키워 대통령을 잘 따름. 관저 안에서 생활.

토리: 취임 후 청와대로 입양한 유기견. 관저 안에서 생활.

마루: 양산 사저에서부터 키우던 풍산개. 대형견으로 관저 입구 마당에서 생활.

곰이: 2018년 9월 북한 김정은 국무위원장이 선물한 풍산개(암컷). 관저 입구에서 생활.

송강: 김 위원장이 선물한 풍산개(수컷). 관저 입구와 청와대 경내 별도의 거처를 오감.

지 오셔서 내게 부연 설명을 해주셨다.

"토리가 유기견 센터에서 왔을 때 관절이 안 좋았어요. 그런데 산책을 많이 시켜줬더니 이제는 활발해졌어요."

토리는 지난 2015년 경기 남양주의 한 폐가에서 짧은 목줄에 묶인 채 발견된 작은 유기견이다. 문 대통령은 대선 과정에서 '편견과 차별에서 자유로울 권리는 인간과 동물 모두에게 있다'는 의미에서 토리 입양을 약속하고 이행했다. 이날 토리는 바깥에 놀러 나갔는지 보이지 않았다.

김정숙 여사에게 토리에 대한 얘기를 듣고 있는데 문 대통령이 벌써 관저 마당에 나가 먼저 마루를 어루만졌다. 다음으로 곰이를 쓰다듬었다. 곰이는 거의 일어서듯 펄쩍펄쩍 뛰면서 문

문 대통령이 입양한 유기견 토리(출처: 《연합뉴스》).

경남 양산 자택에서부터 길렀던 풍산개 마루.

김정은 북한 국무위원장이 선물한 풍산개 곰이.

377

대통령에게 고개를 들이댔다. 찡찡이도 토리처럼 놀러 나갔는
지 보이지 않았다.

그런 장면을 직접 휴대폰으로 찍고 관저를 나와 대변인실
로 돌아왔다. 그런데 구내전화가 울렸다. 문 대통령이었다. 동물
가족, 특히 찡찡이 얘기를 더 해주고 싶어서였다.

"나는 눈을 뜨면 찡찡이 밥을 챙겨주고, 밖으로 나갈 수 있
도록 문을 열어줍니다. 그것이 내 하루의 시작입니다."

'음, 그러셨구나.' 반려견, 반려묘의 밥 챙겨주기로 시작하
는 동물애호가의 아침은 대통령이라고 다르지 않았다.

"찡찡이가 예전에는 창틀까지 단숨에 뛰어올랐어요. 그런
데 나이가 들어서 지금은 안 됩니다. 의자를 딛고서야 되서 아예
창틀 앞에 의자를 놔줬죠. 나이가 들수록 더 내게 와서 기대는
데…… 그 바람에 (관저 안에서) TV 뉴스 볼 때 (찡찡이와) 함께
봅니다. 내가 관저 안에 있는 책상에서 일을 할 때는 책상 위에
올라와서 방해도 하고요."

문 대통령은 퇴근하면 관저에서 TV 뉴스를 거르지 않고 본
다고 한다. 퇴근 후에도 뉴스를 시청하고 보고서를 숙독한다면
언제 일을 손에서 놓는 것인지……. 게다가 신문도 두어 개는 챙
겨서 읽는 것으로 알고 있다―어느 신문을 읽으시는지는 모른
다. 그래서 아침 티타임을 주재하실 때는 이미 주요 뉴스에 대해
서는 상황을 꿰고 있다. 아침 티타임에서 나는 뉴스 브리핑을 해
드렸는데, 중요한 뉴스는 이미 다 알고 계셔서 어떤 뉴스를 선정
해서 브리핑을 해드릴지 늘 고민스러웠다.

'관저에서 업무를 계속하실 때 찡찡이가 곁에 호위무사 노릇을 하고 있었구나.'

"찡찡이가 나이가 들다 보니 종종 실수도 합니다. 책이나 서류가 책상 바깥으로 삐져나간 게 있을 때 그걸 딛었다가 (책상에서) 바닥으로 떨어지는 실수를……"

문 대통령은 "허, 허" 하고 웃었다. 대통령의 설명 말고도 들은 얘기가 있었다.

경남 양산 자택 시절, 찡찡이는 문 대통령에게 칭찬받고 싶어 열심히 쥐를 여러 마리 잡아와 양산 집 안에 넣어놓았다는 일화가 있다. 놀라운 건 김정숙 여사다. 김 여사는 찡찡이가 문 대통령에게 칭찬받을 때까지 죽은 쥐를 그대로 놔두고 있었다고 한다.

설명을 마치신 대통령이 "대변인, 새해 복 많이 받으세요"라고 하시곤 수화기를 내려놓았다. 찡찡이 얘기를 하시는 대통령 얼굴이 수화기 너머로 보이는 것 같았다. 미소를 머금은 얼굴이.

### 2020년 2월 21일 상춘재 오찬

조금 먼저 도착해 문재인 대통령을 기다리고 있었다. 대통령이 일하는 여민 1관과 상춘재 사이에는 '녹지원'이라는 정원이 있다. 정오가 약간 넘은 시간, 문재인 대통령이 여민 1관에서 나와 녹지원을 지나는데, 표 나게 느릿느릿 걸어오고 있었다. 걸음을 멈추고 허리를 굽혀 무언가를 내려다보곤 했다. 문 대통령이 허리를 굽히고 응시한 것은…… 오리 가족이었다.

지난 2019년 문재인
대통령(맨 왼쪽)이 조지
부시 전 미국 대통령(맨
오른쪽)과 청와대 녹지원을
걷고 있는 모습을 찍은
사진(출처: 《연합뉴스》).

녹지원 옆에는 작은 개울이 흐른다. 철이 되면 청둥오리 패
밀리가 날아온다. 개울에서 나온 엄마 오리를 쪼르르 새끼 오리
들이 따라가는 모습을 보면서 문 대통령은 계속 걷다 서다를 반
복했다. 만면에 미소가 가득했다. 그렇게 '빨리빨리'를 강조하는
문 대통령이지만 아주 짧게라도 '느린 시간'을 즐기는 중이었다.

오찬을 마치고 녹지원을 지나 여민 1관에 거의 다다랐을 때
문 대통령에게 물어봤다.

"동물을 아주 좋아하시는 것 같습니다."

대통령은 걸음을 멈추고 자세히 설명했다. 오래전 부산에
살 때 초등학교에 다니는 아들딸이 병아리를 사 오고는 했는데,

문 대통령이 모이를 주며 돌봐주었다고 했다. 예쁘긴 해도 대개 몸이 약해 금방 죽는 병아리가 문 대통령 집에서는 아예 닭이 됐다고 하니…… 비단 병아리뿐 아니라 애완용 거북이를 비롯해 물고기 등을 많이 키웠는데, 하나같이 쑥쑥 잘 자랐다고 했다. 대통령은 웃으면서 농담처럼 말했다.

"내가 '그 길'로 나갔으면 아주 성공했을 겁니다."

청와대에는 '퍼스트독', '퍼스트캣'을 비롯해 다양한 야생동물 가족이 있다. 경내 산책로에는 토끼가 여러 마리 살고 있고, 청둥오리 가족 말고도 야생동물 가족이 또 있다.

4·15 총선이 끝난 뒤 문 대통령은 김태년 더불어민주당 원내대표와 주호영 미래통합당 원내대표를 초청해 상춘재에서 오찬 회동을 했다. 이어 문 대통령이 직접 청와대 곳곳을 안내했다. 청와대 관저 앞 연못에 이르렀는데, 연못 위 바위 사이로 그물이 쳐져 있었다. 문 대통령이 두 원내대표에게 말했다.

"연못에 왜 그물을 쳐놓았게요. 한번 맞춰보십시오."

"……"

"청와대로 왜가리가 날아와서 자꾸 연못에 있는 물고기를 잡아먹는 겁니다. 그래서 그물을 쳐놓은 겁니다. 그런데 왜가리도 그물에 적응이 되어, 한 마리가 숨어 있다가 물고기가 나타나면 그물이 커버하지 못하는 틈새로 잡아먹더라고요."

왜가리의 행태까지 문 대통령은 알고 있었다. 어디 왜가리뿐일까.

"멧돼지가 헤엄치는 능력이 있어요. 낮에는 (부산) 다대포에서 저 앞의 섬까지 헤엄쳐 가 섬에서 놀다가 출퇴근하는데, 바다에서 헤엄치는 멧돼지는 못 잡아요."

'아프리카돼지열병' 관련한 논의를 하다 대통령이 이런 얘기를 했다. '설마' 해서 여기저기 찾아봤더니, 과연 멧돼지는 헤엄의 고수란다. 동물 얘기가 나올 때면 늘 문 대통령의 표정은 밝았다.

### 물봉선, 금목서, 은목서를 아시나요?

'양산 집 뒷산에 저수지와 편백나무 숲을 끼고 있는 근사한 산책로가 있습니다. 개(풍산개 마루)와 함께 산책하는데, 물봉선과 떨어져 깨진 홍시감과 껍질 까진 밤송이가 질펀했습니다. 마당엔 금목서와 은목서 꽃향기……. 이것들을 모두 버리고 나는 무엇을 얻고 있는 것일까요?'

문재인 대통령이 야당 대표 시절인 2015년 9월 트위터에 올린 글이다. 당시 나는 《중앙일보》 정치부 데스크였다. 창피한 얘기지만 짧은 문장에 모르는 단어 세 개(물봉선, 금목서, 은목서)에 세모―편백나무, 들어는 봤으나 뭔지 모름―가 하나였다. 식물도감을 보니 물봉선은 산골짜기의 물가나 습지에서 무리지어 자라는 풀이고, 금목서는 '겨울 내내 푸른 잎과 자주색 열매, 섬세하고 풍성한 가지에 황홀한 향기까지 갖춘 정원수'라고 적혀 있었다. 금목서는 나무였고, 은목서는 자세한 설명을 찾기 힘들었다.

청와대를 넘어 정치권 전체에서 꽃, 들풀, 나무에 대해 아마 가장 잘 아는 사람이 문 대통령일 것이라고 장담한다. 식물에 관한 한 문 대통령은 해박함을 넘어섰다. 박사급이라고 보면 된다.

"우리나라에만 분포하는 한라산의 구상나무, 소백산의 은방울꽃은 사진으로만 남고……"(탄소중립 선언에서).

이런 표현을 아무나 할 수 있을까.

《나의 문화유산답사기》 저자 유홍준 교수는 2012년 대선 당시 TV 찬조연설에서 문 대통령의 양산 자택에 있는 감나무에 얽힌 일화를 소개했다.

"말라비틀어진 나무 한 그루를 발견하고 김정숙 여사에게 '이 정도면 베어버리는 게 낫지 않냐'고 물었다. 김 여사는 화들짝 놀라며 '안 돼요'라고 했다. 어느 날 문 대통령이 '나무야, 빨리 병 나아서 잘 커라. 그러지 않으면 우리 마누라가 너를 확 베어버린단다. 그러면 안 되잖니. 꼭 나아라' 하며 나무를 어루만지는 모습을 김 여사가 봤고, 이 때문에 뽑지 못했다."

말라비틀어진 감나무는 대통령의 지극정성 덕분에 3년 뒤 열매를 맺었다고 한다.

애정이 있어야 나무도 풀도 들꽃도 보인다. 어찌 보면 생명이 있는 만물에 대해 문 대통령은 애정이 있는 것 같았다. 윤동주의 서시 가운데 '별을 노래하는 마음으로 모든 죽어가는 것을 사랑해야지'라는 구절이 떠오르곤 했다.

# '종이에 손이 베이는 기쁨'을 알았습니다

청와대 춘추관에 2021년 4월 16일 큰 장이 섰습니다. 국무총리와 장관 다섯 명이 바뀌었습니다.

오후에는 청와대 수석과 비서관 네 명이 임무교대를 했습니다. 기자들 사이에서 하는 말로는 '인사폭탄'이 터진 날입니다. 청와대를 떠나는 참모진 네 명 중 한 명이 '강민석 대변인'이었습니다.

대변인에게는 내키지 않는 특권이 있습니다. 마이크를 잡고 언론에 고별사를 합니다.

오후 2시 16분, 기자들이 폭주하는 기사에 눌려 허덕일 때 "하직 인사를 드리고자 합니다"라며 마이크를 잡았습니다. 14개월의 소회가 넋두리처럼 들리지 않기를 바라며, 하고 싶은 얘기를 여과 없이 했습니다.

"대통령의 시간은 엄중합니다. 그 엄중한 시간 속에서 대통령은 시침, 비서는 분침·초침이어야 한다고 생각해왔습니다. 대통령의 시간을 한 칸 앞으로 나아가게 하기 위해 비서들의 바늘은 열정적으로 수십 바퀴 먼저 돌아가야 합니다. 그렇게 긴박하게 지나가는 하루, 대통령의 다사다난한 하루가 쌓이면, 우리는 그것을 '역사'라고 부릅니다.

역사적으로 출범한 문재인 정부에서 대통령의 시간표 가운데 2020년 2월 7일부터 오늘까지의 한 구간을 14개월간 대변인으로서 일할 수 있었던 것은 크나큰 영광이면서도 스스로를 방전시키는 일이었습니다. 대통령의 마음까지 대변하고 싶다는 야심찬 꿈을 첫날 이 자리에서 밝혔는데, 사력을 다했습니다만 많이 부족했습니다. 미완으로 남은 부분은 후임 박경미 대변인께서 채워갈 것이라고 믿습니다. 저는 조금 다른 위치에서 문재인 정부의 성공을 간절히 기원하고 응원하겠습니다. 문재인 대통령님이 작금의 높은 파고波高를 넘어 코로나 위기를 마침내 극복하고 성공한 대통령으로 남게 되실 것이라고 저는 믿습니다. 남아 있는 대통령의 시간은 바로 그 희망일 것입니다.

언론인 여러분과 함께한 시간, 브리핑을 마치고 여러분을 뒤로 한 채 춘추관의 '저 문'으로 사라질 때의 느낌을 오래도록 잊지 못할 것 같습니다. 이제 저의 오디세이를 마치고 돌아갑니다. 건필하십시오."

연단을 내려와 춘추관의 '저 문'까지 걸어가는데, 등 뒤에서 기자 몇 명이 쳐주는 작은 박수 소리가 들렸습니다. 걸어가는 동안 박수 소리는 조금씩 커졌습니다. 고별사에서는 춘추관을 떠나는 느낌을 '오래도록' 잊지 못할 것 같다고 했는데, 아마 '평생'

잊지 못할 것 같습니다.

저는 소통의 질보다는 양이 중요하다고 생각하는 사람입니다. 지난 14개월 동안 언론인들과 소통의 양은 그리 부족하지 않았습니다. 소주잔을 기울이며 토론할 때 서로 의기투합했다가, 다음 날 언론 보도를 보고 갈등하기도 했습니다. 이 책을 포함해 그동안 언론에 쓰디쓰게 한 얘기들이 사실은 전직 기자로서 우리 언론에 깊은 애정을 갖고 있기 때문이었음을 이해해주시길 바라나, 너무 멀리 와버렸는지는 잘 모르겠습니다.

공무원에서 다시 민간인으로 신분이 바뀐 4월 19일. 문재인 대통령님께서 관저로 불러 소주 한 잔을 직접 따라주셨습니다. 마지막에 횡설수설할 수 있는 시간까지 주신 깊은 배려에 감사할 따름입니다.

그 시간이 청와대와는 마지막일 줄 알았습니다. 며칠 뒤 청와대로부터 소포가 하나 왔습니다. 넥타이, 액자 같은 소품과 함께 베이지색 봉투가 들어 있었습니다. 봉투를 열어 보곤 감전되는 줄 알았습니다. 깊은 여운까지 남겨주실 줄은 몰랐습니다. 국회 사랑재 앞, 남대문시장, 천안시 우정공무원교육원의 생활치료센터, 제주 4·3 희생자 위령제를 지내는 애월읍 영모원…… 대통령님을 수행한 사진 11장이 빼곡히 담겨 있었습니다. 어떤 사진이든 나는 대통령님 반보 뒤에서 심각한 표정으로 열심히 적고 있었습니다.

청와대를 떠난 뒤 혹시 내가 남가일몽南柯一夢의 순우분淳于棼

처럼 긴 꿈을 꾼 게 아닌가 하고, 장기인 엉뚱한 생각을 할 때도 있었습니다. 사진을 보니 남쪽으로 뻗은 나뭇가지 아래에서 꾼 꿈은 아니었습니다.

기억이 사라지기 전에 마음먹었던 책을 쓰기 시작했습니다. 몰입할 수 있어 행복했습니다. 그 어떤 어려운 일을 택하더라도 아들을 믿고 기도해주신 아버님과 어머님, 그리고 부산 장모님의 따뜻한 응원이 힘의 원천이었습니다. 인내가 필요한 남편의 선택을 언제나 존중하고 믿어주면서 이 책의 1차 독자 역할까지 해준 아내 민은미가 아니었으면 시작도 하지 못했을 일입니다. 아내와 아들 지원, 성원, 파코, 아우 강형석, 그리고 작고하신 장인어른께 이 책을 올립니다.

책이 나올 수 있도록 먼저 등을 떠밀어주신 메디치미디어 김현종 대표에게 깊이 감사드립니다. 배소라 출판콘텐츠실장과 김성현 마케팅팀장, 기획편집1팀 신주식 팀장은 제게 '출판'과 '출판인'이 무엇인지, 또 다른 값진 세계를 알게 해줬습니다. 역시 감사드립니다. 청와대 임세은 부대변인, 조승현·정은영 국장, 최수지·김규영·김미선 과장 등 대변인 시절의 식구들과 강채리·김민정·신혜현·윤성이 국장 등은 내게 소중한 동기와 영감을 부여해주었습니다. 늘 고맙습니다.


문재인 대통령님에 관한 책을 쓰는 동안 방미와 백신 추가 확보 같은 기쁜 뉴스가 들리기도 했고, 사회적 거리두기 강화 같은 무거운 소식도 전해졌습니다. 하지만 걱정스럽지는 않았습니다. 천안 수해 현장에서 덤덤한 표정으로 묵묵히 장화를 갈아 신으시던 대통령님의 모습이 떠올라서입니다. 고독해 보이시기도 했고, 외로와도 보이셨습니다. 하지만 어떤 어려운 상황에서도 굳건히 험난한 고비를 넘어온, 위기에 강한 승부사 문재인 대통령입니다.

기다리고 있겠습니다. 그 하루 무덥던 날, 뻗쳐오르던 내 보람 서운하게 무너져 내릴 때가 있더라도. 기다릴 것입니다. 우리 문재인 정부가 마침내 코로나 위기를 떨쳐내는 찬란한 슬픔의 봄을. 모란이 피기까지는.

모란이 꽃피우기를 기다리며, 지난 14개월을 복기했습니다. 쉬운 일이 아니었습니다. 하지만 공개된 자료에 기억을 되살려 보태고, 확인취재를 해나가다 보니 어느 날 컴퓨터에 저장된 원고의 양이 제법 늘어나 있었습니다. 대통령과 국민이 합심해서 코로나를 극복해온 소중한 기록이었습니다. 원고를 출력해서 읽으려다가 두툼한 종이 뭉치의 옆 날에 손이 베인 적도 있었습니다. 대통령님에 관한 책을 쓰다 생긴 일이니 그 또한 기쁨이었습니다. 이번에 처음 알았습니다. '종이에 손이 베이는 기쁨'도 있다는 것을.